钱文忠讲三字经

青·少·版

钱文忠 主讲

浙江出版联合集团
浙江文艺出版社

钱文忠讲三字经

目录

第1章

人之初[1]，性本善[2]，性相近[3]，习相远[4]。
苟不教[5]，性乃迁[6]，教之道[7]，贵以专[8]。

①初：初生，刚开始有生命。

②性：天性。本：本来，原来。

③性：性情。

④习：习染，长期在某种环境下养成的特性。

⑤苟：假如，如果。教：训导，教诲。

⑥迁：转变，变化。

⑦道：此处指方法。

⑧贵：注重，重视。专：专一，专注。

《三字经》是一本什么样的书呢?

大家都知道,幼儿园的小朋友要上一年级了,要成为一个小学生了,书包里放的必然是最基础的启蒙课本,特别是语文课本,首先要教的就是如何认识汉字。那么古代小朋友要上学了,他们有课本吗,他们首先学的是什么呢?

其实,中国古代的小朋友也是有教科书的,并且也一样是首先从认字识字开始的,早在秦汉时期,就有了《仓颉篇》、《凡将篇》、《急就篇》等教科书。这些教科书有一个共同点:语句齐整,朗朗上口,容易记诵,很适合小朋友学习记忆。尽管这些书在今天看来连大学教授都未必能读懂,但在当时却是小孩子的启蒙书。人们通过这些书教孩子认字识字,传达最基本的道理。

除了《仓颉篇》、《凡将篇》、《急就篇》等之外,还有一些儿童启蒙读物,比如《广仓》、《无尚》、《飞龙》等字书,唐朝还有《开蒙要训》、《太公家教》等蒙学教材。

大约从南宋开始,一本新的教科书问世了,这就是《三字经》。《三字经》在形式上三字一句,隔句押韵,读起来朗朗上口,也是非常易于记诵。我们知道,古代的教书先生会带着孩子一边吟唱一边摇头晃脑, 因为它读起来很有韵律感。今天居住在广东梅州或福建一带的客家人,还可以像唱歌谣一样唱《三字经》。当然《三字经》的特点不光是形式上的易于记诵,它的内容也很有意思。它以"关键词"的形式将中国传统文化相关知识贯串在一起,举凡天文地理、社会历史、诸子百家、家庭伦理,等等,应有尽有,简直就是中国传统文化知识小百科,特别是它高度概括了中华历史的变迁,非常精彩,小朋友背会了就等于是掌握了中国传统文化的基本常识,因此,《三字经》一经问世,就广受欢迎,千百年来,家喻户晓,盛传不衰。

可以说,《三字经》是宋以来在中国影响最大、最有代表性的儿童教科书,与《百家姓》、《千字文》合称"三百千"。但是在这三本启蒙课本中,只有《三字

经》被提到了“经”的高度，虽然篇幅短小，却与“四书五经”一样，被读书人注解传诵。

在传统文化中，被称为“经”的书，一定具有至高无上的地位和荣誉。“经”字原本是指织布时用梭穿织的竖纱，是编织物的纵线，与“纬”相对。一匹布的成就，绝对离不开经线，经线是相当重要的，所以后来就引申为人文方面的神圣内核，说一个人有文化就是“满腹经纶”，说天地间理所应当、无可非议的道理就是“天地经纬”，可见“经”的重要性和权威性。《三字经》成书后，无数中华儿童就是从这本书开始他们的求学生涯的，而那些没有上过学堂的孩子，即使不接触《三字经》原书，也可以从身边人的交谈和戏文中知道一些出自《三字经》的语句。《三字经》就是这么重要的一部传统的启蒙经典。

也许有人会想，既然《三字经》是儿童启蒙书，那它一定很低幼了，有什么值得讲的呢？而且我活了这么多年，做人的道理也知道一些，不需要从这本书里去学习了。其实，这种看法是不对的。《三字经》的确非常简明扼要，蒙童能诵，但简单并不代表单薄。它以最简洁明快的方式，凝聚了最深厚的文化传统。用心去阅读，用心去体会，你可以从《三字经》中汲取很多历史知识、人文情怀、伦理道德等诸多方面的营养。我们只有一句一句地去读，才能理解《三字经》为什么能够流传到今天，才能够理解《三字经》对于中国人来讲，特别是对于还在学习过程当中的孩子们、还在追求自己“文化归宿”的成年人来讲，有着怎样不可替代的意义。

现在，社会上有些人认为《三字经》、《弟子规》这些传统经典没用，用它们教育出来的孩子到了社会上只会吃亏，其实这种说法是极其错误的。这正好说明我们这个社会已经有很大的问题了。一方面，不加分析地批评传统文化的人，往往正是压根儿就没有读过这些经典的，根本不了解其中的内容和思想，更谈不上有所领悟了，却只凭零星讹传或者断章取义就武断地粗暴地否定这些经典，缺乏理性的认知。另一方面，正是由于我们长期以来不重视优秀传统文化在锻造人格、养成品德方面的教育功能，导致在经济飞速发展的今天，社会上出现了很多非常严重的问题，尤其是在人品道德方面的无底线滑坡现象，令人忧虑。事实上,《三字经》、《弟子规》里面所讲的,正是教孩子从小学会做善良的人、做诚信的人、做优雅文明的人、做有学问的人、做持之以恒勤勉努力的人。因此,错的不是《三字经》、《弟子规》,而是我们的无知;我们要做的是改善我们的社会,而不是删改《三字经》、《弟子规》。

那么,是什么样的原因,使得"三百千"中只有《三字经》被尊称为"经"?又是什么原因,让这么一本小书被历代人们奉为经典?或者说在《三字经》看似简单易懂的文字背后饱含着什么样的深意?它的魅力具体来说有哪些呢?

《三字经》开始的六个字比较为人所知,即"人之初,性本善",从字面意思看,就是每个人出生的时候,天性本来是善的,不论你是天子还是庶民,是山东人还是河南人。

然而,《三字经》的不简单,从开头这六个字就能看出来,它讲的是一个关于人本质的问题,是哲学范畴的问题,貌似简单,其实是很深刻的一个母题。人的本性究竟是善的还是恶的?古今中外,所有的文化传统,都绕不开关于人性论的讨论。因为无论如何,我们必须首先认识我们自己,认识人。在中国传统文化中,关于人性善恶的讨论丰富多彩,在先秦儒家传统当中,就有三派说法。一派是儒家创始人孔子的说法。孔子的看法是"性相近,习相远",也就是说人的本性差距并不太大,都是差不多相近的,但由于后天的影响,环境的熏染,差别慢慢体现出来。至于说人性到底是善的还是恶的,孔子并没有直接说明。一派是儒家非常重要的一位思想家荀子的说法。荀子提出"性恶论",主张人性有"性"和"伪"两部分,性(本性)是恶的动物本能,也是与生俱来的、质朴的自然属性,伪(人为)则是善的礼乐教化,所以荀子更加强调后天环境和教育对人的影响。那么"人之初,性本善"是谁提出的呢?是另外一派"亚圣"孟子提出的。孟子认为"人之初,性本善",并以此作为人们修养品德和行王道仁政的理论依据。关于人性善恶的分野,中西文化就从这里开始踏上了不同的发展轨道。

西方文化中有一个原罪的概念,认为每个人都是有罪的,人都有原罪,只有上帝是无罪的，上帝牺牲自己来救赎世人的罪孽。这种思想滋生了后来西方社会的运作体系——三权分立。不能把所有的权力交给某几个人，因为谁都是有毛病的，谁都不可信，所以应该相互监督，彼此独立。只有把管理的权力、运作的权力予以分散，创设出一套严格的制度来限制彼此，才能保证彼此的配合与公正。

再来看中国文化传统的主流，很明显，我们是沿着孟子的思想走了下来，“人之初，性本善”，我们相信每个人的天性都是善良的，每个人都有觉悟，所谓“满街都是圣人”、“人人皆可成尧舜”，所以对人们的社会行为主要是教育、引导、培养，而不是用制度去规范。我们有崇尚“仁君”、“贤臣”的传统，也就是对位高权重者给予了很高的道德期待，而历史上的人才任用，特别是科举制以前，主要是靠举荐，即推荐那些才德兼备的人才。所谓的“举孝廉”就是这种思想的体现。即使到了今天，我们还常见有称公务员为“父母官”、“青天”的，这其实是普通民众对这些人首先预设了一个道德完美的形象，与其说相信他们的职业素质，不如说相信他们的道德水平。

在儒家学派内部，对人性善恶的看法并不统一，有的认为性善，有的认为性恶，也有的认为人性有善有恶，而争论也从来没有停止过。由于人性问题复杂，“亚圣”孟子以大量理由来证明他的“性善论”观点，其中最重要的就是“四心说”。在《孟子·公孙丑上》中，有这样的话：“无恻隐之心，非人也；无羞恶之心，非人也；无辞让之心，非人也；无是非之心，非人也。”孟子认为，人必须有这四种心，没有这四种心那就称不上是人了。什么叫作“无恻隐之心，非人也”？我们可以用孟子举的经典例子来说明。《孟子·公孙丑上》说：“今人乍见孺子将入于井，皆有怵惕恻隐之心——非所以内交于孺子之父母也，非所以要誉于乡党朋友也，非恶其声而然也。”假如我们突然看见一个小孩子就要掉到井里去了，任何人都会有惊骇同情的心情，都会去救这个孩子，这不需要你非得是这个小孩父母的朋友，也许你根本不认识他们；那种危急关头也没有时间考虑，把这孩子救起来，就可以在乡党朋友中得到舍己救人的美誉，也不会是因为孩子的哭叫声实在刺耳不好听才去施救。我们会对这个孩子的处境担忧着急，这就是孟子所说的“恻隐之心”。

再来看“无羞恶之心，非人也”，这个比较好理解。人都有一种害羞的心情。比如美国影星玛丽莲·梦露有一张照片很有名，当时她在路上走，经过一个地下出风口，突然涌上来一股很大的气浪，把她的裙子给吹了起来，她下意识的动作是赶紧捂着裙角，这也就是孟子所说的“羞恶之心”的体现。

“辞让之心”，就是一种明明自己想要，却把机会让给他人的心理，甘愿自己吃一点儿亏；“是非之心”，就是说每个人对是非应有起码的判断能力。

事实上，每个人的天性还是存在着差异的。我们常常会遇到这样的情况：一样的父母，一样的家庭环境，但是一起成长起来的兄弟姊妹性格却并不一样，甚至有着很大的反差。所以，对“人之初，性本善”，我们需要打个问号。

但是，无论天性怎样，后天的习染和环境的影响对一个人的成长都是至关重要的。所以《三字经》在提出“人之初，性本善”后，紧接着讲的是“性相近，习相远”。意思是说，即便天性上相近，也会因为后天环境遭遇的不同而变得不同。这个观点是孔子提出的，这六个字在《论语·阳货》里有记载。古人是非常注意强调后天环境对一个人的影响的。“近朱者赤，近墨者黑”，说的就是这个意思。这样的例子，在历史上数不胜数。

我老家在无锡，无锡下面有个县级市叫宜兴，是很有名的陶都，出紫砂。宜兴历史上出了很多名人，晋朝的周处就是其中的一个。周处小的时候父母双亡，因为没人管教，没人引导，周处不懂规矩，到处瞎混，加上当地坏风气的熏染、影响，长成了一个非常粗蛮凶悍的人。他平时喜欢四处打猎，随心所欲，一个不对付，就跟人家动粗打架，他力气很大，下手又从不留情，搞得乡里的人都很怕他，认为他就是一个祸害，大家见了他就躲。有一天，他问一位长者：“今年气候好，收成也不错，怎么大家似乎不怎么高兴呢？”老人家说：“你不知道我们这边有三害吗？”周处问：“哪三害？”老人家说：“这第一害，是前面山里那一只经常下来吃人吃家畜的白额猛虎；第二害呢，是村前面江中那条兴风作浪的蛟龙；至于第三害嘛，就是你周处啊。”周处听了，心里很不好受，就去杀了老虎，

又下水击蛟。那蛟龙时沉时浮，在江中游了数十里，周处紧跟着它。过了三天三夜，终于斩杀了蛟龙，上岸回乡，却发现乡里人以为自己死了正庆贺呢。这下周处才知道自己竟然坏到了这种程度，被大家当作了最大的祸害！所谓“知耻近乎勇”，周处于是改过自新，一路上进，后来还当了很大的官，为老百姓做了很多好事，后来为国捐躯。其实周处本性并不坏，性格中的勇猛刚毅也贯穿了他的一生。但在少年的时候缺乏好的引导，因此才会遭人厌弃。

对于任何一个孩子来说，如果没有一个良好的后天环境，再善良的天性都会受到污染。那么，怎样才能保证人们向好的方面发展呢？《三字经》会告诉我们什么样的方法呢？

《三字经》接下来讲的是：“苟不教，性乃迁，教之道，贵以专。”“苟”是如果的意思，如果不接受教育，那么孩子善良的本性就会改变，人性中的恶就会影响他、控制他。周处的故事就说明了这一点。外部教育环境，就是决定善与恶孰上孰下的重要条件。而“教之道，贵以专”，就是说教育的根本方法，最重要的、最珍贵的是保持专一不变。这里的“教”既包含道德教育又包含知识教育，而且《三字经》里首先强调的是道德教育。但今天我们重视的“教”主要是知识教育，总想让孩子从小就成为知识超人，忙着让孩子上各种培训班，学了钢琴学英语，学了书法学奥数，好像孩子技能超强就是人才似的，实则忽视了更为重要更为关键的另一面，也就是《三字经》最强调的道德教育。在学习知识之前，首先要学习做人。怎么成为一个拥有善良品行的人？怎么拥有健全成熟的人格？这才是教育者们应该重视的问题，也是每个孩子成长过程中最为重要的问题。所谓性格决定命运，人生是否成功是否喜乐，其最终起决定作用的因素恰恰不是智商，而是情商，是善良达观的品行。

“贵以专”的“专”也有两层意思：一层意思是学习要专注，学一样爱一样，学一样会一样，不能浅尝辄止，半途而废；另一层意思是学贵有恒，要用一种终身学习的态度去追求道德的完善和知识的获得。

古代有个“纪昌学射”的故事，说的就是“贵以专”的道理。年轻的纪昌很想学射箭的本领，拜在远近闻名的神射手飞卫门下。飞卫教授说：“学习射箭不能怕困难，首先要练好眼力，能够盯着一个目标，眼睛一眨也不眨才行。你回去练吧，练好了再来见我。”纪昌回到家里，就真的认真地练习起来。他躺在妻子的织布机下面，用眼睛盯着穿来穿去的梭子。就这样日复一日坚持不懈地苦练了两年，就是有人用锥子扎向他的眼睛，他也能一眨不眨了。纪昌以为这下学成了，高高兴兴地去见飞卫，飞卫却说：“还不够，你还要继续练，直到能把小的东西看大了，再来见我。”纪昌很听老师的话，回到家里，就用牦牛尾巴上的长毛系住一只虱子挂在窗口，每天站在窗前，紧紧地盯着看。这样日复一日，看了三年，结果那只虱子在纪昌的眼睛里，简直就像车轮那么大了。纪昌心想：这下可以做神射手了吧？兴高采烈地去找飞卫，飞卫满意地点点头说：“现在我可以教你射箭的本领了。”原来，这才入门啊！飞卫开始教纪昌怎样拉弓，怎样放箭。纪昌不泄气，不偷懒，又一心一意地苦练起来。过了好几年，终于成为百发百中的神射手——神射手就是这么练成的！这个故事说明了什么？说明学任何一样东西，都必须专心致志，必须持之以恒，才会有所成就。

我们现在常说，态度决定一切。《三字经》开篇强调的正是孩子要从小树立正确的学习态度。

接下来，《三字经》讲述了几个有关学习的典故，都是家喻户晓的故事。

第2章

昔孟母[1]，择邻处[2]，子不学[3]，断机杼[4]。
窦燕山[5]，有义方[6]，教五子，名俱扬[7]。
养不教[8]，父之过[9]，教不严[10]，师之惰[11]。

①昔：从前。孟母：孟子的母亲。
②择：选择。邻：邻居。处：住处。
③子：儿子，此处指孟子。
④机杼(zhù)：织布机上用于穿引纬线的梭子。
⑤窦燕(yān)山：指五代末年的窦禹均。
⑥义方：指做人应该遵守的规矩法度。
⑦俱：都。扬：传扬。
⑧养：养育。
⑨过：过错。
⑩严：严格。
⑪惰：失职。

家庭应该给孩子创造什么样的外部环境?

在一个孩子的成长过程中,家庭教育至关重要。对于家教的重要性,宋庆龄有段话说得非常好:孩子们的性格和才能,归根结蒂是受到家庭、父母,特别是母亲的影响最深。孩子长大成人以后,社会成了锻炼他们的环境。学校对年轻人的发展也起着重要的作用。但是,在一个人的身上留下不可磨灭的印记的却是家庭。所以我们常说,父母是子女的第一任老师。父母的言传身教,会对孩子行为习惯的养成、人格品行的塑造,以及知识素养的积累,产生深远影响,甚至这种影响将陪伴孩子终身。

现在很多人提到教育动辄批评考试制度,其实最基本的教育来自家庭,一个孩子有没有礼貌、知不知谦让,这些都是从家庭环境中学习和养成习惯的。孩子的一切毛病、缺点、坏习惯,都可以非常容易地在其父母身上找到答案。传统中国很早就非常清晰地认识到了这一点,所以《三字经》紧接着就来讲一个母亲、一个父亲如何成功教育子女的故事。

“昔孟母,择邻处,子不学,断机杼。”这里讲的是孟母教子的故事,其中有“孟母三迁”和“断机教子”两个典故。“孟母三迁”讲的是什么故事呢?是说孟子很小的时候父亲就去世了,母亲含辛茹苦地带着年幼的孟子生活。起初他们住在城外墓地旁的一个破房子里。坟地附近,经常有人出殡,办丧事,小孟子不知道生死之悲,只是跟着出殡的队伍凑热闹,还学人家哭丧。这对孩子的成长当然是不利的。孟母一看,儿子不学好,但住在这种地方难免要遇到这些事情,不可能把孩子关在家里,便决定搬家,迁居到集市附近。这次隔壁是个肉铺,天天要杀猪剁肉卖肉,小孟子学习能力很强,看到什么新鲜的都跟着依样画葫芦,他也学着剁肉卖肉,大声吆喝着讨价还价。孟母当然更着急了,于是一咬牙再次搬迁,到了一所学堂附近。小孟子受到学校的熏染,跟着读书,学习礼节,言行也变得彬彬有礼。孟母这下高兴了:“这里才是适合孩子住的地方啊。”便定居下来。这个故事说明,给孩子营造一个好的学习环境和生长环境,才能有助于孩子的健康成长。

“子不学，断机杼”讲的又是什么故事呢？话说小孟子长大后去读书了，但他也像其他孩子一样，顽皮淘气，过了新鲜劲，就开始逃学。有一天，小孟子逃课回家，被正在织布的母亲逮了个正着。那个时候孟母主要靠织布、卖布来维持生计。看见儿子逃学回来，孟母没有打也没有骂，一句话都没讲，只是当着儿子的面就把快要织成的布匹割断了。小孟子当然明白这意味着母亲无数个夜晚的辛劳就白费了！孟子很孝顺自己的母亲，心疼母亲，就跪下来问：“您为什么要这样？”孟母告诉他：“读书、学习就像织布，可不是一天两天的事情。我织布从一根根线开始，一缕一缕地织，经过持续不断的努力，积丝才能成寸，积寸才能成尺，最后才能织就一匹完整有用的布；读书也是这个道理，先要一个字一句话地学习，慢慢积累，一开始很枯燥，但这个过程偷不得懒，得努力用功，并且持之以恒，才能有所成就。否则就会像织布半途而废一样，一旦前功尽弃就毫无用处了。”听了母亲的训诫，孟子深受启发，从此以后，专心致志，一心向学，后来终于成为一代“亚圣”，成为中国儒家思想的代表性人物。孟母很了不起，不仅仅因为她一个人养家，更因为她的教子方法很高明，所以孟母教子的故事才会代代流传。

在家庭教育中，母亲对孩子的影响尤为重要。母亲是一个孩子最早的老师，更是一个孩子终生的导师。古今中外，很多名人，他们回忆起影响一生的人，第一位的往往都是自己的母亲。尽管传统中国，很多母亲一般都没受过很好的教育，但是，对孩子道德的养成，对一些生活习惯的养成，对为人处世的原则的形成，母亲的作用却是至关重要的。每当回忆起自己所接受的最早的教育，季羡林先生也好，胡适先生也好，很多大学者也好，首先想到的就是自己的母亲。

当然，出色的母亲更能培养出优秀的孩子。宋代大文豪苏轼、苏辙兄弟之所以具有高洁品行和杰出才华，就跟他们的母亲程夫人有学养有见识分不开。近代江南钱氏一族人才井喷，比如中国“航天之父”钱学森、“力学之父”钱伟长、“原子弹之父”钱三强，这大名鼎鼎的科学界“三钱”都是钱氏后裔。此外还有中国的“卫星之父”钱骥、植物学奠基人钱崇澍、著名物理学家钱临照……钱家同时还出了不少国学大师，“新文化运动先驱”钱玄同、“中国最后一个士大夫”钱穆、“一代文豪”钱钟书，等等。其深层原因，就在于钱氏更注重女主人的素养，钱氏家训就明确地要求子孙“娶媳求淑女，勿计妆奁；嫁女择佳婿，勿慕富贵”，意思是娶媳妇不要计较她的嫁妆，一定要看她是否贤淑；选择女婿，则不要贪图对方家庭是否富贵，而要看他人品好不好。相对于家世、财富，钱家人更看重配偶的个人素质。钱氏儿媳妇是教师的比例远高于其他家族，因为钱氏家族很早就意识到，儿子传宗接代固然重要，但是儿媳的作用更大：家庭里孩子主要仰赖母亲去教育。细数近代钱氏家族的配偶身份，从钱学森的妻子蒋英（著名声乐教育家），到钱伟长的夫人孔祥瑛（孔子的第七十五代孙），再到钱三强的妻子何泽慧（著名核物理学家），以及钱钟书的妻子杨绛（著名作家、翻译家），钱氏子孙的配偶几乎全都德才兼备，这也使得钱氏家族的基因不断被优化。

所以说，《三字经》首先强调母亲对孩子的教育影响是非常有见地的。在讲完孟母教子的故事之后，接着又讲了一个父亲教育孩子的故事：“窦燕山，有义方，教五子，名俱扬。”窦燕山，原名窦禹钧，五代后晋时期人，他的老家是蓟州渔阳，渔阳属古代的燕国，地处燕山一带，因此，后人称窦禹钧为窦燕山。窦燕山出身富豪人家，年轻时恃财傲物，不仅小心眼，还见难不救，年到三十，膝下依然无子。有一天晚上，他梦见死去的父亲对他说：“你心术不好，品德不端，如不痛改前非，重新做人，不仅一辈子没有儿子，也会短命。你要赶快改过从善，为窦家积德，只有这样，才能挽回天意，改过呈祥。”梦醒后，窦燕山真的痛改前非了，他仗义疏财，修桥铺路，济难扶困，变成了名甲一方的大好人。后来他的妻子连续生下了五个儿子。他把全部精力用在培养教育儿子上，在他的严格培养教育下，五个儿子都成为有用之才，先后登科及第，三个中了进士，两个中了举人，这就是“五子登科”这个成语的来历。

《三字经》觉得仅仅讲“五子登科”的故事还不够，接下来又用六个字强调父亲对孩子的教育的重要性，那就是“养不教，父之过”。如果父亲不教育孩子，只管生他，只管养他，但不去教育他，那就是当父亲的过错。

历史上有很多事例可以说明这一点。汉宣帝的时候，有叔侄两个人，一个

叫疏广，一个叫疏受。疏广是叔叔，疏受是侄子，叔侄两个人都当了比较大的官，一个是太子太傅，另一个是太子少傅，都是教育太子的大官。叔侄俩教育完太子以后，决定告老还乡。皇帝为感谢他们，就赏赐了他们一大笔钱。这叔侄俩回到老家以后，按照传统观念，该给孩子准备好多财产，留下好多钱。但是，回去以后没看见他们叔侄俩有这个动静，只看见他们俩经常在村里举办宴席，请自己的一些亲友，请村里的孤寡老人，请附近那些没有人关心、比较贫苦的人来赴宴，白吃白喝。日复一日，年复一年，花钱像流水一样。疏广和疏受的孩子们看着不敢说，但是心里担心：“你们这么折腾的话，拿什么留给我们呢？”孩子们就托族里的长老去跟疏广、疏受打招呼：“这么花钱，孩子将来怎么活？这样花钱，给孩子留下什么呢？”疏广、疏受就跟长老讲了这么一段话：“我们做父亲的，怎么会不爱自己的孩子？我们怎么不知道该给孩子留点儿东西呢？但是，我们疏家已经薄有田产，如果孩子勤劳一点、刻苦一点的话，是不会比别人过得差的。倘若把那么多钱留给他们，只会使他们有了依赖，变得懒惰，从小锦衣玉食，消磨斗志，对他们恐怕没有什么好处。”这个长老把疏广、疏受的话传给他们的孩子听，于是孩子们领悟到了父亲的深意所在。

在现代社会当中，人们也经常会考虑给孩子留点儿什么。孩子还很小，就琢磨着他将来要结婚，先把房子给他买好；孩子刚刚进入大学，就琢磨着给他买辆车。其实有句古话说得好：“遗子千金不如遗子一经。”与其留给孩子千两黄金，还不如留给他一种安身立命的知识，给他创造一种受教育的机会。家长应该培养孩子对学习的渴望和对学养的追求，而不是对财产的依赖，否则就会出现各种郭美美式的缺乏人文修养的炫富二代。

《三字经》在强调母亲的重要性的同时，也肯定父亲对于孩子的教育作用，父亲必须和母亲共同承担起教育孩子的职责。当然，父亲和母亲的教育功能是有所区别的。中国“航天之父”钱学森晚年的时候曾多次谈及父亲，认为父亲很懂得现代教育，使自己从小对科学感兴趣，也对艺术感兴趣，而艺术上的修养更是丰富了人的宏观形象思维，这对启迪他在科学上的创新是很重要的。因为父亲终身从事教育工作，钱学森小学、中学，都得以在师资优秀的师范院校附属学校就读，而每当钱学森放寒暑假的时候，父亲钱均夫也会特别设计假期的“活动方案”。暑假，他或是找人带着钱学森到郊外去，学习如何识别矿藏，接触一些地质学知识；或是让钱学森自己去野外抓蝴蝶，回家查资料，制作标本；他也会请朋友或找个老师，教钱学森画画……念完中学时，口琴、摄影这些在同学们看来很遥远很新奇很时髦的东西，钱学森都已经有相当的基础了。而且作为一个伟大的科学家，钱学森还会画国画，就是小时候打的基础。和今天家长的教育方法完全不一样。今天的家长一味地让孩子学专长，动不动要求孩子考级、拿证书，而钱均夫先生毫无功利心，他不在乎儿子学得怎么样，只在乎给他提供机会训练逻辑思维和接受艺术熏陶。所以，钱学森总结对自己一生影响至为深刻的十七个人的名单时，父亲位列第一位。

接下来要讲一个反面的例子。也是汉宣帝的时候，有一个御史大夫，类似于今天的监察部部长，叫陈万年。他也爱自己的孩子，也愿意好好教育孩子，但他是一个什么样的人呢？谨小慎微、溜须拍马，四面讨好逢迎。而他的儿子陈咸，却是一个刚正不阿、执法如山的官员，虽然官职没父亲那么高，但从不避权贵。父亲陈万年担心：“你小子这么弄下去，将来死都不知道怎么死的，看你得罪那么些人，还好有我在。我人缘好，位置高，还能罩着你，但我总有走的一天，我走了以后你怎么办？这不是要被人整死吗？”所以，有一天晚上，他下定决心找儿子谈谈。陈万年躺在榻上，儿子恭恭敬敬站在屏风后聆听。陈万年教育他：“你应该像我一样，圆滑一点，变通一点，要明哲保身……”唠唠叨叨一番车轱辘话。儿子陈咸站在那里也累了，“扑通”一声，一头就撞到屏风上。这可把陈万年给惹火了：我好心好意在这儿通宵地教育你，你却在那儿打瞌睡！他爬起来，举起拐杖要去打陈咸。古人有种说法：“小杖受，大杖走。”这也是儒家的规矩。陈咸扭头就跑，跑的时候扔下一句：“你问我为什么打瞌睡，我告诉你，你说的话我都懂，无非是让我像你那样溜须拍马嘛！”

以上几位父亲都深爱着自己的孩子，可是哪个人的教育方法好呢？古人说：“爱其子，则为之计深远。”几位父亲的做法，哪一个是真正为孩子的长远做

打算的呢？虽说“养不教，父之过”，但是父亲到底应该教给孩子什么，却是值得我们深思的。正确的教育，可以让孩子更加尊重父亲，而错误的教育，只会使父亲失去威信。

那么教育孩子的责任，除了父母之外，还有谁也很重要呢？

教育当然是父母的职责，但是人终究要离开父母，走进社会，去接受更完备的教育。那么，这时教育的责任人是谁呢？老师。所以《三字经》接下来讲的是：“教不严，师之惰。”不严格地进行教育，是老师的过错。传统的中国，老师的地位如何呢？这可以从当时的“入学流程”看出来。孩子正式入学的第一天，要向孔子的牌位磕头，因为孔子是至圣先师。孩子还要向写着“天、地、君、亲、师”的牌位行礼。上有天，下有地，中有皇帝、父母和祖父母，接着第五个就是师。这就是老师的地位。

在1905年中国废除科举制度之前，私塾门口常见一块牌子，上书“溺爱免送”。意思是如果你要溺爱你的孩子，那请你别送来，我教不了。在中国的传统当中，老师必须严格教育学生，连皇上也不能例外。“教不严，师之惰。”不仅强调了老师的责任，同时也强调了老师的尊严。这就是中国传统文化中的“师道尊严”。

儒家文化十分强调教师的绝对权威，但是并不是所有的老师都可堪为人师表的，这种“师道尊严”会让孔子那样的良师发挥更大的影响力，但也会让一些不合格的老师产生更大的危害，误人子弟。鲁迅先生讲过一个故事，说有一个老师教孩子读《论语》，读到一句叫“都都平丈我”。《论语》里面哪有这样的句子？原文应该是“郁郁乎文哉”。这老师是个白字先生，五个字没认对一个。学生问他是不是记错了，他还蛮横地训道：“你只管背就完了，我教你，你就背，你管那么多干什么？”这样的老师，毫无疑问是不合格的。

那么，我们现代人，如何看待中国传统文化中的这些问题呢？在我看来，时代进步了，老师应该用新的教育方法和手段，把新的教学内容教授给孩子，而孩子还是应该以尊敬老师的心态、刻苦学习的心态，从老师那里领受知识和教诲。作为老师呢，应该不断地提高自己的学识修养和教育水平，以一种敬业的精神来履行自己的职责，严格要求学生努力学习。另一方面，也应该认识到，人生有涯而智无涯，尤其是现在知识爆炸的年代，老师也应该认识到自己可能存在的不足，坦然接受学生的质疑，教学相长，不能只摆出“我是权威，我就说得对”的架势，鼓励孩子们有自己的见解，踊跃提问，敢于质疑，从而培养出有独立思想、有创造力的孩子。

第3章

子不学，非所宜[1]，幼不学，老何为[2]？
玉不琢[3]，不成器[4]，人不学，不知义[5]。
为人子[6]，方少时[7]，亲师友[8]，习礼仪[9]。

①非：不是。宜：应当。

②何为：能干什么呢？

③玉：玉石。琢：雕琢。

④器：器物。

⑤义：指道义，正确的道理。

⑥为：做。

⑦方：当。

⑧亲：亲近。友：朋友。

⑨礼仪：礼貌仪节。

孩子的成长就是美玉雕琢成器的过程

那么，孩子应该以一种什么样的心态来接受教育、珍惜教育、领悟教育呢？如何才能让孩子把学习作为自觉自愿的事呢？这就是《三字经》接下来重点讲的内容。

现在大多数孩子都是独生子女，父母将所有的期望都寄托在“这一个”身上，望子成龙、望女成凤心切。因此，中国的家长们往往从小就开始培养孩子的“核心竞争力”，“天才”、“神童”成为父母塑造孩子的目标。不过这种做法现在越来越受到质疑，越来越多的父母发现，孩子有知识不等于有文化，更不等于有健康快乐的人生。那究竟应该怎样做，才能对孩子的成长有利？古人教育孩子的方法，对我们能不能有所启迪呢？

《三字经》说：“子不学，非所宜，幼不学，老何为？”字面意思是非常清楚的，如果孩子小的时候不学习的话，肯定是不合适的，不应该的。人的一生很短暂，转眼就老了，小的时候、年轻的时候不学习，没有修养学问的积淀，老了还能干什么呢？“莫等闲、白了少年头，空悲切！”在人生晚年才明白自己一辈子什么都没做成，后悔也没有用了。

那么，从什么时候开始让孩子学习，才是比较合适的呢？古人认为，十三岁以前念书效果最好。为什么呢？因为十三岁之前的记忆力最好。中国传统的教育主要在文史人文方面，而文史人文的学习积累最关键的在于背诵，所以古人非常强调记诵的功夫。孩子还小，好多深奥的道理先别跟他说，即使说了，孩子也琢磨不清楚，先想办法让他记住。“读书百遍，其义自见。”等孩子把书读得滚瓜烂熟了，自然会触类旁通。并且，随着年龄阅历的增长，小时候背的东西，突然会在某一个人生时刻，激发他的联想，由此真正地领悟了精义。十三岁以前记忆力最好，因此也是学习的黄金阶段，所以千万不能放松。这种教育方法，是“反刍式”的方法，事实证明，这是很符合孩童认知规律的，是有科学道理的。我们知道，国学大师的博闻强记往往都是源自这样黄金记忆时期打下的“童子

功”。比如著名的历史学家、语言学家、古典文学家陈寅恪先生，身出名门，而又学识过人，备受学界推崇，他在清华任教时有“公子的公子，教授之教授”的美誉（其父陈三立是“清末四公子”之一、著名诗人）。陈寅恪少年时在南京家塾就读，在家庭环境的熏陶下，从小就能背诵四书五经，并广泛阅读历史、哲学典籍，为日后成为一代国学大师奠定了深厚的国学基础。后来，他留学日本、欧洲、美国等长达十三年，精通二十二种语言，学贯中西。陈先生在清华大学开设语文和历史、佛教研究等课程。他讲课时，或引用多种语言，佐证历史；或引诗举史，从《连昌宫词》到《琵琶行》、《长恨歌》，皆信口道出，而文字出处，又无不准确，伴随而来的阐发更是精当，令人叹服！更为难得的是，盛名之下，他朴素厚实，谦和而有自信，真诚而不伪饰，人称学者本色。

现在也有人提出，六岁以前不要让孩子学什么英语、音乐，要让孩子多做游戏、多玩，让他的天性、天分都自然而然地显现出来。这么说似乎也没有什么错，但是，这绝对不是说父母就可以不重视孩子的教育，不抓紧孩子的学习。孔子在《论语·宪问》里边有一句话，“爱之能勿劳乎？”你爱他的话，能不让他吃点苦吗？这用在对孩子的教育上，同样很有启迪意义。青少年时期是一个人学习的关键期，这个时候打下的深厚基础，会在孩子成年后，充分地呈现出来。也许不一定让孩子过早地学习很多的技能，但是，青少年时期是一个人养成习惯的关键期，学习习惯、生活习惯的养成以及人格的确立都是从这个阶段开始的，这个时候打下良好的基础，养成健康的习惯，会成为孩子一生的财富。反之，一个人从小没有养成好学上进、专注完成一件事情的习惯，不懂得尊敬父母长辈，什么时候都以自我为中心，将来他要改很难，而且会在吃了很多亏之后才明白自己错在哪里，要付出比小时候多得多的努力才能改掉坏习惯。所以父母还是要根据孩子的兴趣爱好，加以引导，并且，授之以鱼不如授人以渔，更重要的是培养孩子在学习和生活上的良好习惯。

“玉不琢，不成器，人不学，不知义。”意思是说一块璞玉如果不经过雕琢，就不能成为精美的玉器；人也是一样，如果不努力学习，就无法明白做人处事的道理，不知道什么是对，什么是错。中国是一个有着悠久的玉文化历史的国家，过去讲究的是，君子每天都要佩玉，玉无故不离身。因为传统认为，“君子比德与玉”，玉具有仁、智、义、礼、乐、忠、信、天、地、德、道等十一种品性和象征。人们佩玉在身，就是以此自勉自比，作为人生启示，规范自己的言行，要使自己的修养，越来越完善，就像雕琢玉器一样。

今天有一个词汇叫“切磋”，一说到切磋，大家就知道是互相商量研究的意思，要是武侠小说或电视剧，就是武林高手碰到一起较量武功了。而在古代，把骨头加工成器物叫“切”，把象牙加工成器物叫“磋”，把玉加工成器物叫“琢”，把石头加工成器物叫“磨”。这“切磋琢磨”就是生产打磨一个器物的过程。所以《三字经》的意思是，人的学习成长，就像是雕琢玉器的过程。即便是天生美玉，也要下功夫雕琢，不然再好的坯子也成不了器。

我们常常听说，有的孩子天资聪颖，有天才、神童的美誉，可是为什么长大后却泯然众人，没什么过人之处了呢？方仲永我们都知道，他是宋朝的天才儿童，四五岁的时候从来不知道笔墨纸砚，没碰过书本，便能写出好诗，大家都惊叹不已。他的父亲认为，方仲永既然是天才，那没什么必要再去培养了，就得意地整天带着他走街串巷，四处显摆。结果方仲永每天在一些人面前重复展示自己会的那点儿东西，停留在四五岁时候的学问上，再没有长进了。到了十二三岁的时候，方仲永依然还能作诗，但是他的诗和同龄人比起来，已经没什么特别之处了。到了二十岁的时候，方仲永的诗，已经远远不如同龄人。这个故事说明，就算是天才，也需要后天进一步的培养和教育，否则，就会像方仲永一样被泯灭。

白居易是中国文学史上负有盛名且影响深远的诗人和文学家，他的诗歌主张和诗歌创作，以其对通俗性、写实性的突出强调和全力表现，在中国诗史上占有重要的地位。他出身书香门第，自幼又绝顶聪明，五六岁便学写诗，九岁便能够辨别声韵，可以说，也是一个天才儿童！但是白居易并没有像方仲永那样止步于天赋上，他学习特别刻苦。日后他曾在《与元九书》中回忆自己年少时的苦读，“昼课赋，夜课书，间又课诗，不遑寝息矣。以至于口舌生疮，手肘成

胝”。意思是，白天学习辞赋，晚上学习四书，中间还抽出时间来学习诗歌，废寝忘食地学习，以至于口舌生疮，双肘都磨出了趼子。天才加勤奋，正是凭着持之以恒的后天努力，白居易的才华越来越闪耀。十八岁时，青年才子白居易从江南来到京都长安，带着自己的诗稿去拜会名士顾况。顾况看到诗稿上“白居易”的名字，便开玩笑说：“长安物价很贵，居住不容易啊！”（“长安百物贵，居大不易。”）等到翻看诗稿，读到“离离原上草，一岁一枯荣。野火烧不尽，春风吹又生”（《赋得古原草送别》）的句子时，大为惊叹，连声叫好，并说：“好诗！文采如此，住下去又有什么难的！”（“有句如此，居天下有甚难！”）后来，顾况经常向别人谈起白居易的诗才，盛加夸赞，白居易名动天下。然而，白居易并不自满，始终努力不辍，勤于创作，最终成为李白、杜甫之后的一代杰出诗人。

在说明学习阶段的重要性以后，《三字经》接着讲：“为人子，方少时，亲师友，习礼仪。”孩子小的时候应该特别注重亲近良师、亲近益友、学习礼仪。这三个方面是《三字经》里讲的人生初始课，孩子的学习是从这些方面开始的。这是非常重要的。人生的学习，首先不是技能，不是技巧，而是与人相亲——亲师友，以及懂礼貌，讲礼仪。

我国历史典故中关乎“亲师友”的故事很多，诸如孔子问礼、三顾茅庐、程门立雪、一字师，等等。人一辈子要想有成就，决离不开良师益友，我们之所以希望孩子能上个好大学，并不在于这个大学的大楼怎么好、场地多么大，关键在于好的大学可以遇到好的老师好的同学，可以促进提升孩子的进步。从另一方面来说，我们要评价或者衡量一个人物，除了直接观察了解之外，还可以通过观察他交往的师友来判断。历史上不乏这样的例子。

东汉有位鼎鼎大名的学者叫郑玄。郑玄从小就家境贫寒，因此后来不得不早早谋生，在乡里担任啬夫一职，负责百姓诉讼和征敛赋税之类的琐事。但郑玄从小就聪明异常，八九岁的时候就能算数，十三岁的时候能背诵五经，十六岁的时候被人称为“神童”。不仅如此，他还从小就志向远大，在他十一二岁时，母亲曾带他回娘家一起参加乡里的腊会，聚会的其他少年子弟一个个都华衣美服侃侃而谈，郑玄却木头一样坐在一边默然无语。他母亲都觉得为此蒙羞，私下里催促郑玄也去出出风头，谁料他却道："我志不在此。"不久，泰山太守杜密见到郑玄，发现他的才华，于是先召他到自己官署中任职，继而送他去洛阳的太学求学。太学就是东汉的最高学府，在这里，师友佼佼，郑玄最先师从著名学者第五元先系统地学习了《易经》、《春秋》、《九章算术》等。学完后，又师从另一学者张恭祖研习《周礼》、《礼记》、《春秋左氏传》、《韩诗》、《古文尚书》等一系列儒家经典。此外，他还曾拜学者陈球为师，最后拜大儒马融为师。聪明、勤奋，再加上四处游历遍访名师，郑玄成为学富五车的经学大师，并且因为在融通今古文经学方面取得的巨大成就，郑玄的学术方法也成了后世学者研究的一种专门的学问，叫作"郑学"。而郑玄给经典作笺注，也助生了一个名词叫"郑笺"。

除了良师之外，益友也是一个人成长过程中重要的影响因素。古人极其重视朋友，儒家认为，朋友是建立在共同的理想、共同的道德追求、共同的人格基础上的一种友好关系。一旦确认彼此是朋友，就要肝胆相照，甚至是两肋插刀、赴汤蹈火，可见朋友在古人的心目中有多么重要。

《世说新语》中记载，汉朝的时候，荀巨伯远道去探望生病的朋友，正遇上胡人攻打郡城，朋友对巨伯说："我快要死了，您还是别管我，快快回去吧。"巨伯说："远道来探病，您却让我离开，损坏道义，苟且求生，难道是我荀巨伯应该做的事吗！"坚决留下来陪伴朋友。胡人入城之后，见到荀巨伯，非常奇怪，喝问："大军一到，全郡的人都跑光了，你是什么人，竟敢独自在此滞留？"巨伯从从容容回答说："朋友生病，我不忍心丢下他，宁可用我的生命去换回他的生命。"入侵的胡人听了，深受感动，原来世间竟有这样有义气的男子汉！于是率军撤退，全郡得以保全。患难见真情，荀巨伯甘愿冒着生命危险也要保护朋友，这样的友谊，这样的义气，这样的气度，实在是令人敬佩。我们在遥想荀巨伯的丰采的时候，也不禁会想：他那个朋友一定也是个了不起的人物，否则怎么会有这样杰出的朋友呢？物以类聚，人以群分，我们要结交的正是这样真诚的不离不弃的朋友才对。

“亲师友”的后面是“习礼仪”，中华民族素有礼仪之邦的美誉。那么，这种传承了千年之久的“礼”，它的实质究竟是什么呢？

《礼记》的第一句是：“毋不敬，俨若思。”意思是无论我们做什么事情、见什么人，都应该心怀敬意，尊重对方，常怀一颗敬畏之心。这就是古人眼中的“礼”。今天我们特别要注意的一点是，不要把礼仪庸俗化。虽然我们今天也非常讲究礼尚往来，你送我一份礼，我请你吃一顿饭，但这些不代表我们理解了中国传统礼仪的真谛。孔子在《论语·阳货》中讲：“礼云礼云，玉帛云乎哉？”——礼啊，礼啊，难道讲的就是玉帛吗？孔子发出了这样的感叹，是因为当时就已经有很多人把礼仪等同于礼物了，把礼仪给庸俗化了。所以，在现代社会，我们要讲礼仪，就要真正把握传统礼仪的精神实质，那就是站在对方的立场上想问题，替对方考虑，己所不欲勿施于人，比如你讨厌前面几个人在马路上并排走，挡住你的去路，那么你就要注意走路靠边，不要挡路，特别是电梯上，留出一边，让紧急上下的人走。你讨厌别人冷漠无礼，不打招呼，那你就要学会礼貌待人，微笑着与人打招呼……礼仪无处不在，也无处不体现着一个人的为人和修养，所以从小养成彬彬有礼的习惯实在是非常重要的。

《三字经》选择从生活细节入手讲做人的道理，先亲师友，习礼仪，再学习知识。这非常值得我们今天的教育工作者去借鉴。我们现在常说国民素质有待提升，其实就是这些细节教育非常欠缺。

孔子不仕退修诗书图

第4章

香九龄[1]，能温席[2]，孝于亲[3]，所当执[4]。
融四岁[5]，能让梨，弟于长[6]，宜先知。
首孝弟[7]，次见闻[8]，知某数[9]，识某文[10]。

①香：黄香，东汉人。龄：岁。

②温：温暖。席：床席。

③亲：父母亲。

④当：应当。执：做到。

⑤融：孔融，东汉人。

⑥弟：同“悌”，敬爱兄长。

⑦首：首要。

⑧次：其次。见闻：见到和听到的事。

⑨数：数目，算术。

⑩文：文字，文章，文理。

首先教给孩子的是什么?

接下来,《三字经》讲的就是教学内容与次第,孩子应该怎样一步一步地接受教育,应该按照怎样的轻重顺序来学习知识。那么,为什么在《三字经》这样的启蒙教材中,首先要教给孩子们孝悌?这种“首孝弟,次见闻”的传统教育方式,在今天的社会还能否适用?父母在教育孩子的问题上,更应该侧重哪方面能力的培养呢?

《三字经》的教育观点是“首孝弟,次见闻”,我们必须非常细心地去体会,因为这里面饱含着传统中国教育思想的精义,如果我们泛泛而过,那就没有办法体会得到。

“香九龄,能温席。”意思是黄香九岁时,就懂得冬天用自己的身体给父亲焐暖被窝。“香九龄”的“香”就是指黄香,字文强,东汉江夏安陆(今湖北云梦)人。《后汉书》中有黄香的传记,因此黄香是一个确实存在的历史人物,而且能够进入正史并且有传,说明他是一个了不起的人物。黄香九岁的时候,母亲去世了,他跟父亲相依为命。黄香是个善良孝顺的孩子,炎炎夏日,房间闷热,他怕父亲睡不着,就用扇子把父亲睡的席子和枕头给扇凉快了,伺候父亲安寝。寒冬腊月,天寒地冻,黄香又怕父亲太冷睡不好,在父亲就寝之前,先用自己的体温去温暖被窝,让父亲能够安寝。这个故事叫“黄香温席”,非常感人。《二十四孝子》中也记载了他的故事。大家之所以知道黄香,就是因为他是个大孝子。黄香的孝名传到太守刘护耳中,刘护也深受感动,就将他召进官府,收为门生,之后又送他到京城洛阳学习。黄香用功学习之余,仍像以前一样奉养父亲,一时名声大振京师,人们称他为“天下无双,江夏黄香”。“百善孝为先”,黄香从小就孝顺父母,明理懂事,长大后成为一个政绩卓著、对社会有贡献的人。黄香后来官至尚书令、魏郡太守。有一年,清河郡(治所在今河北清河)发生一起妖言惑众案,涉及上千人,按照当时律法都得杀头。黄香慎重处理此事,分别对待,只处治了几个为首的,其余人无罪释放,这一举动,深得民心,受到了人们的赞佩。

“孝于亲，所当执”的意思是，对父母双亲、对长辈应该孝敬，这没有什么好商量的，是个人就应该这么去做，这是做子女做晚辈的应当尽的本分。《三字经》举了黄香的例子，说明它首先要教给孩子们的就是“孝”。传统的启蒙教育第一位的就是“孝”。

孝，被尊为“百善之首”，它是中国传统文化所强调的最重要的美德。在古代大户人家的祠堂墙壁上，往往都刻有“孝”、“悌”两个字。在这种严肃的追思祖宗的场合用这两个字，也是为了警示、提醒后人，要以孝悌传家，才能家庭和睦，父子反目兄弟成仇的家庭，没有一个是幸福的。

为什么中国传统文化如此强调孝道？

传统中国把“孝”作为孩子们接受教育的第一步，这里面自有它的道理。我们可以从两个字的造字本义来探究我们传统的深意：第一个字是“孝”字，上“老”下“子”是为“孝”，这是一个会意字，强调了血缘关系的延续性。每个人只不过是人类生命长河中的一个环节，你今天是小辈，明天就是长辈，你今天不孝敬你的长辈，那么你怎么能指望当你变老的时候，你的小辈来孝敬你呢？如果没有这种孝敬之心，人类的血缘之环，又怎么能够一环一环地传接下去呢？第二个字，教育的“教”字。《说文解字》对“教”的诠释为：“上所施下所效也。”教育就是要从孝开始，培养一个孩子对血缘的尊重，培养一个孩子对长辈的尊重，同时也就培养了一个孩子对传统的尊重。任何文明的进步都不是凭空产生的，对传统的尊重，意味着我们才能在这个前提下进行更好、更有益的创造。

孝敬，是中华民族的传统美德。现代社会不孝敬老人的新闻和“啃老族”现象，是不是说明我们在孝道方面的教育已经出现了严重的问题？

对长辈要尽孝道，那么对同辈又该怎么做呢？《三字经》接下来讲了“孔融让梨”的故事。“融四岁，能让梨”，孔融有七兄弟，他是老六，孔融才四岁的时候，就懂得礼让兄长，将大的梨子让哥哥吃，自己选择较小的。“弟于长，宜先知”，这种敬爱兄长的美德，应当及早教育培养。“弟”同“悌”，悌道，意思是敬爱兄长。孔融让梨这件事被作为“悌”的代表，传诵千百年。时至今日，“孔融让梨”

的故事还经常被收录到小学课本里，作为中国传统美德的代表流传着。

孔融是东汉末年非常卓尔不群的一个人。他从小聪明过人，十岁的时候，跟随父亲到了洛阳（今河南洛阳）。当时洛阳的长官河南太守，是颇负盛名的李膺（字元礼）。李元礼名望极高，被太学生称为“天下楷模”，因此在太守府中往来的人不是李元礼的亲戚，就是当时有才名的人。如果一般人去拜访，守门的人照例是不通报的。年仅十岁的孔融，既不是李家亲戚，更谈不上是名士，可是他大大方方地前去拜访这位太守。只见他来到府门前，对守门人说：“我是李太守的亲戚，烦请给我通报一下。”守门人一听，哦，是亲戚啊，那就去通报吧。这一通报呢，李膺也吃不准是哪房哪家的亲戚，就同意接见。这一见，发现不认识啊，不过这么小的小孩儿也不会瞎说吧，就问了：“请问你和我有什么亲戚关系呢？”小小的孔融从容不迫地回答：“从前我的祖先仲尼（即孔子）和您家的祖先伯阳（指老子，老子姓李名耳，字伯阳）有师资之尊（孔子曾向老子请教过关于礼节的问题），因此，我和您是世代通家之好。”这下子，可把李膺和当时在座的众位宾客惊呆了。太了不起了，太聪明了，这个小孩儿！三代为世交，这都二十几代了，怎么着都是世交啊！而且抬出了孔子和老子，那是多么光荣的血统和缘分啊！即便不是老子的后裔，李膺也不好否认啊！这时有个中大夫陈韪，来晚了，在座的宾客将孔融的话告诉他，他不以为然：“小时了了，大未必佳。”意思是小时候聪明伶俐，长大了未必好。谁料，聪明的孔融应声反驳：“想君小时必当了了。”——我想陈大夫您小的时候，一定是很聪明的。陈韪给孔融这一句话难住了，半天说不出话来。

孔融十六岁那年，哥哥孔褒的好友张俭得罪了宦官中常侍侯览。侯览下令抓捕张俭。张俭逃到孔家，恰巧孔褒出门在外，见到孔融，觉得孔融是个小孩子，也就不告知实情。可是张俭的焦虑忧愁，孔融看在眼里，就说：“我兄长虽外出离家，难道我就不能做主吗？”因此容留张俭藏匿家中。后来张俭逃走，侯览便抓了孔融、孔褒兄弟押进监狱。提审中，孔融挺身说：“容留张俭的是我，罪由我当。”孔褒则说：“张俭来求的是我，与弟弟没有干系，我甘当其罪。”审判官吏审问他们的母亲。他们的母亲则说：“家事由长者决定，我当其辜。”一门争死，

郡县官吏难以审决,只得上报朝廷。最后孔融哥哥孔褒被定罪。孔家宁愿牺牲自己也要保全爱护家人的事迹传为美谈,孔融因此更加出名了,成为当时最著名的名士,清议派领袖之一。“清议”是东汉后期形成的一种社会舆论风气,专门品评人物。这种舆论虽然只掌握在少数几个名人手中,但却影响极大,可直接关系到被议士人的政治前途命运。当时人把评语视为第二生命,重视非常。

如果我们对历史再多些了解,就会发现,孔融不仅天资聪明,而且勤奋好学,博览群书。他对父母非常孝顺,对兄弟友爱谦让,并且为人侠义厚道,很少疑忌,与人为善,奖掖后进,爱才重士,深受俊杰士人爱戴,很多方面都是我们学习的典范。“孔融让梨”只是他小时候的一个小故事。

孝敬父母,友爱兄弟,是做人的根本;博古通今,见多识广,是一个人安身立命的保证。先学做人,再学知识,这种“首孝弟,次见闻”的传统教育方式,在今天的社会是否还适用?

《论语》中说:“其为人也孝弟,而好犯上者,鲜矣;不好犯上,而好作乱者,未之有也。君子务本,本立而道生。孝弟也者,其为仁之本欤!”《三字经》的讲法与《论语》是一脉相承的,认为一个对长辈孝敬的人,一个对兄弟友爱的人,不大可能是个坏人。一个人首先应该是个好人,才可以放心地教你知识;如果你是坏人,教你知识,这不是为虎作伥吗?所以中国传统教育首先强调人的思想品德、道德修养要过关。在这个前提下,人的知识就越多越好。知识会随着时代进步、社会变迁而改变,但“孝”和“悌”的精神要求却是永恒的,是不会随着时代而有所变迁的。

《弟子规》中开篇讲到“有余力,则学文”,这和《三字经》中的“首孝弟,次见闻”意思是一致的,就是说你应该首先把精力、心思都放在“孝道”和“悌道”上,如果有余力再学文。如果你前面两个都没做到,都没做好,后面学了也没啥好处。这是《三字经》所告诉我们的真意。

接下来的才是“知某数，识某文”。做人第一重要的是孝顺父母，尊敬兄长，其次才是增广见闻、学习知识，学会算术，认得文字。《三字经》从这里开始知识传授的内容。古人非常重视广闻博知，强调读万卷书，行万里路，知行合一。古代男子在年轻的时候必定有一次壮游，比如司马迁，比如李时珍，比如李白，比如杜甫，他们通过壮游天下，到处访师求友，熟悉社会，了解民生，积累着人生的阅历和知识。

从《三字经》里可以看出，古人对于教育和学习的基本原则、先后次序、态度、意志都是有充分考量的。那么，做好这些最基本的考量和准备以后，按照《三字经》的说法，传统中国的读书儿郎又应该学习哪些知识呢？请看下一章。

第5章

一而十，十而百，百而千，千而万。

三才者[1]，天地人；三光者，日月星。

三纲者[2]：君臣义[3]，父子亲[4]，夫妇顺[5]。

①才：基本的东西。

②纲：法则，纲领。

③义：规矩，法度。

④亲：亲近。

⑤顺：和顺。

具体的知识从数数开始

《三字经》接下来要教给孩子们哪些具体的知识？或者说，传统的中国人最应该掌握的是哪些基本知识呢？在不分学科的古代，《三字经》是如何把语文、数学、自然、历史这几类知识巧妙结合在一起的呢？而看似简单的数字背后，还蕴含着什么样的传统思想呢？

“一而十，十而百，百而千，千而万。”《三字经》一开始教孩子的并不是认字，而是数数。其实，传统的教育从来没有忽视过数学的教育，而且数学恰恰是传统中国启蒙教育最重要的组成部分之一。自然知识方面的教育，中国也没有忽视过。按照古代的规矩，贵族子弟六岁入学，一入学，首先就要学数字和方位。一二三四五六七这样的数字，东南西北中这样的方位，都是必须学习的内容。到了八岁，还要学习四则运算，而周秦时代，学校的教育课程是“六艺”，即礼、乐、射、御、书、数这六门功课。礼，就是各种礼节，身为贵族，首先应该在礼方面作出表率。乐，音乐、诗歌、舞蹈等，古代的舞蹈，往往也是由贵族子弟表演的。射，就是射箭，是男子保家卫国的基本技能。御，驾车，和今天拿驾照相似。书，就是写字。数，就是数学。

数，虽然在六艺里面排在最后一位，但是，这绝不等于说是在传统中国的教育中地位最低——《三字经》一上来教具体的知识，讲的就是数数。在简单的“一而十，十而百，百而千，千而万”之后，《三字经》接着用数字串讲一些最基本的文化概念。

第一个讲三。“三才者，天地人；三光者，日月星。”什么是“三才”？就是天、地、人。也就是说，这世间有三样最基本的东西，那就是天、地、人。这个概念来自《周易·说卦》：“昔者圣人之作《易》也，将以顺性命之理。是以立天之道，曰阴与阳；立地之道，曰刚与柔；立人之道，曰仁与义。兼三才而两之，故《易》六画而成卦；分阴分阳，迭用柔刚，故《易》六位而成章。”古时候圣人在创制《易》时，就是要用它来顺应、来说明自然变化的规律。古人确定天的道理是阴和阳，地的道理是刚和柔，人的道理是仁和义，这个就叫“三才”，“才”在这里就是指最基本、最重要的东西。

简单的数字序列，传达了丰富的人文思想和传统的哲学观念。小中见大，平中见奇，循序渐进，潜移默化。这的确是《三字经》的新奇之处，既符合孩子的学习接受能力，又让他们记住了关键的知识，古人的这种教育智慧，的确让我们佩服和敬仰。那么，“三”这个数字在中国传统文化中的含义还有哪些呢？

我们仰望天空，白天最亮的是太阳，晚上最亮的是月亮和星星，所以叫“三光者，日月星”。从阴阳角度来看，太阳，是阳的精华，所以叫太阳；月亮，在夜间出现，是阴的精华，所以月亮也叫太阴；除了太阳和月亮以外，天上发光的这些东西，都叫星。在中国传统当中，星还分三类：第一类叫行星，金、木、水、火、土，古人就知道这五大行星。当然，这跟五行相关。第二类叫宿（xiù）星，也就是所谓的二十八宿：东方苍龙七宿，南方朱雀七宿，西方白虎七宿，北方玄武七宿，共二十八宿。古代建筑中，帝王宫殿也会顺应星宿之学，以求得天佑。第三类叫经星，除二十八宿和五行之外的都叫经星。

古代的天文学知识，大家千万不要小看。不光是中国的古代天文学很发达，埃及、两河流域、印度、玛雅的天文学也很发达。它们留下了许多谜团，至今无法解释。今天的占星术等，也与古代的星相学密切相关。

清华大学的校园里有一块碑，叫“海宁王静安先生纪念碑”。这块碑是为了纪念伟大的学者、也是当年清华国学研究院四大导师之一的王国维先生而立，碑文是由著名的史学大师陈寅恪先生写的。这个碑文的最后说：“惟此独立之精神，自由之思想，历千万祀，与天壤而同久，共三光而永光。”这篇碑文现在已经被看作是中国文化精神的宣言，这里的“与天壤而同久，共三光而永光”，就是说，中国文化中的独立之精神、自由之思想，与日月星一样永存人间。

每一种文化，都有所谓的关键数字。换言之，有些数字在某一种文化中，特别重要，它反映了一种文化的精神观念。比如我们中国人会觉得九是吉祥的，外国人则不会觉得十三是吉祥的。在中国文化当中，“三”是一个大数，是一个关键数字。天有三宝日月星，地有三宝水火风，人有三宝精气神。除此之外，古人还总结出一些与“三”有关的概念，比如天有三光日月星，地有三形高下平，人有三尊君亲师，都是以“三”来说明一种观念，来传达一种思想。不仅儒家学说以“三”为一个结，在《道德经》的“道生一，一生二，二生三，三生万物”中，“三”也是一个重要的概念。所以，《三字经》的编排是匠心独运的，我们并不能因为它是给儿童看的启蒙书就小瞧了它。

在中国文化传统中，“三”这个数字具有特殊的含义。从天地自然到社会家庭，一个“三”字，就像一根丝线，串起了许多知识和思想的珍珠，而这样一条传统文化的项链，至今闪耀着智慧的光芒。

接下来，《三字经》由自然过渡到社会：“三纲者：君臣义，父子亲，夫妇顺。”提到“三纲”，大家都能说出“君为臣纲，父为子纲，夫为妻纲”。这就是中国传统的“三纲”，也是饱受批判的“封建残余思想”。首先，我们要了解，什么是“纲”？纲的本义就是渔网上面那根最粗的绳子，下面串着一根根的鱼眼网。“纲举目张”本来的意思就是打鱼的时候，拎着这根绳子一撒，网就出去了，一收就能收回来。可见，纲是多么重要的东西。传统的解读是，“三纲”就是臣子一定要服从君王，儿子一定要服从父亲，妻子一定要服从丈夫。古人很注重一一对应的关系，这“三纲”，对应天、地、人“三才”，即“君为臣纲”对应的是天道，“父为子纲”对应的是地道，“夫为妻纲”对应的是人道。天生万物，天、地、人是世间三宝，那么对应的“三纲”也就和天、地、人一样，是天经地义、永恒不变的真理。“三纲”这个概念在传统中国中相当重要。

从“三纲”还引申出很多说法，比如“三从四德”、“三纲五常”、“三纲六纪”。“三从”，指“在家从父，出嫁从夫，夫死从子”；“四德”指妇德、妇言、妇容、妇功；“五常”指“仁、义、礼、智、信”；“六纪”指“诸父有善，诸舅有义，族人有序，昆弟有亲，师长有尊，朋友有旧”。这些总结在今天看来虽然有很多不合时宜的地方，但古人当时就是将这些视为天地人伦的经纬，只有在这个框架之下，每个人才能发挥出自己的作用，找到自己的位置。

不少人把“三纲”的发明者当成孔子。孔子说过类似的话，叫君君、臣臣、父父、子子。这里的叠词中，前一个字是名词，后一个字可以是动词，就是说国君要像国君的样子，臣子要像臣子的样子，父亲要像父亲的样子，做儿子要有做儿子的样子，每个人都要守好自己的本分，但他并没有说谁绝对服从谁。

那么，到底是谁拥有“三纲”的发明权呢？他为什么要提出这样的一个主张呢？而这个“三纲”的理论又为什么会广为流传呢？

“三纲”的提出者是西汉的董仲舒。大家都知道，董仲舒最有名的理论是“罢黜百家、独尊儒术”。在汉武帝之前，汉朝的皇帝信奉儒家的并不多。到了汉武帝时，儒家才开始受到尊敬。“三纲”就是董仲舒为了完善儒家学说而提出来的一套理论，经过后世的不断解读，被引申出更多的内涵。

“五四运动”时期，不少年轻人和一些接受了西方思想影响的学者，提出“打倒孔家店”，要彻底和过去那套纲常伦理划清界限。董仲舒提出的“三纲”被认为代表了整个传统中国文化，从而遭到激烈的全盘的否定。其实，大家搞错了，所以打错了，应该打到的是董家店，而不是孔家店。“三纲”跟孔家店没什么关系，孔家店里没这个货。今天，很多人又在号召回归传统。那么，到底过去的观念中哪些应该继承，哪些应该抛弃？董仲舒的“三纲”引申出来的对妇女进行束缚的那些东西肯定是应该抛弃的，今天没有人再信了。“君为臣纲”这种提法也没有现实存在的基础了。但是，一些像讲父子、夫妻关系的理论，对今天的生活未必全无益处。如何处理好这些关系，终究还须从传统中汲取经验，从传统中找寻智慧。如果我们不单单从“血淋淋的吃人的礼教”出发，而是多一些人文关爱的考量，便可以读出《三字经》里所倡导的亲子关系是一种爱和关切。

孩子对父母要尊重和孝敬，父母对孩子要严格和爱护，这才是大家历来倡导的家庭生活。《三字经》所倡导的是温馨和谐的君臣关系、父子关系，虽然在社会和家庭中，君臣、父子的地位不同，但在人格上大家是平等的。对于《三字经》所倡导的夫妻关系，又是怎样的呢？

《三字经》可贵在哪里呢？“君臣义，父子亲，夫妇顺。”《三字经》的“三纲”可不是董仲舒的“三纲”，它更接近孔子提倡的社会关系，首先是说君臣之间要有一种道义，要有彼此恰当和合适的关系；其次，父子之间要亲爱；再次，夫妇之间要和顺。所以，大家千万不要以为《三字经》是很简单的一本书，它对传统的东西有着自己的判断和抉择，它倡导的是一种爱、一种关切、一种道义，而不是绝对的单向控制和服从。

从《三字经》看，教育和学习的内容都是遵循着一种规律，即从天文、地理和自然开始，而没有从人文类的学科开始，这是为什么呢？《三字经》在这些方面又有哪些内容呢？请看下一章。

第6章

曰春夏[1]，曰秋冬，此四时，运不穷[2]。

曰南北，曰西东，此四方，应乎中[3]。

曰水火，木金土，此五行[4]，本乎数[5]。

①曰：叫作。

②运：运转。穷：穷尽。

③应：应对。中：中央。

④五行：组成万物的五种要素。

⑤本：根源。

《三字经》里的时空概念、五行观念

在对孩子的启蒙教育中，《三字经》是以古人对自然和社会的认知为基础的，春夏秋冬为四时，东西南北为四方。这些都是正确的，但古人为什么认为中国人是居住在世界的中央呢？古人是如何发明水火木金土这五个基本元素，又是怎么以水火木金土的相生相克，形成了既简单又神秘的五行学说的？五行学说在中国古代时期，是怎样影响着人们的思想和行为的？为什么在现代社会中，五行学说常跟迷信联系在一起？我们又该怎么认识这个问题呢？

“曰春夏，曰秋冬，此四时，运不穷。”《三字经》首先教给孩子时间的概念，一年有四季，春夏秋冬，这四个季节不停地循环往复，无穷无尽。接下来讲空间概念：“曰南北，曰西东，此四方，应乎中。”“应乎中”这三个字里边到底蕴含着多少深意呢？

远古时期的人们，对自己居住的地球刚刚开始探索认知。他们认为地球是方的，而我们就居住在地球的中央。但是古人判定的东西南北四个方向却是正确的，那么，古人最早确定的是哪个方向？是东西向。为什么最早确定的是东西向而非南北向呢？这跟古人对大自然的细致观察分不开。古人日出而作，日落而息，作为时间和方向的判定依据就是太阳的轨迹。看，太阳每天都从东边升起，每天差不多的时候，又从西边落下去了。于是“东西”方向就有了。相对着，才定下“南北”。

“应乎中”这三个字，对我们的影响到底有多大？就拿北京城作例子，我们就能明白什么叫“应乎中”。北京城的中心在哪里？紫禁城。紫禁城的中心在哪里？在太和殿。太和殿的中心在哪里？在皇帝宝座。皇帝宝座是放在太和殿的正中间的，那就是“应乎中”，对应着中间。相应地，北京有东西南北四城。东西南北有什么？天地日月四坛，即天坛、地坛、日坛、月坛。这样的一个结构，就表明“应乎中”在古人心目当中有多重要。我接着给大家举个例子，还是举太和殿的例子。大家如果到太和殿去参观，稍微把头抬起向上看，就会看到，上面是个巨大的蟠龙藻井，里面有龙，龙嘴里衔着一颗大球，意思就是龙戏珠，非常吉

祥。这个珠子的下面就是皇帝宝座,正对着皇帝的御头。袁世凯当年称帝时,往这个宝座上一坐,抬头一看,顶上那么大个球,心里有点儿虚。袁世凯这皇帝本来就当得心里有点儿虚,所以他怕这个球掉下来,把自己的那个袁大头给砸了。因此,他就叫人把宝座往后移了十几厘米。结果,洪宪闹剧维持了八十三天,袁世凯就一命呜呼,没能如愿当上千秋万代的皇帝。当然,我们知道,袁世凯之所以没有能够成功恢复帝制,是因为他从根本上违背了历史潮流和民心,绝对不是搬了一下椅子,他就当不成皇帝的。但是,好多老百姓宁愿相信这个传说:袁世凯搬椅子,违反了“应乎中”的规矩,所以他八十三天后皇帝梦就完了。

中国人讲究顺应天意,往往把对自然界的认知相应对照来解释世间所发生的事情,那么古人是用什么来解释世间万物的发生和发展的呢?

《三字经》接着就是:“曰水火,木金土,此五行,本乎数。”五行,即水、火、木、金、土。五行的观念,对传统中国人思想观念和思维方式的影响实在是太大了。这是一个非常复杂的问题,我在这里只能努力地用最简单的方式向大家作个说明。古人认为,水火木金土是构成宇宙万物的基本要素,并用它们的相生相克,来解释变幻无穷的一切事物,这就是既简单又神秘的五行学说。

五行的思想最早起源于非常朴素的对日常生活的观察。一看,着火了,一盆水泼上去,火就灭了,所以水克火。往火里加点儿柴火,加点儿木材,火就更旺了,所以木生火。金属做的工具,比如用铁做的斧子,可以砍木头,那么金克木。金属又是从哪里出来的?从土里面出来,我们去采矿,都要从土里面往外找,古人对岩石和土都是一块儿来看的,那么,就是土生金。为什么有些金属用火高温烧,烧了以后就变成水了呢?所以火克金,因为火比它厉害,能把它熔化了。古人觉得这套东西很好,可以解释自然界的情况,就把它固定了下来。五行学说原本是古人认识世界、解释世界的一种方式或者是一种工具。

《西游记》里有很多体现五行思想的故事情节,比方说孙悟空和猪八戒、沙和尚保护着师父来到五庄观后，发现这里有一样稀世珍宝：人参果。这人参果长在一株与天地同生的神树上，三千年开一次花，三千年结一次果，再三千年果子成熟。这果子一万年才能吃一次，吃一个能活四万五千年。在猪八戒的唆使下，孙悟空便去偷人参果。这人参果可金贵啊，要用金击子（三尺长的红色金属条）才能打下来，而且一不小心掉在地上就消失得无影无踪，原来它是遵从五行相克之理的：金克木，所以要用金击子敲落；木克土，所以遇土而入。

五行学说认为，水火木金土都各有自己的属性，而世间万物都可以归入到这五种属性之中，那么五行学说在中国古代，又如何深入地影响着人们的思想和行为呢？

我们刚才讲过了水、火、木、金、土相生相克。那么，水、火、木、金、土对应的数字是什么呢？一、二、三、四、五。我们讲有五脏，肾、心、肝、肺、脾；有五官，耳、舌、目、鼻、口；有五味，咸、苦、酸、辛、甘；有五情，恐、喜、怒、悲、思；有五色，黑、赤、青、白、黄。这样的“五”的数字可以列举好多好多，它们都是严格对应的。

五行：　水、火、木、金、土

五数：　一、二、三、四、五

五脏：　肾、心、肝、肺、脾

五味：　咸、苦、酸、辛、甘

五官：　耳、舌、目、鼻、口

五情：　恐、喜、怒、悲、思

五色：　黑、赤、青、白、黄

每一样对应着五行里面的一个元素，同时对应着一个数字。这样就形成了一张无所不在、无所不包的网络，笼罩住了古代中国人的思想。所以，古代中国人的思想，很难跳出五行。

中国的五行学说，还有一个巨大的特色，就是它成为人们普遍认可的一整套政治学说。五行怎么会变成政治学说呢？因为传统中国人相信，皇帝是真正得了天命的。皇帝诏书开头的四个字就是“奉天承运”，也就是说，皇帝按照天的旨意，继承了或者担负了某种命运。担负什么运势呢？就是五行当中的一运，金木水火土里面要对应着一个，不然就不对。改朝换代时，后者对前者一定是一种相克的关系。咱们来举个例子。我们知道，秦朝是水运，或者说是水德，反正秦朝皇帝是这么认为的。所以，与之对应着的颜色是什么？是黑色。所以，秦始皇的衣服一定是黑色的。现在拍电视剧，如果有人让秦始皇穿上一身杏黄色的衣服，那就是没有历史常识的表现。秦朝的皇帝认为自己对应着水德，而水德对应的颜色是黑色，所以秦朝尚黑，就是崇尚黑色。而水对应的数字是几呢？是六。所以秦朝设置的郡县是六的倍数，三十六个。

那么，什么能克水啊？土。所以，汉朝认为自己是土德，是土运，汉朝皇帝的衣服就是黄色的。因为是土克水，这就意味着汉朝克掉了秦朝，所以他要穿黄色衣服。对应的数字是多少？五，因为土对应的数字是五。所以大家可以看到，有一段时间，西汉的每一个年号都只有五年，没有六年的，也没有四年的。某某五年改元，又五年以后再改元。

所以，五行学说在中国衍变成了一套统治学说。五行学说不仅在政治上、哲学上、医学上有着深远的影响，而且影响着人们日常生活的方方面面。但为什么《三字经》中说“此五行，本乎数”呢？数与五行又是什么关系呢？

我给大家举一个例子。宁波有一座闻名世界的藏书楼，名字叫天一阁。为什么叫天一阁呢？这就和“本乎数”的五行有关了。我们知道，藏书楼最怕的是什么？火。火一烧就烧完了。所以，藏书人家最希望的是有水，希望这个藏书楼有水命，以水克火。那为什么不叫水阁呢？因为天一生水，天对应的是一，再对应的是水。这是严格对应的，所以这就是“本乎数”。古人相信，“天”和“一”跟水有关系，所以叫天一阁。同样，端午节为什么吃“五黄”，而不是“五红”、“五绿”呢？也因为五对应的是土。

中国有五千多年的文明史，中华文化博大精深，源远流长。当我们在这座文化宝库中求索的时候，一定要正确理解古人对自然和社会的探索与认知。在古人眼里，五行是构成宇宙万物的基本要素，是最基本的东西。所以，五行也包含在世界万物中。古人根据自己的日常生活经验,发现了这五种要素之间的某种关联,把它认定下来,并根据他们当时的认识水平用它来解释世界。这其中有合理的成分和某种哲理性的思考,也有不科学的地方。在现代社会中,如果仍用五行学说去解释世间所有的事物肯定是不科学的。如果借用五行学说搞一些封建迷信的东西,恐怕连古人都要嘲笑我们了,我们应该坚决反对。

五行是自然界的五种要素。在人类社会当中,五行对应的是“五常”,“五常”对于人类社会到底有多大的意义和作用呢?请看下一章。

第7章

曰仁义，礼智信，此五常[1]，不容紊[2]。
稻粱菽[3]，麦黍稷[4]，此六谷，人所食。
马牛羊，鸡犬豕[5]，此六畜，人所饲。
曰喜怒，曰哀惧[6]，爱恶欲[7]，七情具[8]。

①五常：五种基本德行。

②紊：紊乱，混乱。

③稻粱菽：粮食作物。稻即大米，粱即粟，菽即大豆。

④麦黍稷：粮食作物。黍稷即黄米。

⑤豕：猪。

⑥哀：悲哀。惧：恐惧。

⑦恶：憎恶。欲：欲望。

⑧七情：喜、怒、哀、惧、爱、恶、欲。具：具备。

匏土革[1]，木石金，丝与竹[2]，乃八音[3]。
高曾祖[4]，父而身[5]，身而子，子而孙，
自子孙，至玄曾[6]，乃九族[7]，人之伦[8]。
父子恩[9]，夫妇从[10]，兄则友，弟则恭，
长幼序，友与朋[11]，君则敬[12]，臣则忠[13]，
此十义[14]，人所同。

①匏：葫芦。革：皮革。

②丝：丝弦。

③八音：匏、土、革、木、石、金、丝、竹。

④高：高祖，祖父母的祖父母。曾：曾祖，祖父母的父母。

⑤身：自身。

⑥玄：玄孙，孙辈的孙辈。

⑦九族：高祖、曾祖、祖辈、父辈、自身、子辈、孙辈、曾孙、玄孙。

⑧伦：次序，辈分。

⑨恩：恩情。

⑩从：和顺。

⑪友与朋：古人将同样德行的人称为朋，将同样类别的人称为友；后来则总称为朋友。

⑫敬：庄重。

⑬忠：忠诚。

⑭义：此指行为准则。

五常、六谷六畜、七惧八音、九族十义具体指的是什么？

《三字经》作为传统教育的启蒙读本，在讲完对自然界的认知以后，就开始告诉人们怎样为人处世。在中国传统文化中，仁、义、礼、智、信作为一种道德准则和规范的基本内容，源于先秦时代的诸子百家。那么在《三字经》中，仁、义、礼、智、信的排列顺序能否打乱？又为什么要把“仁”排在最前面呢？

分开来讲述的仁、义、礼、智、信，在诸子百家里早就有了。但是，将它们综合起来，成为一个系统，却是在汉代。当时叫五性，就是五种性质。东汉有一部非常重要的著作叫《白虎通义》，是汉章帝亲自主持裁决官员及儒学家们的经义奏议，并由班固整理出来的。这部经典对仁、义、礼、智、信作了解释，说，仁是指仁爱，义是指得体，礼是合乎规范，智是指明辨是非，信是专一守信。

后来，大家认为，仁、义、礼、智、信应该是经久不变的，应该是超越一切时空限制的，是永恒的，所以叫“五常”。也许大家会讲，“五常”不就是五样最重要的东西嘛，可以讲成仁、义、礼、智、信，也可以讲成信、智、礼、义、仁，还可以讲成义、信、智、仁、礼，可以把这个先后次序打乱了来讲。这可是大错特错！我们决不能忽略了《三字经》的这三个字：“不容紊”，就是这五种品性绝不允许紊乱。

按照儒家的解释，“仁”毫无疑问是最重要的。我想，爱的情怀，是一切伟大人格的基础和最重要的部分。孔子创立的儒家学说，是中华传统文化的主体，为中华民族的进步作出了不可磨灭的贡献。三百多年后，司马迁评论说，古代圣贤中孔子排在第一位。孔子最伟大的地方就是高举“仁”的大旗，提出“仁者爱人”，这是孔子学说的核心内容。他说，仁的本质是爱人——人不仅要爱父母，爱子女，还要推而广之，爱其他人，爱普通的老百姓。一次，孔子家中马厩失火，他从朝廷回来，问：“伤人乎？”不问马。孔子最关切的是有没有人受伤。因为人的生命是这世界上最宝贵的。还有一个有趣的故事：孔子的学生子路和子贡二人认为管仲不仁，原来召忽和管仲都是齐国公子纠的家臣，后来公子纠与公子小白争君位失败了，召忽忠于公子纠而自杀，管仲没有自杀，反而归服齐桓公，做了宰相，成就了霸业。孔子不同意两位弟子的看法，他认为判断仁与不仁应该看大节，看是否对人民有利，他说：“桓公多次与诸侯会盟，却不靠武力，这都是管仲的功劳啊！这就是仁呀！”还说：“如果没有管仲，恐怕今天我们大家仍然会像一些边远民族那样落后呢，我们岂能像匹夫匹妇那样固守小节小信，在山沟里上吊自尽也没有人知道呢？”

在中国，“仁”这个字是一切美好事物的代名词，过去好人叫仁人，好的政治叫仁政，好的声誉叫仁声。佛陀释迦牟尼，在早期就被译作“能仁”。中国人看见从印度传来的佛教，起初不知道怎么翻译。佛陀是音译，那怎么意译呢？早期的中国人便把他和仁挂钩，所以叫“能仁”。

仁、义、礼后面接着的是智和信。这个顺序为什么不容紊乱？这里就有传统中国思想的一种精义所在。按照儒家思想，智和信是必须以仁、义、礼为前提的。如果没有仁、义、礼为前提，智和信可能是很可怕的，历史上用小聪明小本事干坏事的事例还少吗？

仁、义、礼、智、信，是中国传统文化中优秀的道德品质，也是一个人安身立命的保证。尤其是在为人处世上，人们更是看重“信”字。只有做到以诚待人，言而有信，才能得到别人的尊重和认可。那么，历史上又流传着哪些关于诚实守信的故事呢？

我们看一看古人是怎么看重“信”字的。东汉时期，河南南阳有两个人，一个叫朱晖，一个叫张堪，都上了太学，成了同学。等到学业有成，要分手各回各家的时候，张堪突然对朱晖讲：“我身体不好，今天，我们俩同学的缘分到头了，要分手回家了，我有一事相托。”朱晖摸不着头脑，问：“你要托付什么事？”张堪说：“假如有一天，我因病不在了，请你务必照顾我的妻儿。”当时两个人身体都很好，朱晖没当回事，也没有做出什么承诺。但是分别以后，张堪果然英年早逝，留下了妻子和孩子，日子过得非常艰难。这个消息传到了朱晖耳朵里，朱晖就不断地资助张堪的妻子和孩子，年复一年地关心他们。朱晖的儿子很不理解，就问爸爸：“您过去和张堪没什么交往，怎么对他的家人如此关心呢？”朱晖

说:“是的,我的确跟张堪相交不是很深,但是,张堪在生前曾经将他的妻儿托付给我。他为什么托付给我,而不托付给别人呢?因为他信得过我。我怎么能够辜负这份信任?我当时嘴上没说什么,实际上,心里已经答应了。所以,我要守信,履行我对张堪的诺言。”

这就是中国历史上很有名的典故“情同朱张”的来历。

三国时期的太史慈是个勇猛善战而又机智侠义的人,一次由于寡不敌众,被孙策俘虏。孙策就是后来建立东吴国,与刘备、曹操三分天下的孙权的哥哥,也是个出类拔萃的英雄,对太史慈十分赏识,当即为太史慈解开绳索,并表示愿同太史慈一同打天下,还说:“你我是知己,放心地创业吧,不要担心在我这里有什么不如意的事。”太史慈深受感动,决定跟随孙策。为了报答孙策,他主动请求去招降刘繇的部众。孙策手下的人都说:“千万不能放太史慈走,他一走肯定就不会回来了!”孙策坚定地说:“太史慈是个讲信义的人,我信任他!”于是,设宴为太史慈送行,临行时,孙策握着太史慈的手说:“什么时候能回来?”太史慈回答:“不过六十日,日中必返。”到了约定的那天,孙策在辕门外立竿观影,很多人窃窃私语,认为太史慈肯定不会回来了,可是当太阳照射竿子的影子消失时,辕门外响起了太史慈等人的马蹄声!

我想这两个故事和其他很多故事一样,足以说明传统的中国人是多么看重一个“信”字,这是非常值得我们现代人学习和反思的。

讲完了“五常”,《三字经》接下来一定是讲“六”,果然,《三字经》接下来讲的就是:“稻粱菽,麦黍稷,此六谷,人所食。马牛羊,鸡犬豕,此六畜,人所饲。”

在中国民间,人们常说,五谷杂粮、五谷丰登,那为什么在《三字经》中会讲“六谷”呢?“七情”又是指哪些情感呢?

这里面就有两种解释:一种解释说这个“六谷”没错,但“五谷”也是对的,为什么呢?稻子不算。这个说法不是没有道理,因为很古的时候北方没有稻子。所以《三字经》讲“六谷”,而更古的人讲“五谷”,这是一种解释。第二种解释呢,

是说黍和稷只不过是同一个品种，就是我们讲的黄米。黄米分两种，黏性的叫黍，粳性的叫稷。那么，这两种并起来算一种的话就只有“五谷”。

讲完了“六”，接着就是“七”：“曰喜怒，曰哀惧，爱恶欲，七情具。”只要是个正常的人，就都会有欢喜、愤怒、忧伤、恐惧、爱恋、厌恶、欲望这七种情感。儒家认为，尽管这七种情感是与生俱来的，但是不能由着它们来，要对它们有所节制，用理智去制约。

很早以前，我国医学就有“大喜伤心”的说法。喜、怒、哀、乐都是一种激情。这种激情会通过大脑皮质的活动而传到丘脑与脑垂体，使之分泌多种物质，经血液输送到全身各个部位，引起一系列反应。人在大笑、盛怒、悲伤等情绪极度激动时，会引起全身血管收缩、心跳加快、血压升高等。中老年人中，不少人早有高血压、冠心病、脑血管硬化等疾病，由于不能适应这种突变情况，容易诱发心绞痛、心肌梗塞、脑溢血等严重疾病，从而导致死亡。《岳飞全传》里有一个“气死兀术，笑死牛皋”的故事。说的是牛皋抓住了老对手金兀术，骑在他身上，开心大笑道：“兀术，你也有被俺擒住之日呀！”金兀术回头看到牛皋得意的样子，愤怒之极，大吼一声：“气死我也！”怒气填胸，口中喷出鲜血不止而死。牛皋哈哈大笑，快活极了，哪知一口气接不上来，竟笑死在兀术身上。虽然是小说故事，可是却很有现实依据和科学道理，过度高兴、愤怒对人体都不好，严重的甚至会导致死亡。

一方面，肯定人的正常情感需要宣泄、需要表达，但是另一方面，情感的发散表达又必须有个限度，要符合礼仪。人的情感终究需要用理智加以制约，这就是儒家的“发乎情，止乎礼”。我想，儒家学说的这部分内容，对于现代社会的人，特别有参考价值。在现代社会，人特别需要控制的是对物质的贪欲。

礼乐文化是中国传统文化的重要组成部分，古人更是把音乐作为贵族子弟的必修课。那么，古人为什么如此看重音乐教育呢？《三字经》接下来所讲述的“八音”，究竟是指什么？

《三字经》讲完“七”以后当然要讲“八”：八音。不过，这里的“八音”绝对不

是咱们熟悉的八音盒，八音盒是西洋的玩意儿，不是中国传统的国货。那么，是哪“八音”呢？“匏土革，木石金，丝与竹，乃八音。”八音实际上是中国传统乐器的一种分类法，按照制作乐器的材质进行分类。

匏（páo）就是指用葫芦制作的吹奏乐器，比如笙。匏就是葫芦。土，就是用陶土制作的乐器，比如埙（xūn），现在依然还有人吹埙。革，是指用皮革制作的乐器，比如鼓。木，是用木头制作的打击乐器，比如柷敔（yǔ），现在大家很少听到柷敔了。但是，在华山一带，有一种老腔，这个老腔在演唱的时候，突然会跑出一个扛着乐器的人来。什么乐器呢？一条板凳，一块木头，就在那儿敲。这也就是说，在老腔里面还保留着中国古代用木器做打击乐器的痕迹。石就是石制的打击乐器，比如磬。丝就是通过丝弦发声的演奏乐器，比如琴、瑟。竹，就不用说了，笛子就是。用今天的眼光来看，这样的分类法并不一定科学。但是，传统中国就是这么分的，这么分也有它的道理。这属于专业的音乐范畴的问题，我们不在这儿讨论。

常言道，朋友好找，知音难求。千百年来，为什么人们总喜欢把自己最好的朋友称为知音？这里面又有着什么样的典故呢？

2004年，联合国教科文组织把中国的古琴纳入“人类口头和非物质文化遗产”。古琴艺术是继昆曲之后被列入“人类口头和非物质文化遗产”的第二个中国文化门类。琴棋书画，曾是中国古代文人引以为傲的四项技能，也是四种艺术。其中，琴乐是中国历史上渊源最为久远而又持续不断的一种器乐形式，其可考证的历史有三千年之久。“知音”、“高山流水”、“焚琴煮鹤”、“对牛弹琴”等都出自和琴有关的典故。

春秋时期，有个顶级音乐家叫俞伯牙，精通音律，琴艺高超，是当时著名的琴师。一天夜里，伯牙乘船游览。面对清风明月，他思绪万千，于是弹起琴来，琴声悠扬，美妙之极。忽听岸上有人叫绝。伯牙闻声走出船舱，只见一个樵夫站在岸边。他知道此人喜欢音乐，当即请他上船，兴致勃勃地为他演奏。演奏了一曲之后，伯牙问："您有什么感觉？您听到了什么？"樵夫说："真好！雄伟庄重，好像高耸入云的泰山一样！"伯牙大惊！他弹的正是《高山》。伯牙再弹一曲，樵夫听了，说道："真好！宽广浩荡，好像看见滚滚的流水、无边的大海一般！"这下伯牙服了，他弹的曲子正是《流水》。伯牙激动地说："知音！你真是我的知音啊！"这个樵夫就是钟子期。从此二人成了非常要好的朋友。成语"高山流水"就是这么来的，比喻知己或知音，也比喻音乐优美。

伯牙说："我要出去旅游，等我回来以后，到您府上拜访，再为您演奏。"然而等伯牙旅游回来去拜访钟子期的时候，钟子期已经去世了。伯牙带着琴，在钟子期的坟前又演奏了一曲，非常凄凉、哀婉。演奏完了以后，伯牙把自己最珍爱的琴在钟子期的坟前摔烂了，从此往后伯牙再也没有弹过琴。这就是"伯牙摔琴"的故事。

接下来，《三字经》又讲了个位数字中最大的"九"。在中国古代，"九"被认为是最具神秘色彩的数字。古人以"九"为大数，汉语中关于"九"的词汇也很多，比如九五之尊、九霄云外、九牛二虎之力等。然而在封建社会，还有一个词与"九"有关，那就是一个人如果犯了罪，就要株连九族。那么，这里的"九族"到底指的是哪些人呢？"十义"又是指哪些关系？

"高曾祖，父而身，身而子，子而孙，自子孙，至玄曾，乃九族，人之伦。""九族"即高祖、曾祖、祖父、父亲、己身、儿子、孙子、曾孙、玄孙。"九族"和中国古代的礼制与法制关系密切，为什么？因为一人犯罪的话，最重的刑罚是诛九族。灭九族已经够残酷了吧，可是秦始皇还经常灭人家的三族，像李斯就是被灭了三族的。这里的"三族"可不比"九族"少！

什么叫三族？就是父系的九族，母系的九族，妻子的九族。所以是几千口人被杀，这当然是非常残酷的。到了明朝以后，又有了十族。就是九族之外再加上老师门生关系，这也算一族。所以在明朝，招学生的风险很大，如果一个学生被灭门，老师也会被拎出去砍头。当然学生拜老师的风险也很大，如果他拜的一个老师不巧被杀，那么，他也得被揪过来杀了。这都是中国传统当中很残酷的

一面。

接下来《三字经》讲到一个比九大的数，但这是个两位数——十。所谓的“十义”，即十种恰当、正当的交往处理方式。哪十种呢？“父子恩，夫妇从，兄则友，弟则恭，长幼序，友与朋，君则敬，臣则忠，此十义，人所同。”换句话来讲，“十义”就是“父慈子孝，夫和妇随，兄友弟恭。朋谊友信，君敬臣忠”。

《三字经》中所讲的“十义”对于当下也是行之有效的。但是君臣关系却是封建帝王制度特有的一种关系，我们现代人，应该如何理解儒家文化对于君臣关系的诠释呢？

《三字经》的“三纲”跟董仲舒的“三纲”不是一回事，《三字经》讲“君臣义”，就是君臣之间要有恰当的方式，更符合孔子、孟子的思想。有人认为儒家很封建、很专制，但儒家真的是这样吗？《孟子·离娄上》说：“君之视臣如手足，则臣视君如腹心；君之视臣如犬马，则臣视君如国人；君主视臣为土芥，则臣视君如寇仇。”如果君主把臣子看作是手足，那么臣子就把君主看成自己的腹心；如果君主把臣子看作是狗、是马，那么臣子就会把君主当成路人般疏远；如果君主对臣子像泥土、草芥一样随意践踏，那么臣子就会把君主看成是自己的仇人。请问，这样的学说明明白白出现在《孟子》里，我们能说儒家学说都是赞成专制的吗？所以，《三字经》阐发的是“君则敬，臣则忠”，即君主要尊敬臣子，臣子要忠于君主。所以，我们要注意《三字经》所阐发的中国传统社会的精神，一般来讲都是比较平和稳妥的。

儒家文化认为，要先做一个有道德的人，然后再做一个有知识的人。所以《三字经》先把为人处世的道理阐释清楚后，再开始教孩子们怎么读书。那么，古人是如何读书的？读哪些书？请看下一章。

元　王振鹏《伯牙鼓琴图卷》(局部)

第8章

凡训蒙[①]，须讲究，详训诂[②]，明句读[③]。
为学者[④]，必有初[⑤]，小学终[⑥]，至四书[⑦]。
《论语》者[⑧]，二十篇，群弟子，记善言[⑨]。

①训蒙：进行启蒙教育。

②训诂(gǔ)：解释词义。

③句读(dòu)：标点断句。

④为学：进行学习。

⑤初：开端。

⑥小学：指初等教育。

⑦四书：《论(lún)语》、《孟子》、《大学》、《中庸》四部著作的总称。

⑧《论语》：记载孔子及其弟子言论行事的著作。

⑨善言：有教育意义的言论。

《孟子》者[1]，七篇止，讲道德，说仁义。

作《中庸》[2]，子思笔[3]，中不偏[4]，庸不易[5]。

作《大学》[6]，乃曾子[7]，自修齐[8]，至平治[9]。

①《孟子》:记录孟子及其弟子言论行为的著作。

②《中庸》:原是《礼记》中的一篇,后来被抽出与《论语》等著作合编为“四书”。

③子思:孔子的孙子孔伋。

④中:处事不偏不倚的意思。

⑤庸:经常、永不变化的意思。

⑥《大学》:原是儒家经典《礼记》中的一篇,后来被抽出与《论语》等著作合编为“四书”。

⑦曾子:名参,孔子的弟子,以孝行著称。

⑧修:指修身。齐:指齐家,整顿家族的意思。

⑨平:指安定天下的意思。治:指治理国家的意思。

古人读书：先小学，后四书

《三字经》先教孩子们应该怎样为人处世，然后再教孩子们应该怎么读书。那么古人读书和我们现代人读书有什么不同？古代的小学都有什么课程？什么叫训诂？什么是句读？训诂和句读对于学习古文，为什么特别重要呢？读书需要哪些基本技能和训练呢？

“凡训蒙，须讲究，详训诂，明句读。”训蒙就是启蒙教育，只要是启蒙教育，就必须要讲究，讲究什么呢？训诂和句读。什么叫训诂？这个话题太复杂，简而言之，就是用当前的话语来解释古代词的意义。什么叫句读呢？就是标点断句。

《论语·阳货》里面有这么一件事情，孔子和一个叫阳货的人交往，阳货按照礼节来拜见孔子，可是，阳货是季氏家臣中最有权势的，是孔子最讨厌的“陪臣执国命”的代表，所以孔子对这事总觉得有点儿不爽，不大想见他。然而，古人讲究的是，如果有人来拜他，他必须回拜，不然就是失礼。孔子是很讲究礼的，就琢磨，怎么能够不见他，但又不失礼呢？孔子想了一个办法，叫“时其亡也而往拜之”。什么意思呢？这里面就有两个训诂方面的问题：第一，“亡”是指死亡吗？不是。“亡”是指离开。第二，“时”怎么讲？大家一定要知道，繁体字“時”右面是寺庙的“寺”，等待的“待”字右边也是“寺”。所以，这两个字的古音，都读作dài。实际上，这个“时”字就是等待的“待”。“时”和“亡”两个字解释清楚了，那么整句话的意思就明白了：待他离开了家孔子才去回拜他。这样的话，孔子到底想做什么我们就明白了，不然，孔子是什么意思我们都不知道。这就是一个训诂的例子。所以，训诂学实际上就是研究如何正确解读古汉语的学问。

再说句读。古书没有今天的标点，所以要弄明白文章的意思，首先得知道怎么断句。大家千万别小看标点古书，句读可是一门大学问，弄不好就破句，破句后就搞不明白文章所说的意思了。举个例子：有一次，鲁哀公（鲁国的国君）看到书上说“夔一足”，因为古书没有标点符号，他就读成了“夔，一足”。可是左思右想，莫名其妙，有一只脚的人吗？他知道孔子博学，就向孔子请教：

“舜时的乐官夔是否真的只有一足（一只脚）？”孔子回答说：“古时舜想要用音乐来熏陶教导老百姓一心向善，于是叫禹举荐贤才。大禹就举荐了夔。夔做了乐官后，修正音乐，教化百姓，使得天下和乐。大禹想再寻求一些音乐人才，舜曰：像夔这样的人才，一个就足够了。所以说夔一足，意思是夔一，足。而不是一足（一只脚）。”鲁哀公恍然大悟，说：“先生果然博闻多见，一席话叫我茅塞顿开啊！”

可见，句读就是给没有标点符号的古文标上句号逗号，这个工作貌似简单，其实难度很大，非得有大学问才能做得好。而且，不同的句读，有时候会把同一句古文弄成完全相反的意思。《论语·泰伯》里有一句很有名的话：“民可使由之不可使知之。”这句话要点断，怎么点？如果你把它点成“民可使由之，不可使知之”，那就是说，老百姓啊，只可以叫他干活，差遣他，驱使他，可不能让他知道这么做的道理。多么愚民的政策啊！这就是一种句读法。还有一种句读法是：“民可使，由之；不可使，知之。”意思就成了老百姓愿意被驱使的，愿意去干活的，就让他们去吧，不要打扰他们了；老百姓不愿意干活的，不愿意听差遣的，就让他明白道理，向他解释。多么宽和清明的政策啊！前后两种完全不同的意思，就是由不同的句读导致的。

民间文学里有一些机智幽默的故事，常常就跟句读有关。比如有一则故事也很有名，说是有位书生到亲戚家串门，顷刻间外面就下起雨来，这时天已将晚，他只得打算住下来。但这位亲戚却不乐意，于是就在纸上写了一句话：“下雨天留客天留人不留。”书生看了，即刻明白了小气主人的意思：“下雨天留客，天留人不留！”可是他没处可去，没办法啊，他就在纸上标了个句读：“下雨天。留客天。留人不。留。”亲戚一看，这句话的意思完全反了！可也无话可说，只好给书生安排了住宿。

既然训诂、句读对于理解文章这么重要，那么《三字经》就特别指出，对小孩子的初始教育要重视。从这一点上看，启蒙教育中老师的水平不高可是会误人子弟的呀！

我们现代的小学生刚开始上学的时候，有语文课，有数学课，从拼音和加减法开始学起。那么古代的学生刚入学的时候，是从什么开始学起的呢？

《三字经》告诉我们："为学者，必有初，小学终，至四书。"学习总归有一个开始的地方，小学读完了，才可以去读"四书"。

古代的小学和今天的小学不是一回事。古代的贵族子弟八岁开始上学，这就叫上小学。先学基本的生活规范，即：洒扫、应对、进退。先学会做人的基本礼仪，具体的讲起来很复杂，比如应对，如何称谓，如何跟人打招呼，就很有讲究。我们今天见到同辈亲属的孩子，大多称呼对方为"大侄子"，这在古代就很没礼貌，过去要叫"世兄"。先把自己降一辈，还要把对方再抬高一点点，叫"世兄"。如果称人家"大侄子"，人家会马上觉得你一点儿教养都没有。比如称对方的女儿为"令爱"，或者"女公子"，没有说"你闺女"的，这都是大白话。同样，自己的妻儿也不能随便叫"我老婆"、"我儿子"，而要称"拙荆"、"山妻"或"犬子"、"贱息"。称别人的父母是"令尊"、"令堂"，倘若要一起问好，那就是："令尊可安？令堂好吗？"称上一辈的女性就应说"老夫人"、"老太太"，过去，"老太太"是尊称，没有多少人有资格被称为"老太太"。古人称自己一方的亲属朋友时，常用"家""舍"等谦辞，"家"用于称呼比自己年纪大、辈分高的亲属，比如称自己的父母为"家父"、"家母"；"舍"用于称呼比自己年纪小、辈分低的亲属，比如称自己的弟弟妹妹为"舍弟"、"舍妹"。恭贺人家生了女儿得叫"弄瓦之喜"，生了儿子叫"弄璋之喜"（"瓦"不是现在说的"瓦"，是纺锤的意思；"璋"是一种玉，样子像圭的一半）。这都有一套规矩的，是中华民族很好的传统，不是繁文缛节，对一个人的教养是大有好处的。在行为举止方面，很多细节处体现一个人的修养，比如一般跟老人家说完话要站起来，走时应该先倒退着或者侧着身走。这就是古代小学先要学的规矩。这不仅是对生活技能和礼貌的培养，更重要的是对人格的培养。

除基本的礼仪规范外，古代小学启蒙还教授的是语言文字的学习。所以小孩子八岁开始认字写字。

中国的汉字，是世界上历史最悠久的文字之一，也是最富有生命力创造力的文字。因为有了文字，才开始了书面记载历史，人类从此由蛮荒岁月转向文明生活，变得更加聪明智慧。所以，古人认为，汉字是极其神圣的。相传汉字是黄帝时候的史官仓颉创造出来的，仓颉仰观天象，俯察万物，根据鸟兽形迹创造出了中国最早的象形文字。结果，“仓颉作书而天雨粟，鬼夜哭”，老天爷下了一场不平常的雨，落下无数的谷米，后人因此把这天定名“谷雨”，成为二十四节气中的一个。并且，人们掌握了文字，开始聪明起来，那些平时愚弄百姓的坏人、魔鬼，感到惊恐不安，在黑夜里哭泣呻吟。真可谓惊天地泣鬼神！汉字确实很神奇，有学者认为汉字是维系中国南北长期处于统一状态的关键元素之一，也有学者将汉字列为中国第五大发明。在中国，书法艺术源远流长，写字不仅是为了认识字，更是一种对人的品格和性情的熏陶与磨炼。

小学阶段，还要学习六艺，即礼、乐、射、御、书、数这六种技能。这六种技能，我们后来也不太讲究了。相反，在日本却延续了下来，只不过日本将它们转化为了八道：茶、艺、花、书、剑、歌、柔、香。日本的这几个道，一般认为是中国六艺的某种延续和改变。

按照中国传统教育来讲，十五岁升入大学。那时候没有中学，小学直接进大学，进入大学后才开始有老师讲解“四书”。那么，“四书”是哪四部书呢？就是《论语》、《孟子》、《大学》、《中庸》。

“四书”不仅影响了中国人的思想，甚至可以说，“四书”塑造了传统中国人的精神。在古代社会，“四书”是读书人科举考试的必读书目，包含了中国传统文化的精华，承载着中华民族数千年的核心价值观。那么，“四书”中每一部书的情况究竟如何？我们应该怎么去读呢？

在这里，我必须先请大家注意，“四书”《论语》、《孟子》、《大学》、《中庸》是《三字经》的排列顺序，这是有它的独特考量的。

首先，讲《论语》：“《论语》者，二十篇，群弟子，记善言。”意思是《论语》这部书一共有二十篇，是由孔门许多弟子记录下那些非常有教益的语言结集而成的。字面意思很清楚，但是，要仔细琢磨起来，就不那么简单了。

第一点，“论语”的“论”，是一个动词，不是今天我们讲的某某理论的意思。“论”是编纂、排比的意思。“语”是语言、话语、讲话的意思。“论语”的意思是什么呢？就是把孔子讲的话，孔子和他弟子讲的话，以及弟子们辗转听说的孔子讲的话，编纂到一起。

第二点，“论语”作为一个书名，是在这部书编成的时候就已经有了的，这部书是在孔子去世以后不久编成的。

《论语》虽然篇幅不长，其中却出现了一些重复的语言，这是为什么呢？而号称“弟子三千”的孔子，到底有多少弟子呢？

《论语》一共只有12700来字，放到今天就是薄薄的几页，但是，为什么会出现那么多重复的呢？那就要谈到《三字经》介绍《论语》时的后面六个字了，叫“群弟子，记善言”。它编纂的过程，就是由孔子的弟子，或者再传弟子聚在一起，把善言记录下来。当时的情况应该是这样的：几个弟子每个人手上拿着竹简，你的简上记录了孔子的一句话，他的简上也记录了孔子的一句话。首先把不重复的，咱们都留下来。重复的话呢，咱们对一对，或者讲同一个主题，但是言语并不完全一样；或者讲同一件事，却有不同的讲法，大家也都把它们保留下来，没有把它们剔除，所以就出现重复了。这种编纂方法，其实跟佛经的编纂方法有相似之处。

孔门弟子据说有三千人，实际上未必有那么多。好多研究孔子的著名学者都认为，孔子的弟子，大概也就是七十二人。孔门的这些弟子年龄差别也极大，比如，子路是孔门大弟子，他只比孔子小九岁，而子张比孔子要小近五十岁。

孔门弟子基本上可以分为两批，哪两批呢？这就跟孔子一生的命运有关。孔子早期，满怀着政治热情，他要用自己的学说，去辅佐君王，去说服国君，来实行仁政。他早年奔波于列国，希望能够得到国君的赏识，自己能够得到一片舞台，来施展才华，将自己的力量化作社会政治的现实，使百姓能够过上比较好的生活。所以，孔子的前一批弟子，基本上都是从政的。孔子几乎没有当过什么大官，但有的弟子的官，当得比孔子还大。不过，我们知道，孔子一生，在实现政治抱负的旅途中，是郁郁不得志的。后一批弟子，也就是他中晚年这批弟子，几乎都是从事我们今天讲的文化事业。如今每个大学都有中国语言文学系，"文学"这两个字，在《论语·先进》中也有，即"文学：子由、子夏"，就是熟悉古代文献的意思，子由、子夏正是孔子的后一批弟子。

孔子的弟子大概分为两批，并且在年龄上差距很大。那么，是哪些弟子汇集了孔子的言行并最终编订完成了《论语》这部书呢？到底是哪个弟子，或者是哪一些弟子编订了《论语》，给我们这个民族留下了一份文化瑰宝？

绝大多数学者认为，是曾子和曾子的门徒，最后编订了《论语》。这个曾子，就是故事"曾子避席"中的那位曾子。"曾子避席"出自《孝经》，是一个非常著名的故事。古时没有椅子，都是席地而坐。孔子向他的弟子们授课，大家也都是坐在席子上。曾子是孔子的弟子，有一次他在孔子身边侍坐，孔子就问他："以前的圣贤之王有至高无上的德行，精要奥妙的理论，用来教导天下之人，人们就能和睦相处，君王和臣下之间也没有不满，你知道它们是什么吗？"曾子听了，明白老师孔子是要指点他最深刻的道理，于是立刻从坐着的席子上站起来，走到席子外面，恭恭敬敬地说道："我不够聪明，哪里能知道，还请老师把这些道理教给我。"

另外一个关于曾子的故事，叫"曾子杀猪"，为了兑现妻子对儿子的许诺，曾子真的杀猪给儿子吃肉。这个故事说明曾子确实是一个"言必信，行必果"的方正君子。《论语》就是在曾子及其门徒手上最后编纂定稿的。

《三字经》用短短十二个字概括了《论语》，让大家有了一个基本的认识，也为大家进一步学习《论语》打下了基础。在今天看来，《论语》教给我们的是一种人生的境界，一种人生的智慧，一种人生的态度。正是在这个意义上，可以说《论语》有穿越时空的永恒价值。但是《论语》也不是一部万宝全书，并不是说只要读了《论语》就可以解决我们面临的一切问题。从来都没有这个说法，古人也没有留给我们这样的经验。

孟子继承了孔子的思想，成为仅次于孔子的一代儒家宗师，有“亚圣”之称。那么，孟子究竟是一个什么样的人？

孟子（公元前372—公元前289），名轲，战国时邹国人，是仅次于孔子的一代儒家宗师。孟子像孔子一样，曾经想投身于政治活动，也曾周游列国，遍访国君。但是，也像孔了一样，他的学说不怎么能够满足当时国君的要求，因此不被重视。有一次，孟子的故国邹国和孔子的家乡鲁国之间发生了争执，两边打起来了。结果，邹国的官吏死了三十三个人，而邹国的老百姓却袖手旁观。邹国的国君指责老百姓：官吏死了那么多，怎么老百姓一个都没死？孟子怎么看待这件事情呢？孟子对邹穆公讲：“活该，谁教您和您的臣子平时那么残忍地对待老百姓？你们的老百姓，以牙还牙，以眼还眼，今天总算是找到报复你们的机会了。”这是孟子的看法。孟子甚至还主张，坏的君主、不仁义的君主，是可以废掉的，是可以被好的君主替代的。这些思想的光芒，穿越两千多年的时空，依然能够让我们激动。孟子有一句话，经常被我们引用：“民为贵，社稷次之，君为轻。”人民是最宝贵的，社稷第二位，国君是最不重要的。大家看看，这是什么样的思想？这种民贵君轻的思想在先秦诸子里边真的可以说是绝无仅有的。

孟子的学说在很多情况下，没有办法让统治者接受，更不必说讨得统治者的欢心了。明朝的皇帝朱元璋因为读到“民为贵，社稷次之，君为轻”而勃然大怒，虽然《孟子》在那个时候已经是科举考试的必读书了，但他断然采取了两个措施：第一，下令将孟子的牌位撤出孔庙。原来孟子是在孔子那儿陪祭的，是配享的。这就等于剥夺了孟子的地位。第二，下令把《孟子》里面类似的话全给删了，编成一个所谓“干净”的《孟子》节本，当然这是他所谓的“干净”。

《孟子》一共七篇。道德、仁义是《孟子》的核心词语，用今天比较流行的话来讲，就是关键词。《孟子》有三万五千多字，占据了“四书”篇幅的百分之七十，可以说是“四书”中篇幅最大、部头最重的一本书。那么《孟子》究竟是一本什么样的书？它有着怎样的特色呢？

和《论语》的简约、含蓄相比，《孟子》有非常多的长篇大论，气势磅礴，逻辑严明，尖锐机智，而又从容舒缓。所以，《孟子》一直代表着中国传统散文写作的高峰。我们今天来读《孟子》，可以看到好多精彩的地方。我在这里选取两段谈话给大家看看。

一个例子是孟子和齐宣王的对话。孟子对齐宣王说：“有一个人，因为要到楚国去，把老婆孩子交托给他的朋友，请予照顾。等到他回来的时候，才知道他的老婆孩子一直在受冻挨饿，那位朋友根本没有尽到照顾的责任。您说这该怎么办？”齐宣王答道：“和他绝交！”孟子又说：“有一个执行法纪、掌管刑罚的长官，却连他自己的部下都管不了。您说这该怎么办？”齐宣王说：“撤他的职！”最后，孟子说：“全国之内，政事败乱，人民不能安居乐业。您说这又该怎么办？”王顾左右而言他——齐宣王望着两旁站立的随从，把话故意扯到别处去了。大家看，孟子是多么会层层推进，多么会诱导人啊！直说得齐宣王哑口无言，坐立不安，只好顾左右而回避了。“顾左右而言他”这个成语就是从这里来的。

另外一个例子是孟子跟梁惠王的对话。孟子觐见梁惠王，梁惠王一上来就问：“老先生不远万里赶来，对我的国家有什么好处呢？”孟子针锋相对：“王！为什么一开口就提利益？只要讲仁义就行了。如果王说‘怎样才能对我的国家有利’，大夫说‘怎样才能对我的封地有利’，士人也说‘怎样才能对我自己有利’，上上下下互相追逐私利，那么国家就危险了。在拥有一万辆兵车的国家里，杀掉一个国君的，一定是拥有一千辆兵车的大夫；在拥有一千辆兵车的国家里，杀毒一个国君的，一定是拥有一百辆兵车的大夫。这些大夫的产业，在他们所属的国家中已经不能说不多了，但如果国君不讲仁义的话，他们不篡位是不会满足的，所以您干吗要那么看重利益呢？只要讲仁义就行了！”

大家看，这就是孟子和两位国君的对话。这样的对话在《孟子》里比比皆是，多么地机智，多么地雄辩，多么地仁厚，又是多么地无奈！

《中庸》原本只是一篇三千多字的小文章，但是宋朝大儒朱熹却把它从《礼记》中提取出来，变成了单独的一部书，并且把它推崇到了极高的地位。那么“中庸”究竟是什么意思？现代人还应不应该提倡“中庸之道”呢？

我们讲了“四书”里的前两部，一部《论语》，一部《孟子》。那么，“四书”里的其他两部《大学》和《中庸》，它们的情况又是怎么样的呢？其实这两部书，我们在以前多少都涉及过，因此，在这里我们要花比较多的篇幅，换一个角度去讲述了。《三字经》首先讲的是《中庸》：“作《中庸》，子思笔，中不偏，庸不易。”这十二个字的内容含量很大，解释起来也很困难，里边有许多东西需要加以说明。《中庸》的作者是谁？《三字经》很明确地说了，是子思写的。子思，孔子的孙子，儒家代表人物。其实，在孔夫子去世以后，儒家有八个主要的派别，子思这一脉的儒家就是八派当中的一派，现在看来还是相当重要的一派。

《中庸》的重要性就在于：它在儒家典籍里边，理论层次最高，理论色彩最为浓厚。大家也许会问，能不能用尽量浅显、明白的语言，来说一说《中庸》在理论上究竟有什么特别高明之处？有什么特别的贡献？我想，最好的办法，就是用《三字经》的六个字来讲：“中不偏，庸不易。”“中不偏”还比较好讲，就是讲处世、做事，不偏不倚，不走极端，以一种比较持中的态度来处世，来做事。“庸不易”就不那么好讲了，历来的解释有两种，这两种解释多少有点儿差距。一种解释是，“庸”是指经常、永不变化、持久、永恒的意思。按照这种解释，“中不偏，庸不易”，就是讲不走极端这种德行，这种品德，是放之四海而皆准的，是永恒的。另一种解释是，“庸”是庸常之意，用我们今天的大白话来说，就是普普通通、平平常常。平庸才能长久，普通才是伟大。如此看来，两种解释都有一定的道理。宋朝的理学大儒程颐曾经说过：“不偏之为中，不易之为庸。”那么，《三字经》的这两句很有可能是从程颐的话里面总结出来的。我认为，大概是前一种解释比较稳妥一点儿。换句话说，处世做事不偏不倚，不走极端，乃是永恒的德行。

《大学》只有一千七百多字，在“四书”中篇幅最小。然而，朱熹却把《大学》列为“四书”之首。那么，《大学》为什么如此重要呢？《大学》又有什么需要我们进一步解释的呢？

对于《大学》，《三字经》用了十二个字：“作《大学》，乃曾子，自修齐，至平治。”书名“大学”，有什么特别的意思呢？这里当然不是指今天的“大学”，关于这个书名，我们的前人也有两种说法。一种说法认为“大学”就是广博之学的意思，即非常博大的学问。另一种说法认为这个“大学”是相对于“小学”讲的，指君子达道从政之学。那就等于说“大学”讲的是君子从政这么一种学问。这也就是古人所谓的“大人之学”。我想，这两种说法其实可以互补，并不见得就有什么冲突，不必非要否定一种，肯定另一种。

《大学》的重要性就在于，它提出了中国文化中非常重要的“三纲领”和“八条目”，这两个概念成了中国传统社会的一种核心观念。对于“三纲领”和“八条目”，我们今天怎么评价都不会过高。

什么是“三纲领”呢？那就是《大学》的第一句：“大学之道，在明明德，在亲民，在止于至善。”意思是说，《大学》的宗旨，就是在于弘扬光明正大的品德，在于使人弃旧向新，在于使人的道德达到最完善的境界。

什么是“八条目”呢？《大学》讲：“古之欲明明德于天下者，先治其国；欲治其国者，先齐其家；欲齐其家者，先修其身；欲修其身者，先正其心；欲正其心者，先诚其意；欲诚其意者，先致其知；致知在格物。”《大学》非常强调这个“八条目”，并且怕后人忽略，紧接着把这个顺序倒过来又讲了一遍，即“物格而后知至，知至而后意诚，意诚而后心正，心正而后身修，身修而后家齐，家齐而后国治，国治而后天下平”。到现在为止就很清楚了，这个所谓的“八条目”，就是格物、致知、诚意、正心、修身、齐家、治国、平天下。

第9章

《孝经》通[1]，四书熟，如六经[2]，始可读。

《诗》《书》《易》[3]，《礼》《春秋》[4]，号六经，当讲求[5]。

①《孝经》：书名，儒家经典之一。

②六经：儒家六部经典的总称。

③《诗》：《诗经》。《书》：《尚书》。《易》：《周易》。

④《礼》：《礼经》。《春秋》：相传孔子整理删订而成的编年体史书。

⑤当：应当。

学习“六经”

《三字经》认为，熟读“四书”之后，要先学《孝经》，然后就该学习“六经”了。我们平常说“四书五经”，而《三字经》为什么说“六经”？在中国传统社会中，为什么历代帝王都非常推崇《孝经》？而以鲁迅为代表的一些著名学者，又为什么要猛烈抨击《孝经》？对于充满神秘色彩的《易经》，我们又该如何认知呢？

“《孝经》通，四书熟，如六经，始可读。”《孝经》学通了，“四书”熟悉了，所谓熟悉，在古代一般来讲就是能够背出来，然后才可以学习“六经”。当然，大家要注意，《孝经》是一部很特别的经典，传统中国的统治者都非常喜欢《孝经》，都大力弘扬《孝经》。道理在哪里呢？

原来，《孝经》讲的不光是孝道，它还指出，孝是一切德行的根本，并由此推衍出忠君思想：每一个人先对自己的父母或者自己的直系长辈有一份孝心，然后把这个孝心从自己的家族当中推广出去，最后推广成忠君，就是要把国君也视作自己的父母，要用孝顺父母的心来培养出忠君的思想。这么一来，就将作为一切德行最根本的孝和忠君的思想紧密地联系起来，变得密不可分。哪一个国君会不喜欢这部经典？但是，学术界或者一些著名的学者，对于《孝经》的评价却历来很低。在“十三经”里头，对于《孝经》的评价恐怕是最低的。有的学者干脆说，《孝经》这部经花半个小时看看就够了。这在老一辈学者对待经典的态度当中，绝对是一个非常奇怪的特例。

说到中国一些学者对待《孝经》的态度，鲁迅先生是最有代表性的。鲁迅有一篇文章，专门对宣传孝道的《二十四孝图》，进行了猛烈的抨击。孝道本是中华民族优秀的传统美德，但为什么这些著名学者会反对《孝经》呢？

这种情况当然和“五四运动”以后的“非孝”思潮有关系。那个时候，由于绵延了两千年的忠君思想导致国民愚昧不堪，奴性十足，严重缺乏独立思考的精神和民主自由的思想，所以要想提倡反封建，解放思想，就得把这种种愚忠奴性连根拔除，而封建社会愚民政策的根基就是孝道。当然，这个孝道，其实是经

过历代统治者改造过的“孝道”。如果不把这个孝道反掉,忠君的思想也就反不掉,因为它们是紧密联系在一起的,剥离不了的。所以,五四时期兴起过“非孝”的态度。当时专门有这种文章,有的题目就叫《非孝》。当然,这样的一种态度,放到今天的话我们可以商榷。当我们剥离了统治者愚民的、违背人性的甚至变态的“孝道”内容后,真正体现人性纯良、亲爱父母长辈的孝道不仅不应该反对,反而更应该弘扬。

鲁迅先生本人就是一个很好的例子。鲁迅先生极其反感《二十四孝图》,就是痛恨其中扭曲人性、违背人性,灌注了奴性愚忠思想的封建孝道,对其中的虚伪和残酷予以强烈的批判。比如“郭巨埋儿”,郭巨为了孝养母亲,竟然想要活埋了自己的儿子。这种“孝道”根本不是孝,而是没有人性的愚昧了!所以鲁迅先生一针见血地指斥这类封建孝道不顾儿童的性命,“以不情为伦纪,诬蔑了古人,教坏了后人”。但是,鲁迅先生并不反对真正的孝道,他对自己的母亲始终孝顺体贴,是个真正的孝子。所以,今天来讲孝道,就一定得跟愚忠愚孝的伪孝道区分开来,站在更高的思想高度。

《三字经》讲,“四书”、《孝经》读好了,接着就应该读“六经”了。顾名思义,“六经”应该是指六部经典。那么,这是指哪六部经书呢?

“《诗》《书》《易》,《礼》《春秋》,号六经,当讲求。”没有接触过《三字经》的,或者没有认认真真读《三字经》的人,一读到这里可能有些不解了:《诗》、《书》、《易》、《礼》、《春秋》,怎么“号六经”啊?这不才五部吗?难道是《三字经》中出现了错误?还是有什么其他的原因?

《三字经》流传了那么多年,在这方面是不会出错的。这个问题就出在“《诗》《书》《易》,《礼》《春秋》”中的“《礼》”上头。《三字经》里边的“《礼》”指的是两部经,一部叫《周礼》,一部叫《礼记》。所以,《三字经》的“《诗》《书》《易》,《礼》《春秋》”中,“《诗》、《书》、《易》、《春秋》”每部确有所指,而这个“《礼》”却是指两部经。

《诗》——《诗经》

《书》——《书经》,也称《尚书》

《易》——《易经》,也称《周易》

《礼》——《周礼》、《礼记》

《春秋》——《春秋》

不少学者认为,这六部经,在中国文化史上,各占了一个“第一”,也就是说,这六部经有六个第一的地位,哪六个第一呢?

《诗经》——第一部诗歌总集

《书经》——第一部历史文献

《易经》——第一部经典

《周礼》——第一部组织管理和典章制度著作

《礼记》——第一部文化资料汇编

《春秋》——第一部编年体史书

所以,这六部经在中国文化史上具有无可替代的崇高地位。古人认为,熟读“六经”,可以使人气质温厚,通达世事,端庄有礼,聪慧有为。如此之好的“六经”,有没有什么负面的影响呢?

这就要看我们怎么去学习,怎么去理解“六经”。假如学习不得法,假如我们的理解有偏颇,“六经”有时候也会产生一些不良的影响。这一点,并不是我们现代人才注意到的,古人就有这个智慧。《礼记·经解》中就曾明确指出:“故《诗》之失愚,《书》之失诬,《乐》之失奢,《易》之失贼,《礼》之失烦,《春秋》之失乱。”

“《诗》之失愚”,意思是,如果不能明晰诗经的意思和审美,只是流于形式,无病呻吟,有可能会陷入愚昧不明的状态。

“《书》之失诬”,历史是后人编的,其中难免有这样那样的问题,所以如果不加分析,不能明辨,一味迷信,就可能会接受错误的信息。孟子就很敏锐地指出:“尽信《书》不如无《书》。”

“《乐》之失奢”,《乐》教的流弊在于奢侈浪费。文化艺术发达繁荣本来是好事,但是如果过度了,就会导致社会风气奢靡,“隔江犹唱后庭花”的历史教训还少吗?

“《易》之失贼”,《易》教的流弊在于迷信害人。《易经》蕴含着丰富的哲学思想和人文思想,饱含着世界观、伦理学说和丰富的朴素辩证法,在中国哲学史上占有重要地位,但是如果过分地看重、机械地认识其中神秘的命理算卦,就会陷入贼头贼脑的褊狭之境。

“《礼》之失烦”,《礼》教的流弊在于烦苛琐细。从前老北京的旗人和旗人见了面打招呼,那可是非常讲究的,一见面先打个千:“您好!您家里老太太好?老太爷好? 二姑娘好? 三弟弟好? ”这千一直一直打下去,要问到家里的蟋蟀、蝈蝈、八哥,这不就是失之烦?

“《春秋》之失乱”,《春秋》里边记载的历史有很多阴谋诡计钩心斗角,如果不去关注不去理解正面的正义的智慧的事件和人物, 而只关注那些阴暗的负面的,可不就陷入混乱了吗?

明　仇英《孝经图》(局部)

第10章

有《连山》①，有《归藏》②，有《周易》，三易详。
有典谟③，　有训诰④，　有誓命⑤，《书》之奥⑥。

①《连山》:书名,相传为伏羲氏所作。

②《归藏》:书名,相传为黄帝所作。

③典:《尚书》文体之一,主要记载典章制度。谟:《尚书》文体之一,主要记载大臣谋士为君主建言献策的事迹和言辞。

④训:《尚书》文体之一,用于记载贤臣训导君王的言行。诰:《尚书》文体之一,是君王的政令。

⑤誓:《尚书》文体之一,是君王出师征伐时誓师的文辞。命:《尚书》文体之一,是君王对大臣的训令。

⑥《书》:《尚书》。奥:深奥难懂。

《周易》和《尚书》

“六经”虽为儒家文化的经典之作，但如果理解不当，也会产生负面作用。所以我们在学习古代经典著作时，一定要注意“当讲求”。那么这六部经应该怎么去读？每部经又各有什么特点呢？

“有《连山》，有《归藏》，有《周易》，三易详。”《易经》实际上有三种，一种叫《连山易》，一种叫《归藏易》，还有一种叫《周易》。大家一般只知道《周易》，因为《连山易》和《归藏易》早就失传了。今天，人们在路边买到的《连山易》、《归藏易》都是后人编的，都是假的。现在我们留下的，能够被学者承认的，只有《周易》。

《周易》是什么时候的作品？具体的时间虽然说不上来，但是可以肯定，其中主要的部分写成于西周初年。《周易》是博大精深的著作，是一部包罗万象的著作，这当然不是我们在这里能够详细讨论的。

我们要注意的是什么？我们要注意的是，利用《周易》，或者打着《周易》的幌子，用来算命的这种行为。我们首先要明白，古人是怎么看待《周易》的，这个是最重要的。

孔子对待《周易》的态度，实际上就是古人对待《周易》最好的例子。春秋时期还没有发明纸张，那时候的书，主要是用很多竹简编连一起而成的。通常，用丝线编连的叫“丝编”，用麻绳编连的叫“绳编”，用熟牛皮绳编连的叫“韦编”。像《易》这样厚重的书，当然是由许许多多竹简通过熟牛皮绳编连起来的。孔子“晚年喜易”，花了很大的精力，反反复复把《易》全部读了许多遍，又附注了许多内容，不知翻开来又卷回去地阅读了多少遍。孔子这样读来读去，把串联竹简的牛皮带子也给磨断了几次，不得不多次换上新的再使用。“韦编三绝”这个成语就是从这里来的。孔子的学生看见觉得有点儿奇怪，就问老师：“您也相信这个占卜啊？”孔子说：“《易》里面有好多古人的哲理。我读它并不是钻研占卜，我是要研究其中的道理。”孔子对待《周易》的态度是值得我们思考的。

《易经》是中国历史上最早的一部经书，也是中国哲学思想的源头，我们学

习《易经》,应该努力去理解其中深刻的哲理。但《三字经》中说“三易详”,这“三易详”是什么意思呢?

这句话有两层意思:一层意思是,总结前面的话,就是有《连山易》、《归藏易》、《周易》。这就是三易。另外还有一层意思,就比较深远了。我们知道,《易经》这个“易”在甲骨文里是怎么写的吗?  这是象形字,就像头朝上的一条“蜥蜴”。

第一,变易。就像蜥蜴一样,会变化,会运动。所以它告诉我们,要明变,换句话说应当与时俱进。上智之人,就是有最高智慧的人、最聪明的人,知道变,会适应变。中智之人,有中等智慧的人,就跟着变。而下智之人就不懂得变,在那儿待着就什么都不管了。

上智主人——适应变

中智之人——跟着变

下智主人——不知变

第二,简易。真理往往非常简单,非常明了。

第三,不易。还有一种引申义就是不易,是指永恒的意思。总之,《周易》博大精深,需要我们花大力气去研究、去领悟。

《三字经》中的这六经,尤以《尚书》这部书的命运最为坎坷,那么,《尚书》是一部记载什么内容的书?它的作者又是谁?为什么它的地位如此重要?历经岁月沧桑,一部书的命运变化,又折射出怎样的时代变迁?

《尚书》是什么意思呢?“尚”指年代久远,“书”指历史文献。《尚书》就是年代久远的历史文献,它是中国现存最早的历史文献的汇编。分为《虞书》、《夏书》、《商书》、《周书》。战国时期总称《书》,汉代改称《尚书》,即“上古之书”。因是儒家五经之一,又称《书经》。《尚书》是我国历代统治者治理国家的“政治课本”和理论依据。

《尚书》大概到战国晚期才汇编成书,我们根本就不知道谁是编纂者,也不知道最早究竟有多少篇。《三字经》讲的典、谟、训、诰、誓、命,是《尚书》的六类文体。典是记载嘉言懿行和典章制度的。谟是大臣为君主谋划,如何来治理国家的言谈。训指的是贤臣训导君主的言行。我们今天讲的训,往往是上对下的训令、训斥、教训、训导,这跟《尚书》里的训有点儿不同。诰就是君主的政令。誓就是君主讨伐叛逆时誓师、发兵的文告。命是君主对大臣的训命。

《尚书》这部书的命运非常独特。它是战国后期开始成书的,正好遇上秦始皇"焚书坑儒"。秦始皇不是什么书都烧,种树的书、医学的书、占卜的书他不烧,他要烧的,重点是六国史籍,就是记载着楚、魏、赵、韩、燕、齐这些国家的档案资料,为的是把过去那些国家的历史给抹杀掉。像《尚书》这样的书,正是要烧毁的重中之重,因为它记载的是古代的文献资料。秦朝的焚书令很严酷,如果某人偶尔在街上讲六国史籍和类似于《春秋》的书,即要弃市,当场被砍了扔在街上。所以《尚书》这一烧就烧残了,到了西汉初期,只剩下了可怜巴巴的二十八篇。那么,这二十八篇又是怎样躲过秦始皇的焚书而保留下来的呢?

这里面就有一个很感人也很凄凉的故事。

有一个儒生叫伏生,是孔门弟子辖子贱后裔,十岁开始拜师学习,研读《尚书》。伏生学习非常刻苦,为了让自己时时警醒,勤于学习,甚至把自己关在一间阴冷而潮湿的石头房子里读书。他在这个房子里反复地诵读《尚书》,还在自己腰上系一根绳子,背一遍《尚书》打一个结,很快,这根绳子就被打满了结,《尚书》自然也就被背得滚瓜烂熟了。

秦朝初年,秦始皇刚统一六国的时期,朝廷设博士七十员以备顾问,伏生因为非常精通《尚书》,声名卓著,被选为儒学博士。但是到了公元前213年,也就是秦始皇统一六国以后的第八、第九年的关口,秦始皇采纳了李斯的意见,开始焚书坑儒。伏生就冒着生命危险,偷偷地将抄录的《尚书》藏在墙壁的夹层内。藏好了以后,伏生就逃命去了。汉朝建立以后,伏生辗转回到老家,第一件事就是打开这个墙壁找《尚书》。但是经过那么多年,书已经损毁了一大半,伏生就只能凭着记忆,整理这部残书。当时伏生岁数已经不小了,记忆力衰退,所以这部藏书恐怕也已经被他遗忘了相当一部分。

汉文帝时，政府弘扬和提倡经典研究，伏生本来就是著名学者，其保存《尚书》的事迹传到朝廷后，就被征召到朝廷去当官。但是，这个时候的伏生已经是九十多岁的老先生了，他已经不可能出门了。老先生既然来不了，文帝就派了时任太常掌故之职的晁错到伏生家中，当面授受。晁错就是很有远见，提出“削藩策”以加强中央集权的大名鼎鼎的汉初政治家，可惜的是，七国叛乱时被汉景帝错杀。话说等晁错赶到伏生那里时，伏生已经年迈衰老得不能像正常人那样说话了，他的话只有他女儿才能听懂。于是，只好先由伏生讲给自己的女儿听，再由她转述给晁错。这一口口转授，大家想想，恐怕记录表述又得打点儿折扣。最后，晁错把《尚书》记录了下来，结果是二十八篇。古人保留一部古籍多么不容易啊！后来又在民间发现了零零碎碎的一篇。因为是用当时汉朝通用的流行的隶书文字记录的，所以，这个叫“今文《尚书》”，一共是二十九篇。不过，这只是一部分《尚书》的命运。

后人高度评价伏生传书之功：“汉无伏生，则《尚书》不传；传而无伏生，亦不明其义。”西汉思想文化界，是今文经学的天下，在文、景、武、昭、宣诸帝统治时期，立于学官的五经十四博士都是今文经学派，其中《尚书》一经所立欧阳生、大夏侯（胜）、小夏侯（建）三博士，都出自伏生门下。因此《尚书》学后来发展成三家，即欧阳高的“欧阳氏学”、夏侯胜的“大夏侯氏学”、夏侯建的“小夏侯氏学”。

由于伏生对传授《尚书》的特殊功绩，后世今文经学家将其与在汉武帝时期提倡“罢黜百家，独尊儒术”的董仲舒相提并论，合称“董伏”。济南伏氏，自伏生至献帝皇后伏寿，在秦汉时期，历四百余年，世传经学，号为“伏不斗”。伏生与他的今文《尚书》对中国儒家经学文化影响至为深远。

虽说经过伏生的努力，《尚书》总算重见天日，但毕竟还是残缺不全的。那么，是否还能够找到《尚书》的完整版？历经岁月沧桑，《尚书》的命运，还会发生怎样的变化？

到了汉武帝的时候，鲁恭王刘余（封地在鲁国曲阜的刘姓王）想扩建自己的宫室，而他的隔壁就是孔子的故居。鲁恭王打算把孔子故居的墙壁给拆了，

把王宫扩建过去。哪知道，这一拆，又发现了夹墙，夹墙里面居然有孔子的子孙藏的竹简，其中也有《尚书》。但是，这个《尚书》是用古文字写的，不是用隶书写的，所以人们就管它叫"古文《尚书》"，它正好五十八篇，比今文《尚书》多出一倍。

说到这里，也许大家会觉得，《尚书》虽然命运坎坷，但是，毕竟传下来了，应该值得庆幸。然而，有关《尚书》命运的故事还没有完。在汉代已经有了两部《尚书》——今文《尚书》和古文《尚书》，保存下来了。但是，到了西晋初年，战乱开始，社会动荡，《尚书》又一次散失了。古代的书每种都没有几部，不像今天批量印刷的书籍，备份很多，所以很容易散失。东晋王朝建立以后，有一个叫梅赜(zé)的人，献了一部《尚书》，这部《尚书》二万六千多字。因为《尚书》又被找到了，中国第一本古代历史文献汇编又重见人世，大家都很欣慰，朝廷也大力提倡。所以，这部《尚书》就一直流传了下来，我们今天的《尚书》就是从这个本子来的。

然而谁也没有想到，一些学者，特别是清朝初期的学者，居然找到了确切的证据证明这部《尚书》是伪造的！所以，流传到我们今天的《尚书》是个伪本。但根据学者的意见，其中还是有一部分是可以接受的。

不过，故事到此还没有结束。2008年7月，清华大学入藏了一批流散到境外的战国竹简，经过两年的清理保护和研究，最终确定清华简共为2388枚，其中发现了失传两千多年的战国《尚书》！从清华简提供的这些证据来看，传世两千多年的古文《尚书》确实是一部伪书，自北宋以来，许多学者对它的怀疑和否定是完全正确的。而今后，随着学术界整理研究工作的逐步深入，我们也许可以揭开《尚书》的神秘面纱，见到《尚书》的真实原貌。

第11章

我周公[1]，作《周礼》[2]，著六官[3]，存治体[4]。
大小戴[5]，注《礼记》[6]，述圣言[7]，礼乐备。

①周公：周武王的弟弟姬旦，西周初年的著名政治家。

②《周礼》：书名，亦名《周官》。

③六官：《周礼》分天官、地官、春官、夏官、秋官、冬官等六个部门叙述周代的典章制度。

④治体：政治体制。

⑤大小戴：指西汉儒家学者戴德、戴圣。

⑥《礼记》：书名，秦汉以前各种礼仪论著的选集。

⑦圣言：圣人的言论。

《周礼》是一部怎样的书?

中国的传统文化认为,礼教有利于人格的修养。孔子一生提倡克己复礼,就是希望恢复《周礼》,以建立有秩序的礼仪社会。那么,《周礼》是一部什么样的书?它的作者又是谁呢?

《周礼》的作者是谁?我们也是不能确知的,不过传统的儒家一般都认为是周公。所以,《三字经》说“我周公,作《周礼》”。

周公,姓姬,名旦,是周文王的第四个儿子,也是周武王的亲弟弟。因其采邑在周地(今陕西岐山),故称“周”。又因其为太傅,系三公之一,故尊称为“周公”。他曾先后辅助周武王灭商、周成王治国。其政绩,《尚书大传》概括为:“一年救乱,二年克殷,三年践奄,四年建侯卫,五年营成周,六年制礼乐,七年致政成王。”

“武王伐纣”的故事很有名,周公帮助武王讨伐商纣,但武王在建立了周朝以后很快就病逝了。继位的成王,是武王的儿子,只有十三岁,周公就是成王的叔叔。周公继续鞠躬尽瘁,尽心尽力辅佐侄儿,可是周公的两个兄弟——管叔、蔡叔,出于嫉妒和各种各样的心理动机,在外边散布谣言,说周公暗藏野心,觊觎王位。此时商朝被灭不久,商纣王的儿子武庚还在,被周朝封为殷侯,被长期监视。武庚心里不服气,一直在寻找机会颠覆周朝,盼着周朝发生内乱,自己好乘机推翻周朝,恢复商朝,重登王位。于是,武庚就跟管叔、蔡叔串通,不仅联络了商朝的残余势力,还煽动了其他几个部落,发动了一次大规模的叛乱,这给新生的周朝带来了巨大的威胁。武庚、管叔、蔡叔制造的混乱,使召公—— 一个非常贤明的贵族,也开始怀疑周公了。此时成王年纪还小,不怎么懂国家大事,分不清楚是非,也开始有点儿怀疑叔叔,对叔叔不放心。为此,周公首先和召公长谈了一次,说明自己没有任何野心,希望大家能够同舟共济,顾全大局。感动召公以后,召公就站在周公这一边。三年后,周公平定了武庚叛乱,挽救了周朝,建立了不朽的功勋。也正是因为他的治理,周朝站稳了脚跟。等到周成王年

满二十岁的时候，周公就把统治权力毫不犹豫地交还给了成王。正是周公主持整理了周朝以前的文化，建立了典章制度，确定了国体，才开创了周朝八百年的基业。这就是历史上著名的“周公辅成王”故事。

周公不仅具有卓越的政治才能，而且非常礼贤下士，“握发吐哺”，是个非常恪尽职守的“摄政王”。

自春秋以来，周公被历代统治者和学者视为圣人。孔子就极为推崇周公，向往周公的事业，盛赞周公之才，赞叹“周公之才之美”，以不复梦见周公为遗憾：“甚矣吾衰也！久矣吾不复梦见周公。”孟子首称周公为“古圣人”，将周公与孔子并论，足见尊崇之甚。荀子以周公为大儒，在《儒效》篇中赞颂了周公的德才。汉代刘歆、王莽将《周官》改名《周礼》，认为是周公所作，是其致西周于太平盛世之业绩，将周公的地位驾于孔子之上。唐代韩愈为辟佛老之说，大力宣扬儒家道统，提出尧、舜、禹、汤、文、武、周公、孔子、孟子的统序。自此以后，人们常以“周孔”并称，在教育上则有“周孔之教”的概念。

古代对周公的这种尊崇，除了政治上的某种需要之外，更主要地反映了古人对西周优秀传统文化教育的珍视，以及对周公这位伟人的真诚敬仰。这在历史上曾经为弘扬、继承、发展中华民族的优秀文化教育起过积极作用。

《周礼》是儒家文化的经典之一，传统的儒家也一直都相信《周礼》这部书是周公所作。但是后世对此争论很大，那么，《周礼》这部书，到底是不是周公所作？书中都记载了哪些内容？对于后世的政治制度产生了怎样的影响？

《周礼》刚一出现就引起了很大争论，别人觉得太奇怪了：这部书竟然能逃过秦朝的焚书，到西汉中期才被发现，而且形态还相当地完整？所以，一开始有的人干脆就认为《周礼》是一部伪书。后来的学者经过研究发现，《周礼》所记载的行政机构根本就不是周代现实的政治制度。一般认为，它是春秋战国时代的思想家，根据西周的旧制度，加以理想化的结果，现实社会中并没有这样的制度。当然，它还是吸收了一些周代的典章制度的资料，所以具有相当的史料价

值。我们今天想考察古代中国的田制、兵制、学制、刑法等，都不可能离开《周礼》。再说，它终究还是儒家的经典，对后来历朝历代的政治制度产生了深远的影响。尤其要强调的是，后来中国历史上的王莽新政、王安石变法等无一不是深受《周礼》的影响，描摹《周礼》的制度的。

那么，《周礼》对后来的政治制度到底有哪些影响呢？这就必须说到六官。六官就是：天官冢宰、地官司徒、春官宗伯、夏官司马、秋官司寇、冬官司空；以天、地、春、夏、秋、冬来分，各配上一套职官。

天官冢宰，在明清的时候就是吏部，相当于今天的组织部、人事部。地官司徒，明清的时候叫户部，相当于今天的财政部，还有公安部户籍管理的那一部分。因为我们现在的户籍管理归公安部。春官宗伯，明清的时候叫礼部，相当于今天的外交部、教育部、文化部。夏官司马，明清的时候叫兵部，相当于今天的国防部。秋官司寇，明清的时候叫刑部，相当于今天的司法部和公安部的一部分。冬官司空，明清的时候叫工部，相当于今天的建设部、农业部等。

如此看来，《周礼》对于后来的管理体制、管理机构设置的影响多么大！实际上一直影响到今天。当然，随着历史的进步，体制和机构会有所调整，但是，大致的形态还是如此。在中国，很长时期里设置的六郡，还是根据《周礼》来的。实际上，一直到今天，政府的序列、组织管理细细的架构，恐怕还没有跳出《周礼》的总框架，这不就是“著六官，存治体”吗？

《周礼》是中国第一部组织管理与典章制度的专著，内容极为丰富，涉及社会生活的所有方面，所记载的礼的体系也最为周全，对于后世政治制度的建立影响深远。那么，这么重要的一部著作，为什么没有被列入“四书五经”之中呢？这其中的奥妙在哪里呢？

这可以从《孟子》中找到答案。“其详不可得闻也，诸侯恶其害己也，而皆去其籍。”意思是说，详细的情况不得而知，但是，各个国君都非常厌恶它。为什么呢？他们都认为《周礼》对自己有害，对自己不利，所以皆去其籍。大家都共同行动，把这个《周礼》给搁在一边，甚至毁掉它。

正是由于对周公的推崇，儒家学派奉周公、孔子为宗，所以之后历代文庙也以周公为主祀，孔子等先贤为陪祀。但是在唐开元时期，掌控欲极度强烈的唐玄宗李隆基作为皇帝不能容忍周公在武王逝世、成王年幼时期主政以及西周末期周厉王出奔后的“周召共和”，下令取消周公文庙供奉的资格，改以孔子为主。

接下来，《三字经》讲“礼经”，这就讲到了早就成名的《礼记》。

在汉代研究仪礼的学者当中，有两位最有名，一个叫戴德，一个叫戴圣，这就是《三字经》讲的“大小戴”。为什么叫“大小戴”呢？因为戴德是叔叔，戴圣是侄子。大戴注的叫《大戴礼记》，小戴注的叫《小戴礼记》。《大戴礼记》在当时就出现了一些散乱，也混进了并不是大戴学说的内容，而且逐渐淡出我们的视野，我们用得最多的是《小戴礼记》。所以，我们今天讲的《礼记》实际上是《小戴礼记》。

《小戴礼记》全书接近十万字，如果我们要用一个字来形容《小戴礼记》的话，那就是“杂”。它不仅是一部描写典章制度的书，也是一部关于仁义道德的教科书，其中最有名的篇章有《大学》、《中庸》、《礼运》首段等。我们日常使用的许多成语和词汇，就是出自这部《礼记》的，比如“苛政猛于虎”、“瑕不掩瑜”、“放之四海而皆准”、“至死不变”、“诚意正心”、“格格不入”、“天下为公”，等等。所以，《礼记》中的好多观念和思想，已经通过这些挂在嘴边的成语和词汇，深深地融入我们的传统思维和行为准则当中。

周公像

第12章

曰国风[1]，　曰雅颂[2]，　号四诗[3]，　当讽咏[4]。
《诗》既亡，《春秋》作[5]，寓褒贬[6]，　别善恶[7]。
三传者，　有《公羊》[8]，有《左氏》[9]，有《穀梁》[10]。

①国风:《诗经》的类名，包括了当时十五个诸侯国和地区的一百六十篇诗歌。

②雅颂:《诗经》的类名，其中，"雅"主要是贵族士大夫的作品，分"大雅"、"小雅"两大部分，有诗歌一百零五篇;"颂"是用于宗庙祭祀的乐歌，分为"周颂"、"商颂"、"鲁颂"三部分，有诗歌四十篇。

③号:号称，被称为。

④讽咏:吟诵。

⑤《春秋》:书名，相传是孔子根据鲁国的史书编写而成。

⑥寓:寄托。

⑦别:区分。

⑧《公羊》:书名，即《春秋公羊传》。

⑨《左氏》:书名，即《左传》，也称《左氏春秋》。

⑩《穀梁》:书名，即《春秋穀梁传》。

《诗经》和《春秋》

《易》《书》《礼》之后，《三字经》接下来讲一部非常有趣的、充满了浪漫色彩和文学色彩的经典，这就是中国的第一部诗歌总集《诗经》。那么，又是谁整理编订了这部《诗经》?《诗经》中的风、雅、颂是怎么分类的?

今天我们看到的《诗经》，是经过孔子整理、编订，甚至删改的。

《诗经》里有一类诗歌叫国风。“风”是带有地方色彩的作品，国风就是当时各个诸侯国的民歌。我们知道周朝的疆域已经很辽阔了，周王朝分封了好多诸侯国，这些诸侯国都是独立行政或半独立行政的，拥戴周天子作为天下共主，但是有自己的军队和自己的官员。周天子为了掌握每个国家的情况，创设了一个制度，即设立专门的官员，摇着铃铛，到各地搜集民歌，了解民生舆情，这叫“采风”。同时，每个诸侯国也有义务把自己国内的某些诗歌定期采集，汇报给周天子。国风就是由这两部分组成的。汇总到周天子那里以后，专门有乐官掌管，配乐变成歌词。

雅和颂也是《诗经》的类别和分类。雅一共有一百零五首诗歌，分为大雅和小雅:大雅是诸侯觐见周天子进献的诗歌;周天子和来朝见的诸侯举行宴会时所奏响的乐歌则叫小雅。颂主要是在宗庙祭祀的时候，对祖先和各种神灵的一种颂歌，一共有四十篇。

《诗经》在带给人们知识的同时，能够提高人各方面的修养。古人就经常讲:“腹有诗书气自华。”孔子也曾语重心长地对儿子孔鲤说:“不学《诗》，无以言。”就是说，不学《诗经》，就不会说话，就不能说出优雅得体的话来。

今天，我们给长辈祝寿的时候，经常会说的是什么?“寿比南山”。恭贺别人搬迁新居，则会说恭贺“乔迁之喜”。恭喜亲朋新婚，则有“新婚燕尔”、“天作之合”、“携手共行”、“白头到老”、“执子之手，与子偕老”等美好的祝福。如果一件事比较难办，想来想去想不明白，则有“如履薄冰”、“战战兢兢”、“小心翼翼”、“无所适从”、“忧心忡忡”、“辗转反侧”等词汇。其他诸如“一日不见，如隔三

秋”、“鸠占鹊巢”、“投桃报李”、“信誓旦旦”、“同仇敌忾”、“赳赳武夫”、“衣冠楚楚”、“首如飞蓬”、“肤如凝脂”、“不可救药”、“进退维谷”……这些都是出自《诗经》的。可见，《诗经》的点点滴滴已经融入了我们的文化血液中，即便不知道《诗经》原文，可是我们都在运用它的语言和思想，它早已成为我们的文化基因。

《诗经》中的诗歌，不仅语言凝练优美，而且记载了周朝诸侯国所发生的许多故事。因此，《诗经》不仅具有重要的文学价值，其史学价值也不容小觑，其中好多诗歌反映了公元前11世纪到公元前6世纪的许多重大的历史事件。比如有首诗叫《新台》：

新台有泚，河水弥弥。嬿婉之求，籧篨不鲜。
新台有洒，河水浼浼。嬿婉之求，籧篨不殄。
鱼网之设，鸿则离之。嬿婉之求，得此戚施。

这是一个什么样的故事呢？东周时代的卫国有个公子晋，他淫纵不检，修养很差。还没有继位的时候，他就和父亲卫庄公的妾夷姜私通，生下了一个儿子叫伋(jí)，并把伋藏到了民间，偷偷地养起来。卫庄公过世，卫国宫廷大乱，经过残酷复杂的宫廷斗争，公子晋在公元前718年成为卫宣公。他当了国君，马上就冷落了自己的原配夫人邢妃，公然宠幸自己的庶母夷姜。而且还把伋接回来，立为嗣子。伋十六岁到了可以婚娶的年龄，打算去聘娶齐僖公的长女。此时，卫宣公还不改坏毛病，一听齐僖公的长女很漂亮，就动了坏心，派世子伋出使宋国，又赶紧在淇河边上造了一个高台，叫新台，装饰得非常华丽，并亲自到新台去迎接齐僖公的长女。他一看这个女子亭亭玉立，貌若天仙，干脆把她娶为自己的夫人。齐国是以姜为姓的，所以，这个齐女叫宣姜。

这首诗就是讽刺这件事情的：河边造起新的楼台，楼台高峻鲜亮，河水缓缓地流。本来撒网是为了捕捉到鲜鱼，结果却网到令人厌恶的癞蛤蟆。这里以张网捕鱼比喻觅得佳偶，新台筑得再高大巍峨再金碧辉煌又怎样？与己拜堂的，却不是当初来相亲的翩翩少年，而成了一个鸡胸驼背的猥亵老头。

《诗经》分为国风、大雅、小雅、颂四个类型，所以《三字经》说："号四诗，当讽咏。"讽咏的意思，就是对《诗经》中记载下来的事件有嘲讽，有颂咏。显然《诗经·邶风·新台》的嘲讽意味是非常明显的。

孔子认为《诗经》的精神是非常美好的，所以说："诗三百，一言以蔽之，曰：思无邪。"但是，"《诗》既亡，《春秋》作"。《诗经》中美好的精神为什么会消亡呢？孔子是在什么情况下编订《春秋》的？《春秋》中寓褒贬、别善恶的重要作用，又是如何体现出来的？后来的人们常把"春秋"作为史书的代名词，但为什么这部史书叫《春秋》而不叫《冬夏》呢？《春秋》还有一个名字叫《麟经》，这里面又有什么样的故事呢？

孔子在编订《诗经》的过程中，心中有一种哀怨，他觉得里面记录了好多血淋淋的故事，好多伦常之变。孔子认为天下大乱了。那么，面对这样大乱的世界，在政治上从来没有得志过的孔子，手中只有笔和竹简，有什么办法来应对呢？他只有一个办法，编订《春秋》。编订《春秋》不仅仅是为了记录这一段历史，更是要把褒贬之意、把要表扬的和要批判的东西包含在《春秋》里，把他对善良和丑恶的区分蕴含在《春秋》里。

首先我们要说明，什么叫"《诗》既亡"，难道诗歌都没有了吗？当然不是这个意思。我们今天不是还能够看到这三百零五首诗歌吗？《孟子·离娄下》里有一段话："王者之迹熄而《诗》亡，《诗》亡然后《春秋》作。"实际上是指诗的精神，就是我们前面讲过的，《诗经》的精神消失了。这种美的东西、善的东西、柔的东西、和谐的东西没有了。

"《诗》既亡"的历史背景是什么呢？是从哪个时间开始的？哪一个事件标志着天下大乱，标志着《诗经》的精神终结了呢？

这又是一个和女性相关的故事。在中国的传统社会中往往把各种各样的罪过推诿于女人，毫无疑问这是不对的。这个与女性相关的故事标志着中国历

史进入新的一页，标志着天下大乱的开始，这就是所谓的“烽火戏诸侯”。博得美人一笑之后，周幽王大为高兴，重赏了出主意的虢石父。当时虢石父主持朝政，引起了国人的怨恨。周幽王过于宠爱褒姒，又听信了褒姒的话，废掉了王后申侯之女和太子宜臼，把褒姒正式立为王后，立褒姒之子伯服为太子。宜臼逃到申国，激怒了申侯。公元前772年，申侯联合犬戎——那可是西北非常彪悍的少数民族，开始进攻西周。周幽王下令点起烽火。可是，“狼来了”的恶果显露出来，勤王的诸侯一个也没来。京城的兵马本来就不多，只有一个叫郑伯友的带头出去抵挡了一下。但是，这个人所带兵马太少，而且一出去就被叛军乱箭射死。京城被攻破，周幽王被杀，褒姒被掳走后也不知所终。

原本被废的太子宜臼终于复位，成为天子，这就是周平王。周平王把都城迁到了洛邑（今河南洛阳），这成为中国历史的一个分水岭。周幽王之前叫西周，周平王把国都迁到了比较靠东的洛邑，这以后叫东周。东周开始于公元前770年。东周又分为春秋和战国两个阶段，这个时代的特征是什么？四个字：天下大乱。为什么？因为没有人再拥戴周天子了，周天子就是一个傀儡。周天子只能躲在洛邑，面对那些日益强大的诸侯而束手无策。这天子有什么用啊？各国诸侯怎么会把这样一个天子放在眼里呢？于是，各国当然就不采风了，这个制度就取消了，国风就没有了。那些诸侯国也不去拜见周天子了，大雅消失了。周天子也没有诸侯来宴请了，谁都不来看他了嘛，小雅也消失了。谁还会在意去祭祀自己的祖宗呢？乱世啊，庙都没人管了，颂也就消失了。风、雅、颂都消失了，《诗经》的精神当然也就消亡了。“世衰道微，邪说暴行有作，臣弑其君者有之，子弑其父者有之。”到了这个份儿上，完了，世道乱了。于是，“孔子惧，作《春秋》”。孔子看到世道乱成这个样子，没有了礼乐精神，人几乎要变为禽兽了，害怕了，于是就作《春秋》。所以叫“《诗》既亡，《春秋》作”。

孔子没有什么办法，他就是一介文人，一介书生，他唯一的办法就是编订《春秋》。《春秋》是一部编年体史书，所以后来的人们常把“春秋”作为史书的代名词，但这部史书为什么叫《春秋》而不叫《冬夏》呢？

因为古人特别重视春、秋两季。春天播种,秋天收割。所以就用“春秋”来代表一年四季,来形容时间的流逝。就好像我们去买东西,为什么说“买南北”就不行呢?据说,那是因为东西对应的是金木,南北对应的则是水火,过去买东西拿个篮子,买块金属或木头可以拎回去,但是,能买一篮子水和火回去吗?这有五行学说在里面的。所以古人的一些称谓,背后都有非常特别的思想,不是随便叫的。

为什么说孔子是编《春秋》,而不是说写《春秋》呢?为什么《三字经》说“《春秋》作”?这个“作”,为什么不能理解为今天的“写”?只能理解为今天的“编”呢?因为我们知道,《春秋》实际上是在比孔子更早的时代就已经有的书,“春秋”本来是古代纪事史书的通称,各国都有自己的《春秋》,因为现在流传下来的只有鲁国的《春秋》,所以《春秋》就顺理成章地成了鲁《春秋》的专有名词。

那么,孔子是怎么修订《春秋》的呢?根据《史记》记载,孔子完全按照自己的意思和标准,对历史事件和人物下断语、作评价,希望以此来确定是非善恶的标准,希望通过历史来确定什么是对的、什么是错的,什么是善的、什么是恶的,什么是应该做的、什么是不应该做的。孔子已经没有办法了,他只希望通过自己的笔,给后人留下一种标准。所以《三字经》讲:“寓褒贬,别善恶。”《春秋》与此前的史书相比,最大的不同之处,就是它有着寓褒贬、别善恶的重要作用。它的每个字都有自己的立足点,都不是随意讲的。“别善恶”还好理解,因为记一件事情,会把一件好事记下来,比如这个人拾金不昧,一般认为这个人总归是好的。可是,怎么去“寓褒贬”呢?怎么把褒贬蕴含在一部历史学的著作里呢?孔子又是怎么做的呢?那就是“春秋笔法”。

“春秋笔法”就是用间接的、表面上很平淡的、不带个人感情色彩的文字,寥寥几笔,对历史事件和人物作出结论。孔子在这方面用词就极其讲究。比如“弑”,古人对于杀人有好几种说法,弑就是其中一种。如果孔子讲甲杀乙,这就是一个事实,那么,估计孔子也不去分辨到底是甲对还是乙对。但是,如果说甲弑乙,那么,甲一定是有罪过的。因为弑是指以下杀上,以小辈杀长辈,以坏人杀好人。就这一个字,褒贬就出来了。再比如说“讨”,说甲讨乙,那就说明甲是

有道理的，因为讨是以有道伐无道，甲讨乙一定是乙有问题。这个就叫“春秋笔法”。“一字之褒，荣于华衮(gǔn)；一字之贬，严于斧钺。”《春秋》有一个字赞扬某人，某人就荣耀得不得了，就好比穿上国君赏赐的华贵的服饰。如果《春秋》对某人有一个字的贬斥，那么，这甚至比被斧子砍脑袋还惨，比死还难受。因为死是一时一刻的，但是，名声流传下来了，在人间活八十岁，死了，但是，臭名还在传播呢。自己死了不要紧，子孙也抬不起头来。这就叫“一字之贬，严于斧钺”。所以孟子讲：“孔子成《春秋》，而乱臣贼子惧。”孔子把《春秋》编好了以后，乱臣贼子都害怕。但事实上，真正的乱臣贼子谁怕《春秋》的评价啊？该干什么还不是照样干？所以说这只不过是儒家传统的一种美好梦想，希望灌注着中国文化传统的文字，有至高无上的力量。可惜，历史证明这只能是一种希望而已。

孔子作《春秋》，用心良苦，寓意深刻。直到今天，我们仍能从《春秋》之中感悟到孔子对那个时代中各种事件的鲜明态度。但《春秋》为什么又被称为《麟经》？这里面有一个什么样的故事？又为什么说这个故事标志着中国一个时代的结束呢？

鲁哀公十四年(公元前481)的春天，孔子七十岁，正好在修订《春秋》，编《春秋》是孔子晚年最重要的工作。这个时候，有个猎人捕获了一只谁也不认识的野兽，就去请教孔子。孔子一看，眼泪就流下来了，哀叹道：“这是麒麟啊，麒麟啊！麒麟啊！你到这个乱世来干什么啊？”麒麟是中国古代传说中的一种神兽，它代表着祥和、幸福、太平。孔子认为，这个时候天下大乱，麒麟在乱世跑来，这不是被人打死了吗！因此，孔子就停笔了，《春秋》没有再编下去，就停在这一个时间上。两年以后，孔子去世。《春秋》上起鲁隐公元年，即公元前722年，下讫鲁哀公十四年，就是麒麟出现的那一年，即公元前481年，而公元前479年孔子去世。全书记载了鲁国十二位国君在位的二百四十二年间各个诸侯国的历史。这个二百四十二年原来只不过是东周历史上的一段，并没有专门的名称，就因为《春秋》被称为“春秋时代”。

我们都知道，这个年代的古书，都是写在或者刻在竹简上的，又有所谓“春秋笔法"的限制,所以文字非常简略。整部《春秋》记载二百四十二年的历史,总共才一万八千多字。也就是说平均每年不到八十个字,平均每个月不到七个字,平均每个星期不到两个字。《春秋》简略到这种地步,后人读起来怎么会容易呢?怎么会不需要解释和注解呢?所以就有后人为《春秋》作注解,也被称为传记。

那么历史上主要有哪三个人写的传记?这三个传记又各有什么特点呢?

在汉代,讲解《春秋》的主要是三家:"三传者,有《公羊》,有《左氏》,有《穀梁》。"《春秋公羊传》的作者叫公羊高,《春秋穀梁传》的作者叫穀梁赤,都是属于今文学派。他们都比《左传》的作者要晚一百来年。按照宋代学者的说法,《公羊传》和《穀梁传》是传义不传事,偏重于解释《春秋》的微言大义。它们的重点不在于补充说明《春秋》背后的历史故事,主要是阐释《春秋》所特有的道德的意义、评断的意义、是非善恶的意义。但是,《左传》不同,它属于古文学派,主要是通过历史的事实来说明《春秋》的笔法,并且补充了好多《春秋》没有记载的事实,所以《左传》特别受到史学家的重视。《左传》的作者是左丘明,他本身是鲁国的史官,和孔子亦师亦友。孔子没有来得及为《春秋》作传就去世了,孔子门下的弟子也没有谁有能力来给《春秋》作传。左丘明主动接过孔子的工作,为《春秋》作传。而作传的时候,左丘明已经失明,《左传》是他口授,由他的弟子整理成书的。《左传》以叙事为主,文笔生动,渲染表达能力极强,几千年来吸引着无数的读者。《左传》描写战争场面的文字特别有名。除此之外,《左传》还特别擅长刻画人物,比如描写晋文公、楚灵王,都是神来之笔。人物性格都非常丰满,曲折复杂,这对后来中国的小说产生了深刻的影响。

《春秋》是《三字经》所讲的最后一部经。那么接下来应该读什么呢?请看下一章。

第13章

经既明[①]，方读子[②]，撮其要[③]，记其事。

①经：儒家经典。明：明白，懂得。

②方：方才。子：诸子百家的著作。

③撮(zuǒ)：摘取。要：要点。

墨、法、名三家的故事

《三字经》作为儒家思想的启蒙教材，在将儒家的经典全部讲完以后，开始介绍先秦诸子的思想。诸子百家各抒己见，言论观点各不相同，尤其是对于一些社会问题和人生问题，都提出了自己独到的见解，而这其中尤以儒、道、墨、法、名五家的思想，对于后世的影响最为深远。那么，这其中都包括哪些思想？它们的代表人物又是谁？又留下了哪些有趣的故事？

“经既明，方读子，撮其要，记其事。”这些话从表面上看很清楚，就是说“经”都给大家讲明白了，这才开始读诸子之书。怎么读呢？“撮其要，记其事。”意思是说大致记住里面的要点，记住里面记载的一些事件就行了。表面上看没有什么需要解释的，实际上恐怕未必如此。《三字经》的作者，无论如何是一位笃信儒家学说的学者。因此，作者势必会认为儒家以外的诸子学说不那么纯粹，诸子学说里边固然有值得学习的东西，但是，也有须要防范的东西。

春秋中期，在中国的文化史上发生了一场巨大的变动，什么变动呢？从“学在官府”变成了“学在民间”。在春秋中期以前，假如一个人想要学习什么东西的话，都只能到官府里去跟随官员学习，在民间是没有办法学东西的。所以，知识和思想都掌握在贵族手里。而到春秋中期以后，发生了变化，各种学问、各种学说在民间开始传播。到了战国时代，社会又剧烈动荡，战火纷飞，整个社会极不太平。各个学派的代表人物在民间渐渐形成了自己的思想，议论政治，讨论时事，激扬文字，这就是著名的“百家争鸣”。

“百家争鸣”是中国文化史上非常辉煌的一页。这个“百家”是不是真有一百家呢？这个“家”不是流派，一个流派里边会有好几家，比如儒家里边，孔子、孟子、荀子，这就是三家，当然还不止这三家。所以，这个“百家”是指成名成家之家，并不是指流派。而在当时，主要的流派是儒家、道家、法家、墨家、名家、纵横家、杂家，这么几个流派是“百家争鸣”里面最重要的。当然还有别的一些流派，相对就不那么重要了。

在《三字经》里面，主要讲的就是儒家，接下去也会讲到道家。在诸子部分，我特别想给大家简单介绍一下墨家、法家和名家。为什么我选择这三家跟大家讲呢？这是有依据的。国学大师章太炎先生就认为，除儒、道以外，这三家最重要。

墨家的创始人据说是墨子，墨子不仅是一位杰出的思想家，同时他在中国古代科学家中也堪称佼佼者。墨子主张兼爱、非攻，他的思想不仅体现出人文主义关怀，同时还闪耀着人道主义的光辉。墨子的理论和孔子的理论大不相同。可以说，在战国时代，儒家的主要反对者就是墨家。墨家在当时的影响，丝毫不亚于儒家，两家的好多主张是针锋相对的。比如，儒家比较讲究“慎终追远”，比较讲究孝，讲究对祖先长辈的恭敬，所以，儒家就提倡厚葬。当人去世以后，要有非常丰厚的陪葬，丧事要办得很风光、很隆重，有的时候往往流于铺张。但是，墨家旗帜鲜明地主张薄葬。人走了，随便裹裹埋了就是。又比如，儒家讲仁爱。仁爱是有等次之爱，比如，儿子对父亲的爱、儿子对爷爷的爱、儿子对叔叔的爱、儿子对阿姨的爱，那是不一样的，是有轻重等级的。所以，什么样的亲属去世了，要服丧的时间就长短不一，有的要服三年，有的只服三个月。墨家则主张兼爱。墨家的爱是没区别的，天底下的仁爱是一样的，无等次。所以，也有人攻击墨子无父无君，就是说他既然讲大家都是一样的，那么父亲和君主是不是也没区别，跟普通人也一样啊？

墨家还有一点非常有意思，即他们的思想方法和近代实验科学的精神很接近，对中国古代的几何学、物理学、光学、工程技术都有重要的贡献。《墨经》记载了古代中国好多科学技术和科学思想的内容，有些很深奥，至今依然没有得到足够的解释，还有待于进一步研究。同时，墨家非常强调实践，有这样的说法，即“有赖其力者生，不赖其力者不生”，这个观念在当时也是相当特别的。墨家反对天注定，反对每个人的命都是定死了的。墨家对自己的要求极其严苛，这在《庄子·天下》中有描述。

法家是先秦诸子中对法律最为重视的一派，主张以法治国，而且提出了一整套理论和方法。这为后来建立中央集权的秦朝，提供了有效的理论依据。那么法家都有哪些主张，又有哪些代表人物？他们的学说对后世又产生了怎样的影响呢？

对于法家这个名字，我们大家都耳熟能详，法家相对来讲在民间的知晓程度要比墨家高。管子、商鞅、韩非是法家的主要代表人物，尤其后两位非常著名。“商鞅变法”有一个非常有名的故事。商鞅到了秦国，被秦孝公接纳，并被任命为左庶长，在秦国进行变法。商鞅很快就把变法的方案、各种法规给拟定了。但是拟定了却没用，为什么呢？因为秦国过去有好多法规，言而无信，朝令夕改，老百姓根本就不把秦国的法律当回事。商鞅看到了问题所在，就想改变老百姓的这种心态。怎么改变呢？他想了一个办法，在南边的城门竖了一根木头，这个木头也就一丈来高。那时的一丈来高也就比一个人高一点儿。他颁布左庶长令：有将这个木头从城南搬到城北的赏十金。老百姓看着法令很纳闷，这叫什么法令啊？这个木头又不重，扛着走一二十里地都没问题。城南到城北才二三里地，扛着这个木头走一次，就给这么多黄金，谁信啊？结果没人理。商鞅一看，法律的威严和信誉果然没有建立起来。于是又颁布一条法令：有将这个木头从城南搬到城北去的，赏五十金。重赏之下，必有勇夫，就出来一个人，把木头扛起来，从城南一会儿就跑到城北。商鞅就在城北等着他，二话没说，马上兑现，奖励五十金。从此，秦国的百姓都知道，左庶长商鞅颁布的法令不是开玩笑的，都是有信誉的。从此，秦国开始走向变法图强的道路。

至于韩非子，那更是集法家之大成的人物。韩非子的文笔干净利落，非常好。但是，我建议大家不要在半夜读，因为夜深人静的时候，会觉得阴森森的。怎么那么漂亮的文字下面，隐藏着那么深的心机呢？怎么会有那么苛刻的眼光和判断呢？比如，“防八奸”。所谓“八奸”就是有八类人很奸恶，君主要特别防范。哪八类啊？就是“同床”、“在旁”、“父兄”、“养殃”、“民萌”、“流行”、“威强”、“四方”。

什么叫“同床”呢？就是君主要把王后、妃子当作贼来防，因为她们太接近君主了，还要把她们的娘家人防住。

什么叫“在旁”呢？在旁边的人、亲近的人，越是跟你亲近的人，越是要把他像奸贼一样防住。

什么叫“父兄”呢？君主的嫡系亲属、血脉之亲，也要把他们像奸贼一样防住。正因为他们跟你有血缘之亲，也就随时可以威胁到你，有资格随时夺取你的王位。

什么叫“养殃”呢？就是指臣下用美女、用各种各样的手段来诱惑君主。今天这个臣下进献个美女，明天那个臣下劝诱微服私行，这样的臣下要把他当贼来防。

什么叫“民萌”呢？就是指那些对老百姓施惠的臣子。如果有大臣对老百姓施以恩惠，老百姓很拥护，就得把他当贼防。因为老百姓将来只认他的好，不认君主的好。

什么叫“流行”呢？就是指臣下的权威很大，养着好多门客，养了好多学者，到处操纵舆论，应该把他当贼防。

什么叫“威强”呢？这是指如果某一个大臣家里供养着一些壮士，如果某一个大臣家里突然来了几个武林高手，来了几个亡命之徒，注意了，应该把他当贼防着。

什么叫“四方”呢？就是如果发现大臣当中有和外国的关系特别好的，经常往来的，就要把他当贼防。

这就是“八奸”。这种观点大家想想，冷酷不冷酷？不能说它完全没有道理，但是它把人情、人性看得太冷酷，以一种极度冷酷的眼光，来看待世间人情。

先秦时代“百家争鸣”。在这样一个氛围中，诸子们除了要有独到见解之外，还要具备一副好口才。而在诸子中，尤以诡辩见长的一家，就是名家。他们的言论常常令人瞠目结舌，哭笑不得。就连被称为语言巨匠的庄子，也甘拜下风。

孔子曾经讲过：“必也正名乎！名不正，则言不顺；言不顺，则事不成。”就是说首先要把一些概念，要把一些名称搞清楚，而名家就是主要致力于辩明一些概念的。这一派的著名代表人物有邓析、惠施、公孙龙。

邓析是郑国的大夫，这个人好辩明概念，常跟子产这种高官辩论。因为他会诡辩，所以子产辩不过他，经常被他辩得张口结舌。邓析没有什么学说传承下来。

惠施是宋国人，比庄子的年龄略大。就连庄子那么有名的一个人，也特别害怕惠施这张嘴，惠施的著作没有保存下来，但是当时很多人引用过，所以，我们今天还能了解一点儿。特别是庄子，提到惠施的地方很多。比如，惠施有个理论，叫“天与地卑，山与泽平”。就是说天地是一样的，没有什么天高地矮，山和湖泊也是一样平的。大家一想肯定不对，山怎么和湖泊一样平啊？其实这有什么可奇怪的，如果从宇宙的角度看，可不就差不多嘛，它们之间的差距不就可以忽略不计了吗？惠施还有一个学说：“我知天下之中央，燕之北、越之南是也。”就是说天下的中央，在燕国的北面、赵国的南面。燕国就在今北京、河北这一带，越国就在今江浙这一带。这样的说法不是胡扯吗？然而，只要用地圆的学说一想不就对了吗？当然找得到这一点，在南方的南方、在北方的北方，有这么一点是“天下之中央”。

公孙龙是赵国人，平原君的门客，其著作《公孙龙子》现存有五篇。他最有名的理论就是“白马非马”，即白马不是马。为什么说白马非马呢？白是描写颜色的，马是描写这个动物的形状的，颜色和形状是两回事，白马就是白和马。这个理论实际上类似于近代的逻辑学。这是什么意思呢？马的外延比白马大，因为马里面有红马、黑马；白马的内涵则比马大。所以，在他看来白马不是马。这种学说在当时的名家里非常多。名家有些命题听起来很有趣，比如“白狗黑”，这也是名家的一个理论。白狗怎么会是黑的呢？如果当初把黑的叫成白的，白的和黑的不就是一样的吗？白和黑都是人命名的，如果说他穿的白衬衣当年叫黑衬衣，那么，他今天不是穿着黑衬衣、白西装吗？所以他说“白狗黑”。

《庄子·天下》中有一个非常著名的理论，叫“一尺之棰，日取其半，万世不竭”。一根短木棍一尺长，每天砍它的一半，一万年也砍不完，这就是无穷小的概念。但是，庄子就指出他们的问题：“能胜人之口，而不能服人之心。”名家在

跟别人辩论、在游说别人的时候，有时会弄得别人张口结舌。但是，大家心里都不服啊。战国以后，名家的学说没有能够很好地传承下来，今天看来非常可惜。因为名家的学说里面有好多早期的逻辑思想，那是非常珍贵的遗产。比如著名的“濠梁之乐”：庄子与惠子游于濠梁之上。庄子曰：“儵鱼出游从容，是鱼之乐也。”惠子曰：“子非鱼，安知鱼之乐？”庄子曰：“子非我，安知我不知鱼之乐？”惠子曰：“我非子，固不知子矣；子固非鱼也，子之不知鱼之乐全矣。”庄子曰：“请循其本。子曰‘汝安知鱼乐’云者，既已知吾知之而问我，我知之濠上也。”

大意：庄子和惠子在桥上游玩，庄子说：“鲦鱼游得从容自在，这是鱼的快乐呀。”惠子说：“你不是鱼，怎么知道鱼的快乐呢？”庄子说：“你不是我，怎么知道我不知道鱼的快乐呢？”惠子说：“我不是你，本来就不知道你的快乐。而你也不是鱼，那你肯定不知道鱼的快乐。”庄子说：“从最初的话题说起。你说‘你在哪里（安：一意为如何，怎么；一意为在哪里）知道鱼的快乐呢’，既然你知道我知道鱼的快乐还问我？我是在桥上知道的。”

我们都讲中国的传统文化缺乏一种逻辑精神，其实在先秦是有的，只是没有很好地传承下来。

对于我们应该读哪几家这个问题，《三字经》是有很独到的看法的。那么，它建议我们读哪几家呢？请看下一章。

明　吴伟《渔父图》

第14章

五子者，有荀扬[1]，文中子[2]，及老庄[3]。

①荀：荀况，战国时期儒家的主要代表人物。扬：扬雄，西汉著名文学家和思想家。

②文中子：隋代的思想家王通。

③老：老聃，春秋末期人，道家的开创者。庄：庄周，战国时期道家的主要代表人物。

诸子中五位重要人物是谁呢?

《三字经》告诉我们,读书求学必须遵守次第,要先通读儒家的经典之后,方可涉猎诸子百家的内容。接下来,《三字经》就推荐了诸子中五位重要的人物,他们分别是荀子、扬雄、文中子、老子和庄子。《三字经》的作者为什么只向我们推荐了这五位?他们的主要学说究竟是什么?为什么《三字经》的作者会对他们如此重视?他们的思想对后世又有怎样的影响呢?

荀子很有名。“扬”是指扬雄,这个“扬”历来有两种写法:一种是“杨”,另一种是“扬”。“文中子”也是一位非常著名的人物。“及老庄”,即老子和庄子。《三字经》为什么特别推崇这五子呢?

荀子(约前313—前238),名况,赵国人,战国时期的思想家、教育家、文学家。当时的人尊称他为荀卿,后来也有写成孙卿的。为什么呢?因为中国古代要避讳,即回避君主、尊长的“名讳”(通常只限于君主、尊长之本名)。比如,秦始皇正月出生,取名“政(正)”,所以秦朝把“正月”改为“端月”;秦始皇的父亲名子楚,于是把楚地改为“荆”。汉光武帝名叫刘秀,所以曾一度把秀才的名称改为“茂才”。王昭君之所以被称为“明君”或“明妃”,就是为了避晋文帝司马昭的讳。唐太宗名世民,唐人行文用“代”字代替“世”字,用“人”字代替“民”字,观世音略称为“观音”,民部改称为“户部”。此外,做儿子的是绝对不能提到父亲和母亲的名字的,做学生的也不能提老师的名字。所以,为了避汉宣帝刘询的讳,荀卿就被人写作孙卿,“孙”和“荀”这两个字在古代的读音是很相近的。“避讳学”在古代非常重要,今天咱们已经不太讲究了,过去则是有一套规矩的。

战国时候,齐宣王继其祖父桓公、父亲威王在稷山下设学宫,招揽文学游说之士数千人,任其讲学议论。当时云集稷下讲学论辩的有淳于髡、驺衍、田骈、接子、慎到、宋钘、尹文、环渊、田巴、鲁仲连和荀况等七十六个著名人物。这些学者在学术上各有所主,分属各派,没有统一的模式,也不畏惧于权势,自由地宣传自己的学说和主张,争辩求知,蔚成风气。例如,孟轲、荀况宣传儒家思想,驺衍、邹奭宣扬阴阳五行思想,宋钘、尹文、田骈、环渊、接子宣传道家观点,慎到宣传法家精神，貌说鼓吹名家理论。在宣传自己的同时，各家各派也不断地取人之长，补己之短，完善自己的学说。荀子就强调要在论辩中“兼听齐明”。他正是通过对别人理论的辩难，总结创造，形成了自己系统的理论学说。学宫的设置，对开展百家争鸣、繁荣学术起了很大作用，推动了整个中国先秦学术文化的发展。齐国为促进稷下学宫的发展，不仅为学者们提供优越的生活条件，还根据学者的学问、资历、成就、贡献等，授予其不同的称号和荣誉，包括博士、学士、卿、大夫等，荀子被尊称为“荀卿”。学宫由著名学者主持，称为“祭酒”，荀子曾“三为祭酒”（多次为祭酒），弟子满门，为大师级学者。

荀子一生到过很多地方，他门下出色的弟子很多，韩非子和李斯都是他的学生。晚年到了楚国，历史上很有名的春申君黄歇（战国四公子之一）就任命他为兰陵令。兰陵大致相当于今天山东的苍山。他只担任过这么一个官，后来就在家写书，死后葬在兰陵。

荀子是继孔子、孟子之后又一位儒家的大师级人物。可是，荀子的两位学生韩非子、李斯，却是法家的代表人物。儒、法两家的学说完全不同，为什么身为儒家学者的荀子，却教出了两位法家的学生呢？荀子最主要的学说是什么？他的思想究竟给后世带来了怎样的影响？

荀子是战国后期儒家的主要代表人物，他最著名的学说就是反对天命，反对迷信，他提出一个重要的学说，叫“制天命而用之”。如果大家不熟悉这个的话，那么，“人定胜天”大家就应该熟悉了。“人定胜天”就是这位老先生的学说。在政治上，他主张礼治和法治并用，这是他和他的学生不同之处。李斯、韩非子基本上是讲法治的，而荀子还没有那么极端，他同时还重视王道，提倡礼仪。儒家的学说基本上都主张“法先王”，即学习效法过去的贤王。但是，荀子提出“法后王”。他认为以前那些君主离我们太远了，也未必像传说中的那么好，所以应该重视后面的这些王。这个学说是开了法家的先河的。他赞成用武力兼并天下，用法规、赏罚来治理国家，这种思想就决定了在他的那么多弟子里头著名的人物都是法家。

荀子最重要的学说，就是在人性问题上提出了性恶论。他公开地讲，人性是恶的，“其善者伪也”。“伪”在这里是人为的意思，即善是后天培养出来的。也就是说人性本来是恶的，之所以善，是因为后天改造、后天学习的结果。如果放松学习，不重视学习，人性就要恶，因此终究是靠不住的。正因为如此，荀子非常强调学习和教育的重要性。在先秦诸子当中，荀子将对教育的提倡、对教育的重视、对老师地位的重视，提到了一个前所未有的高度。这在《荀子·劝学》里有比较充分的体现。《劝学》开宗明义告诉大家：“学不可以已。”就是说学习必须持之以恒，不可中断。他非常著名的话就是：“青，取之于蓝而胜于蓝；冰，水为之而寒于水。”这就是“青出于蓝而胜于蓝”最早的来源。荀子通过《劝学》告诉我们：只有持之以恒、专心致志地学习，重视每一天的积累，不懈怠，人才会慢慢成为一个有学问的人，才会最终成为一个君子。我想，这也正是《三字经》的作者，特别强调荀子的原因所在。所以，我再三强调读古书，甚至包括读像《三字经》这样好像很浅的古籍，也得用心思量，不能把任何一个字，包括其间的顺序轻易地放过去。

《三字经》里所提到的扬雄，是个什么人物？既然他在诸子中有如此之高的地位，为什么后世对他却知之甚少呢？历史上关于扬雄又留下了哪些记载？

扬雄（前53—18），字子云，西汉蜀郡成都人，西汉后期著名哲学家、文学家、语言学家。扬雄认为，“经莫大于《易》”、“传莫大于《论语》”，经里面最经典的就是《周易》，传里面最经典的就是《论语》。所以，他模仿《周易》写了一部书叫《太玄》，又模仿《论语》写了一部书叫《法言》。当时，扬雄得到过很高的评价。司马光曾经将扬雄的著作和《孟子》、《荀子》加以比较，得出的结论是：“《孟子》之文直而显，《荀子》之文富而丽，《扬子》（指《法言》）之文简而奥。”就是说孟子的文字直白，但是比较显露；荀子的文字非常地富赡、非常地华丽；扬子的文字简明但是深奥。可见，在司马光的眼里，扬雄更深奥一点儿。司马光的评论证明，扬雄起码到宋朝地位都是很高的。

那么，大家也许会问，在宋朝地位那么高的一个人，后来怎么就变得好像一般人都不太知道他了？主要的原因是，当时有不少人攻击他。而且，攻击他的人中有的地位还很高，其中给扬雄致命一击的就是朱熹。他在《通鉴纲目·汉纪》里面用了六个字："莽大夫扬雄死"，这就宣判了扬雄的死刑。"莽大夫"，说他是王莽的大夫，这就把他的人品给否定了。因为王莽是以外戚身份篡夺汉朝天下的人物，在中国历史上，从来都不是一个正面人物。朱熹在这里用"莽大夫扬雄死"，正是"春秋笔法"，一字之贬，严于斧钺。我们讲过"春秋笔法"："一字之褒，荣于华衮；一字之贬，严于斧钺。"这一斧子，基本上把扬雄砍死了。

司马光褒，朱熹贬，那么，历史上的扬雄究竟是一个什么样的人呢？

扬雄从小勤奋好学，精通《易经》、《老子》，善于写赋，文笔非常好。年轻的时候他非常仰慕屈原和司马相如，曾经以司马相如的赋为本，写了好多辞赋，辞藻非常华丽。他被汉成帝看中后就当了官。他当官的时候，恰巧与王莽是同一时代。王莽那时候也在当官，而且两人曾经同朝为官。王莽篡权建立新朝以后，扬雄依然在当官。但是，扬雄并不是一个趋炎附势、同流合污的小人。他甘于寂寞，不参与朝政，天天在天禄阁校书。天禄阁是汉朝藏书的一个地方。那么，为什么朱熹还要说"莽大夫扬雄死"呢？为什么要用这样一种严厉的笔触在历史上给他下定论呢？扬雄就是一个天生的读书人，但是，他没有摆脱这种厄运，洗不尽他跟王莽的干系。这又是怎么回事呢？

刘歆的儿子，也是汉朝的一个学者。刘歆跟扬雄也是同朝为官的，他的儿子为了讨好王莽，就伪造了一道符命。什么叫符命呢？在中国古代，假如要拍某人的马屁，就说早就发现这个人将来可能要当皇帝或者当大官，于是就伪造一样老天传下来的东西，上面说，这个人比较有用，他将来能当皇帝或大官。诸如"苍天已死，黄天当立"，这就是黄巾军起义的时候在民间流传的符命；李自成起兵以后，一些读书人也伪造了一个符命，就说"十八子当主神器"，即姓李的注定要掌握最高的位置。刘歆的儿子就把伪造的符命进献给王莽。哪知道，这个马屁拍得太心急了。王莽是中国历史上最著名的一个伪君子，他那个时候还没准备好当皇帝呢，堂而皇之地把一个符命进献给他，这不是要他的命吗？所以，王莽大怒，刘歆的儿子拍马屁拍到马蹄上，就被抓起来流放了。而刘歆的儿子是拜扬雄为师学古文字的，这就牵连到了扬雄。治狱的官员就到天禄阁来抓扬雄，扬雄自杀未遂。之后的他便一直默默无闻，活到了七十一岁。由此，扬雄在中国文化史上就被快速遗忘，特别是在宋朝理学兴起之后。

荀子和扬雄都是在儒家传统文化思想的基础上，进行自己的创新和发展，从而建立了自己全新的学术思想，对后世影响也极为深远。那么，接下来要介绍的这位文中子又是何许人也？为什么《三字经》的作者会如此重视他呢？

文中子（584—617），即王通，字仲淹，门人私谥曰文中子，隋朝绛州龙门（今山西河津）人，著名教育家、思想家。

王通家学渊源很深，十五岁时已经把“五经”读完了，之后就开始教书，边教书边学习。十八岁的时候有四方之志，游历访学，开始周游天下，遍访名师同道。他读书极其刻苦，“不解衣者六岁”，据说六年都没有脱过衣服。这可能有点儿夸大，但是，也正说明他极度勤奋和刻苦。

隋文帝仁寿三年，也就是公元603年，王通参加科举，考取以后就来到了长安，很受隋文帝的赏识。但是才高遭人忌，更何况少年得志，王通受到朝廷大臣的排挤。后来，也当过一些很小的官，但他对这没什么兴致，所以早早辞职回家写书。他志向极高，写书的目的是为了接续“六经”。所以，他用了九年的时间，写成一部书叫《续六经》。《续六经》（亦称《王氏六经》）即《续诗》、《续书》与《礼论》、《乐经》、《易赞》、《元经》的合。王通写这些书的时候恐怕也就二十多岁，他写书的宗旨是：“服先人之义，稽仲尼之心。天下之事，帝王之道，昭昭乎。”就是说，写《续六经》是为了尊崇先人的经义，探究孔夫子最深刻的思想；天下之事、帝王之道都在这部六经里边，非常明白了。

如此年轻的一位学者，在写六经的同时，他还聚徒讲学。当时，他的名声之大，门下弟子之多，天下皆知，以至于他的门下专门叫“河汾门下”。“河”就是黄河，“汾”就是汾河，因为他家就在今天山西河津一带，所以用这两条河来称呼。

后来开了唐朝盛世的一批人，很多都是这位年轻的文中子的弟子。比如魏徵，千古名臣，就是出自他门下。

王通一直致力于在魏晋动乱和儒学衰败之际重新振兴孔学，为儒学在隋唐之际的发展和重兴打下了基础。在他死后，他的弟子，包括当时的好多人，都称他为“至人”，也就是至高无上的人。还有的人，干脆称他为“王孔子”。这么一讲，我们就明白，《三字经》强调他是有道理的。尽管今天记得他的人不多，但是他的地位极其重要，他是中国儒学史上以董仲舒为代表的汉代大儒和以“二程”（程颢、程颐）、朱熹为代表的宋代大儒的中间环节。理学当中好多重要的概念、重要的范畴、重要的治学方法、重要的修身方法都是王通首倡。

很可惜的是，王通三十三岁就去世了，但是，谁还能对他有更高的要求呢？就凭借着在人世间短短的三十三年，文中子王通就奠定了他在中国传统文化史上的崇高地位。王通死后，弟子为了纪念他，就模仿孔子门徒编撰《论语》的做法，编了《中说》这部书，也叫《文中子》、《文中子中说》，用讲授记录的形式保留了王通讲课的主要内容，书中也有他和弟子、朋友的对话，一共分为十个部分。

老子和孔子是同一时代的人，孔子是怎么评价老子的呢？老子所写的《道德经》，虽然只有五千多字，却被誉为中国传统文化中最重要的经典之一。那么，《道德经》是老子在什么情况下写成的呢？

老子，姓李，名耳，字伯阳，曾经当过周朝的守藏吏，不是很大的官，类似于今天的国家图书馆馆长，是负责保管周朝的图书、经籍的。老子生活的年代，大致在春秋末期。老子怎么会写《道德经》呢？现在我们知道的大致情况是，公元前520年左右，周王室大乱，周景王死了，他有个庶子叛变，带着大量的典籍逃到楚国。大家别忘了，老子是负责这些书籍的，那就脱不了干系，只好辞职，离开周朝的都城，打算从此隐居。走到函谷关，函谷关有个关吏叫尹喜子，就请求说：“先生，您要隐居了，请您为我们后人留下点儿东西吧！”老子应这位关吏之请，口授《道德经》。

这段历史后来被演绎成一个非常精彩的故事，说是关尹少时即好观天文。一日忽见东方紫云聚集，其长三万里，形如飞龙，由东向西滚滚而来，料知将有圣人东来，于是派人清扫道路，夹道焚香。七月十二日午后，果然望见关下有一老者，须发皆白，仙风道骨，倒骑青牛而来。关尹请求老子留下文字才肯放行，于是老子写了一部《道德经》，作为过关文件。还有一种说法：老子当年出关去了印度，遇到了乔达摩·悉达多，乔达摩·悉达多去向老子求道，后来得老子点化，居然悟道成佛。这就是中国文化史上非常著名的“老子化胡”说。这个说法显然是佛教东传进入中国后，本土的道教和佛教相争，为自己编的故事。

老子出关的故事非常有名，具有传奇浪漫色彩。鲁迅先生也对此发生过兴趣，还专门创作了故事新编《老子出关》，还与别人打了一点笔墨仗。另外，不仅“紫气东来”成了中国文化中的一个基因，而且有趣的是，老子骑坐的“青牛”也成了道教文化中一个著名的意象，青牛后来成了神仙道士的坐骑。到后来，“青牛”也成了老子的代名词了，老子又被称为“青牛师”、“青牛翁”等。

《道德经》仅五千余字，但文约义丰，博大精深，涵盖天地，很难读懂。自韩非子的《解老》、《喻老》至今，据说《道德经》的译注本不下千种。《道德经》不仅对中国的传统文化产生了深刻的影响，而且在现代社会也引起了世界上许多著名学者的关注。但是，这部经典为什么会起名叫《道德经》呢？因为它的上篇开头的第一句是“道可道”，取了一个“道”字；下篇的开头是“上德不德”，取一个“德”字，所以，就叫《道德经》。不过有意思的是，在长沙的马王堆，出土了西汉时期《老子》的一部抄本，上下篇的顺序正好跟今天相反。如此说来，《道德经》在西汉的时候可能叫《德道经》。

中国传统文化主要是受儒、释、道三家思想的影响，儒家思想最主要的代表人物是孔子和孟子，而道家思想最主要的代表人物就是老子和庄子了。那么，庄子是一个什么样的人？他的哲学思想是什么？他又给我们留下了哪些经典著作呢？

庄子（约前369—前286），名周，字子休，他是老子思想和学说的继承与发

扬者。在中国传统文化中,历来把他们并称为“老庄”,就像称“孔孟”一样。

庄子的性格特征,或者主要的处世方式,有这样一些特点:淡泊名利,修身养性,清净无为,顺应自然。庄子及其弟子的思想主要体现在他的著作《庄子》里。

《庄子》一书分内、外、杂三部分。一般认为内篇七篇是庄子所著,其中,集中反映庄子思想的主要有《齐物论》、《逍遥游》、《养生主》。庄子写文章的方式和先秦诸子不大一样。他有一种独特的“庄周的风格”,就是大量使用寓言,通过各种生动的寓言故事让你去思考、去感悟。这就决定了庄子的思想像水一般地流淌,很难被别人断章取义。因此,庄子的思想不惧怕后人的肢解,这是第一点。第二点,庄子的观点不容易被历史所湮没。这是为什么呢?因为这些都是非常有趣的寓言,都是一则一则发人深省的小故事,我们屡读屡新,所以不易遗忘。

《庄子》里最重要的一个故事,也是接触到人生最根本问题的故事,就是“庄周梦蝶”。有一次,庄子做了一个梦,梦见自己变成一只蝴蝶,飘飘荡荡,十分轻松惬意。完全忘记了自己是庄周。等他一觉醒过来,发现自己又是庄周了,而不是蝴蝶了。他对自己还是庄周感到十分惊奇疑惑。所以,他就提出了这样的问题:“不知周之梦为胡蝶与?胡蝶之梦为周与?周与胡蝶,则必有分矣。此之谓物化。”意思是到底是我在梦中变成了蝴蝶呢,还是我是蝴蝶在梦中变的呢?但是,庄周与蝴蝶一定是有分别的。这便是物我合一吧。

那么,“物化”究竟是什么意思呢?这个寓言隐含着一个什么道理?又为什么说“庄周梦蝶”是对人生终极问题的思考呢?

这个故事是中国哲学史、思想史上一个永恒的话题,已经被后来无数的学者诠释了上千年,但是,至今还未必能完全讲得清楚。实际上,这个故事讲的并不一定是梦,庄子只不过借梦来比喻死和生,庄子对于人生的处境有深刻的体会,生死就是庄子对人生体会最深刻的内容之一。

我们都说庄子达观,他追求自由,要“逍遥游”,而达观实际上正是对某种无可奈何的处境的态度,或者说一种处理方式。抛开无可奈何这个前提,也就无所谓达观不达观了。而生死正是每个人所必须面对的一种无可奈何的处境,生死你避得了吗？生不是你选择的，死也不是你想逃就能逃的。庄子在这里要告诉我们的是：生和死的确是有分别的。就像蝴蝶和庄子、梦和醒，终究是有分别的一样。那么，庄子要告诉我们什么感悟呢？那就是“此之谓物化”，也就是说要顺应变化。

不要逆着干，不要觉得非要怎么样，非要活个三百岁来瞧瞧，庄子认为没有必要。梦里的庄子是蝴蝶，可以充分享受作为蝴蝶的一种自由自在的乐趣；醒来的我是庄子，那么不妨实实在在地去过庄子应该过的生活。至于孰生孰死、孰梦孰觉、孰为蝴蝶孰为庄周，又何必斤斤计较呢？进一步说，庄子想告诉我们的是，死既然是不可知的，干吗去恐惧它？正如西方哲学家维特根斯坦所说，死亡既然不是生命中的事件，又何必过多地去担心它呢？现在需要知道的就是，我就是活着的庄子，就要尽到活着的庄子的本分。死后，或者变为蝴蝶，或者最后化为黄土。那蝴蝶也自有它的本分事，黄土也自有它的本分事，跟活着的庄子没有什么关系。庄子就用这样一个故事，来讲述一个很难讲清楚的却在每个人心间都存在着的问题。这也就是《庄子》这部书有无穷魅力的原因所在。

死亡，是大部分中国人所避讳而不愿谈论的问题。当孔子的学生向孔子请教关于生死的问题时，孔子说：“未知生，焉知死。”意思就是说，生的事情还没弄明白呢，为什么要考虑死的问题呢？颇有些避而不谈的态度。而庄子却敢于直面生死。

庄子通过他的寓言故事，把死亡理解成一件快乐的事情，甚至比生还要幸福。所以，庄子在妻子去世之后，竟然鼓盆而歌，毫不悲伤，他认为妻子是到另外一个快乐的王国去了。庄子对于死的态度如此独特，那么，庄子对于生又是一种什么态度呢？

庄子认为，人生的最高境界是逍遥自得，是一种精神的自由，绝对不要太在意俗世的名利。他认为名利会成为一种枷锁，把你牢牢地绑住。人在追名逐利的途中，给自己绑上了一道道绳索，带上了一副副锁链。这种本于自然的人性论和伦理观，为后来的中国知识分子提供了另外一种选择的可能性。中国后

来的知识分子，基本上都是按照儒家文化的传统培育出来的。如果只有儒家学说作为他们的价值观、世界观、人生观，大家想想会是什么样子？中国很多知识分子，在非常得意的时候，修齐治平，出将入相，立功、立言、立德，追求三不朽，成为一代名将、一代名相。但是失意了呢？人生不如意事常八九，如果你达不到自己的目的呢？庄子就此提供了另外一种选择，就是不妨独善其身，跳出名利的框框，追求内心世界的一种自由，追求精神的自由。所以，庄子的思想和儒家的思想，在中国的文化传统中成为互补的形态，这就使得中国的文化传统呈现出一种比较稳定的状态。

庄子对后世的中国产生了重大的影响。如果说儒家学说代表官方的意识形态的话，那么，庄子就对后世的非官方的意识形态产生了重大影响。传统当中，另外还有一个世界，那就是江湖！庄子实际上提供了某种民间意识形态的一个规范和标准。同时，庄子还有一个非常重要的思想，即“天人合一”。用庄子的话来讲，天地与我并生，万物与我为一。“天人合一”这样的一种精神境界，就是把人和人所存在于其中的大自然结合起来。他认为人和大自然是和谐共处的，是互为一体的。这个思想近年来受到了高度的关注。

我们知道，在台湾去世的著名的国学大师、一代大儒钱穆先生，临终前的最后一篇文章讲到，他想了一辈子，也研究了一辈子中国的学问，最终认为中国精神和文化的最高境界是“天人合一”。而在大陆，也有一位大师级的学者同样得出了这样的结论：中国文化能够贡献于这个世界的最重要的学说和精神就是“天人合一”，以及“和谐”的观念，他就是季羡林先生。

明　陆治《梦蝶图》

第15章

经子通[1]，读诸史[2]，考世系[3]，知终始[4]。
自羲农[5]，至黄帝[6]，号三皇，居上世[7]。
唐有虞[8]，号二帝，相揖逊[9]，称盛世。

①经：儒家经典。子：诸子百家的著作。

②诸史：各种史书。

③世系：帝王家族世代相承的关系。

④终始：王朝兴亡的始末。

⑤羲：伏羲，传说中的远古帝王，我国古文明的开创者。农：神农氏，传说中农业和医药的发明者。

⑥黄帝：传说中我国中原各族的共同祖先。

⑦上世：上古时代。

⑧唐：传说中的远古帝王唐尧。有虞：传说中的远古帝王虞舜。

⑨揖逊（yī xùn）：禅让王位。

三皇五帝的故事有哪些?

《三字经》认为,“四书”、“五经”、诸子都读通了,就应该学习历史了。《三字经》中的历史,是从被称为“三皇”的伏羲、神农和黄帝讲起的。伏羲为什么被尊为中华民族的人文始祖?神农对中华民族的发展,又作出了哪些巨大的贡献?而关于“三皇”之一、“五帝”之首的黄帝,又有哪些神奇的传说呢?“尧舜之治”作为后世德政的典范,又流传着哪些神奇的故事呢?

从这章开始,《三字经》进入了中国历史部分。前面的引子虽然表面上看来非常平淡,实际上相当有深意。“经子通,读诸史,考世系,知终始。”《三字经》的作者认为,读史有一个前提和要求,就是必须熟读儒家经典,并大致把握儒家以外其他诸子的重要学说。以此为基础,就可以在读史过程中,逐渐形成一套比较可靠的标准,来甄别历史事件的真伪和历史人物的善、恶、功、过,来判定哪些是我们应该汲取的经验,哪些是我们应该警惕的教训。只有这样,才能够把读史转换成一种非常有益的活动,而不仅仅是看历史故事,不仅仅是看热闹。

古今中外的政治家也好,教育家也好,思想家也罢,都非常强调历史教育。我们早在先秦时代就有“殷鉴不远”、“前车之鉴”的说法。那么,就让我们来看看《三字经》是如何为我们讲述中国历史的。

“自羲农,至黄帝,号三皇,居上世。”这里的“皇”不能理解为我们通常认为的皇帝,而“三皇”这个说法,更是到战国后期才出现的。至于“三皇”是哪三皇,中国传统的说法也不一致,有的说法是“女娲、伏羲、神农”,还有的说法是“燧人、伏羲、神农”。《三字经》的说法是“伏羲、神农、黄帝”。所以,《三字经》的说法也只是诸多传统说法中的一种而已。

伏羲创制的八卦,成为后来《易经》的基础。中华民族的文明史,就是从伏羲开始的。那么,被尊为中华民族人文始祖的伏羲,为人类文明的发展作出了哪些贡献呢?

相传，伏羲和女娲二人是兄妹，他们都是人头蛇身。这个蛇其实是最早的龙。兄妹二人婚配，诞育了很多儿女，这就是中华民族的起源。

又相传，伏羲是古代华夏部落的杰出首领。黄河中浮出龙马，背负“河图”，献给伏羲。伏羲依此而演成八卦。伏羲创制了八卦，用八种简单而又寓意深刻的符号，来概括天地间的万事万物，概括它们之间变化的道理。大禹时，洛河中浮出神龟，背驮“洛书”，献给大禹。大禹依此治水成功，遂划天下为九州。又依此定九章大法，治理社会，流传下来收入《尚书》中，名《洪范》。《易·系辞上》说，“河出图，洛出书，圣人则之”，就是指这两件重大的历史事件。

据部分古籍记载，伏羲出生于成纪，所以直到今天，甘肃天水还有大规模的伏羲庙，民间传说正月十六为伏羲的生日，农历五月十三则是他成仙的日子，所以这两天甘肃天水都会有规模盛大的祭祀仪式。

根据传说和史籍记载，伏羲作为华夏子孙的人文始祖，主要功绩有如下几点：第一，他教会人们织网打鱼和驯养野兽，更好地解决了人的饮食问题，这就提高了当时人类的生产能力。第二，他变革婚姻习俗，倡导男聘女嫁。开始建立男聘女嫁这一套婚姻制度，而且由血缘婚改为族外婚，即不同氏族之间才能结婚。这种制度结束了长期以来子女只知其母不知其父的状态。伏羲时代实际上意味着中国开始从母系氏族向父系氏族转变。第三，他创造书契，用于记事，取代了以往结绳记事的风俗。第四，他发明了陶埙、琴瑟等乐器，开始创作歌谣。将音乐带入人们的生活，这样就使人有了一种艺术的、超越现实生活的追求。第五，他将统治地域分而治之，开始任命官员进行社会管理。第六，他创造了古代历法。当然，最重要的是他创制了八卦。

我们知道了伏羲是华夏子孙的人文始祖，那么，神农是一个什么样的人呢？他为中华民族的发展作出了什么重要的贡献，从而被人们尊为“三皇”之一呢？

神农是我们农业和医药的发明者。远古的人们，过着很原始的生活，神农发明了耒(lěi)耜(sì)，即用木头做的农具，教会人们进行农业生产。神农时代代

表着中国从渔猎和采集的社会向农业社会转变。因为古人生存主要是靠打猎、抓鱼、采集，生活来源不稳定，有了上顿没下顿。有了农业生产当然就不一样了，有播种，有收割，不管产量有多低，基本上可以有一种预期，大致清楚明年这块地上有什么吃的东西，人们的生活当然就比较安定了。古籍上是有记载的，比如汉代的一部典籍《白虎通义》就有记载："古之人民，皆食禽兽肉，至于神农，人民众多，禽兽不足，于是神农因天之时，分地之利，制耒耜，教民劳作，神而化之，使民宜之，故谓之神农也。"意思是说古代人们是吃禽兽肉的，人多了，动物被吃光了，生存问题就出现了。于是神农出现了，教人们发明了农具，教人们根据天气、土地的情况来耕作。正因为这样的功绩，神农被尊为五谷爷，又叫作农皇爷。

神农最著名的是"尝百草"，这在古籍当中就有记载，民间也有传说。我们知道，上古时代各种植物都长在一起，没有像现在这样这一亩是稻子，那一亩是麦子。哪些东西可以吃，哪些东西有毒，哪些东西可以当药，这是没有人知道的。相传神农看到了老百姓的疾苦，就率领老百姓进山寻药。途中，一些凶猛的野兽，把神农一行围住了。神农下令随行的人，用鞭子去抽打这些野兽，打走一批，又上来一批，打走一批，又上来一批，传说整整打了七天七夜。当时好像所有的野兽，都上来挨了两鞭子打，今天的很多野兽身上都有一条一条的斑纹，据说都是神农给打出来的。好多人劝神农回去，说不能去了，野兽太多，山也太高，爬不上去，但神农拒绝了。爬到了山的最深最高处，发现有很多草药，神农就去品尝，好几次中毒差点死掉，但是都被救了回来，于是神农教会了人们区别草药。神农一共挑选了三百六十五种药，后人就把这些药总结成了《神农本草经》。神农还教会了人们伐木。古代的树都很高，神农组织人们搭起架子，往更高的山上爬，而这些架子有人说就是脚手架的来源。神农在山上待了很久，等他要下山的时候发现，脚手架都已经长成树了。这就是今天的神农架，神农架的名称就是这么来的。

“三皇”里面的第三位，当然也是今天影响最大、占据地位最高的黄帝。大家都知道，我们中华民族拥有一个共同的名字，那就是“炎黄子孙”。可什么是“炎黄”呢？

“炎黄”是指大约生活在4600年前的中国大地上的两个部落首领：黄帝和炎帝。因为时代久远，他们的故事都不可避免地带上了浓厚的神话色彩。传说黄帝出生在一座名叫轩辕的山丘上（河南新郑西北），所以被称为轩辕氏；又有人说，因为他出生在黄土高原，是黄种人，所以人们称他为“黄帝”。据传黄帝生来就与众不同——有一天，黄帝的妈妈附宝到郊外，看见天上一个大闪电老是围绕着北斗星旋转，发光。于是她受到了感召，怀孕了。一般说来，每个小宝宝在妈妈的身体里待十个月左右就出生了。可附宝怀胎足足有二十四个月，才生下黄帝。更令人惊奇的是黄帝聪明伶俐，在襁褓中就会说话！长大后的他勤劳能干，待人热情诚实，有领导才能，十五岁就已成为部落首领。当时黄帝部落的发祥地大约在现在陕西的北部，后来向东迁徙，最后定居在河北涿鹿附近，从事着畜牧业和农业生产。相传黄帝训练了一支由熊、罴、虎、豹等六种猛兽组成的队伍先是降伏了炎帝部落，之后炎黄二族合并，共同战胜了蚩尤部落。蚩尤据说是一个非常恐怖的人物。他有兄弟八十一人，个个都是人面兽身，铜头铁额，有八条胳臂、九个脚趾，脸上还有各种颜色的花纹，还能大口大口地吞吃沙和石子！但是神勇智能的黄帝和炎帝最终打败了蚩尤部落。这就是惊天动地的涿鹿大战。涿鹿大战后，炎帝想争夺部落联盟首领的位子，又向黄帝挑战，结果大败。从此，再也没有人敢反抗黄帝，所有的氏族部落都尊称黄帝为“天子”。黄帝也不负众望，一生兢兢业业，勤政爱民，人们的生活越来越好。为了感谢黄帝，后人把远古时代很多的发明创造，比如文字、算术、车船、养蚕技术等，都归功于他一人，并尊称他为我们的始祖。

黄帝在位时间很长，尧、舜、禹、汤都是黄帝的后裔。所以，黄帝被奉为中华民族的始祖，和炎帝并称“炎黄”。我们因此称自己为“炎黄子孙”。

“三皇”以后，要接着讲“五帝”。所以《三字经》接着讲：“唐有虞，号二帝，相揖逊，称盛世。”也就是说，在我们华夏民族的历史上，第一个盛世开始了。

根据司马迁的《史记·五帝本纪》，五帝的顺序是黄帝、颛(zhuān)顼(xū)、帝喾(kù)、唐尧、虞舜。《三字经》只讲了《史记·五帝本纪》里的后面两位：尧和舜。

尧是中国古代传说当中的一位圣王，黄帝的玄孙，帝喾之子，名放勋，号陶唐，中国上古“五帝”之一。因为封在唐这个地方，所以也叫唐尧，这个“唐”字在古汉语里有伟大的意思，实际上这个称号意思就是“伟大的尧”、“大尧”。

千百年来，凡属史籍经典、民间传说，对尧无不颂扬。相传尧十六岁就当上了部落联盟。他品德高尚而又富有智能，关心百姓疾苦，深受爱戴。尧既是伦理道德方面的理想人格典范，又是治国平天下的君主楷模。尧命令羲和制定历法，规定以365天为一年，分春夏秋冬四个季节，使人们能够根据季节变换安排生产和生活。在他的带领下，人民安居乐业，生活得很幸福，整个华夏民族一片太平盛世。

当然，最为中国传统所珍视，最为我们所称道的是尧传贤不传子的事迹。尧在位七十年，到了晚年感觉有必要选择一位继承人。他认为，自己的儿子丹朱“不肖”，才具不足，因此召集四方部落首领来商议。所有的人都推荐了舜。大家说舜的父亲是个糊涂透顶的人，人们叫他瞽叟(gǔ sǒu，就是瞎老头儿的意思)。舜的生母早死了，后母对舜很不好。后母生的弟弟名叫象，傲慢无礼，瞽叟却很宠他。舜生活在这样一个家庭里，却始终善待父母和弟弟。所以，大家认为舜是个德行好的人。尧听了挺高兴，但为了慎重，决定先考察一番。他把自己两个女儿娥皇、女英嫁给舜，把舜变成了自己的女婿，通过自己的女儿，来观察舜的德行，看看舜是不是能处理好家事。结果他发现舜处理得非常好，姐妹两个对舜都非常倾心，家庭和睦。尧又派舜去推行德教，将父义、母慈、兄友、弟恭、子孝这五种美德去推行给人们，向人们传输一种教化，人们都很乐意听从舜的

教导。尧觉得不错，于是就让舜去总理百官，处理政事，百官又很服从舜的领导，政务无一荒废，井井有条。尧又派舜去管理明堂，明堂就类似于今天的国宾馆，负责接待四方前来朝见的诸侯或者宾客，结果舜跟这些人都处得很好，而且这些宾客都非常敬重舜。最后，尧还不放心，就让舜一个人到深山老林里面去，经受大自然的考验。他发现，舜在暴风骤雨当中，不迷失方向，不气馁，一点儿问题没有，显示出非常强的抵抗灾难、独立处世的能力。

尧经过考察，认为舜确是个品德好又挺能干的人，就把首领的位子让给了舜。这种让位，历史上称作“禅(shàn)让”。舜即位后，也是又勤劳，又俭朴，跟老百姓一样劳动，得到大家的信任。相传，他在历山耕田，历山的人不再争田界，互相很谦让。人们都愿靠近舜居住。舜在一个地方住上三年，那里就会形成村落——人们都喜欢和他住在一起，大家和睦相处，自然就人丁兴旺。因此他博得了百姓的普遍赞扬。过了几年，尧死了，舜还想把部落联盟首领的位子让给尧的儿子丹朱，可是大家都不赞成。舜这才正式当上了首领。

舜继位之后，处处以身作则，任人唯贤，依靠道德的力量使人向善齐贤，国家得到大治，因此他也是传说中的圣王。舜名重华，又称虞舜，因为他的国号是有虞。“唐有虞”，这个“有虞”就是指舜。先秦有时就以国号作为姓氏，所以，他也被称为有虞氏。

舜在年老的时候，真正地继承了尧的精神。舜也用人唯贤，他考察了自己的儿子商均，觉得“不肖”，能力不行，所以就确定了当时威望最高的禹作为继任者，并由禹先来摄行政事，负责常务工作，加以考察，最后，把位子禅让给了禹。据说，舜在尧之后在位三十九年，他去世的时候，正好在南方巡视，死于苍梧之野，葬在江南九嶷山，叫“零陵”。舜是一个既仁又智的名副其实的圣人。

舜和尧一样，是先秦时期儒墨两家共同推崇的古代圣王。舜对于儒家有特别重要的意义。儒家的学说重视孝道，而关于舜的记载，关于舜的传说，最重要的就是孝。孟子在孔子之后对儒学的发展作出了很大的贡献，他就特别推崇舜的孝行。孟子再三倡导，大家要向舜学习，要向舜看齐，要做舜那样的孝子。孟子曾经讲过：“舜人也，我亦人也。舜为法于天下，可传于后世，我由未免为乡人也，是则可忧也。忧之如何？如舜而已矣。”也就是说孟子讲，我是人，舜也是人，但是，舜已经成为天下人的楷模，而我还只不过是一个普通人，这样的事情实在太让我担忧了。我担忧怎么办呢？只有一个办法，向舜学习。

接下来，《三字经》依然为我们描述中国早期的历史，请看下一章。

钱文忠讲三字经

第16章

夏有禹[1]，商有汤[2]，周文武[3]，称三王。
夏传子[4]，家天下[5]，四百载[6]，迁夏社[7]。

①禹：传说中远古部落联盟的首领，因治水有功而闻名。

②汤：商朝的开国君主成汤。

③文武：周王朝的周文王和周武王。

④传子：传位给儿子。

⑤家天下：把天下当作一家的私产，世代相传。

⑥载：年。四百载：四百年，夏朝从公元前21世纪到公元前16世纪。

⑦迁：变迁，转移。社：社稷，即国家政权。夏社：夏朝的社稷。古代帝王祭祀的土神为社，谷神为稷，表示自己拥有土地粮食，也即拥有天下，所以后来就用社稷代指国家。

关于大禹的故事有哪些？

到了这里，《三字经》开始讲述我国历史朝代的更替与发展，并用简洁朴素的语言，表达了后人对于历史人物的品评。大禹是和尧舜并称的古代圣王，那么，在中国传统文化中，什么样的君主才有资格被称为“王”？大禹“三过家门而不入”是一个什么样的传说？而在大禹之后，“家天下”怎样取代了禅让制？最终，又是谁断送了夏朝四百年的基业呢？

这里讲的夏商周和前面讲的三皇五帝的时代不同，夏商周基本上都是考古发现和文献记载可以明确证明的朝代。“夏有禹，商有汤。”是指夏朝和商朝的两位开国之王大禹和汤。“周文武”则是两个王，周文王、周武王，但接下来讲“称三王”，这当然不是《三字经》的作者不会数数，而是因为他讲的是三个朝代的君王，这是第一；第二，周文王和周武王之间的关系，在中国历史上非常特殊，这一点，我们要留到后面来讲。

大禹在中国的文化传统当中，是一个家喻户晓的人物，是一个符合儒家传统的理想君主形象。孔子赞美的人不太多，他眼光很高，但是对于大禹，完全不吝赞美之词，在《论语·泰伯》里面就有这样一段话：“禹，吾无间然矣。菲饮食而致孝乎鬼神，恶衣服而致美乎黼(fǔ)冕(miǎn)，卑宫室而尽力乎沟洫。禹，吾无间然矣。”这段话的意思很清楚：对于大禹，我没有什么好批评的。为什么呢？他吃得很不好，但是把祭祖先、祭神的祭品办得非常丰盛；他穿得很简朴，但是把祭祀时穿的衣服做得很华美；他住得也很简陋，不住好房子，但是却把精力完全用在水利建设上面。可以看出，在孔子的心目中，大禹的地位是多么崇高。

当然，我们都知道，大禹最有名的事迹是治水，大禹治水已经成为我们文化传统的一个核心话题，具有一种永久的价值。

大约在四五千年前的远古时代，黄河流域发生了特大洪水灾害。洪水冲塌了房屋，淹没了庄稼，放眼望去，到处是白浪滔天，汪洋一片，许多人在这次洪

水中丧生。一时间，人们拖儿带女，逃到山上去躲避，苦不堪言。当时正处于原始社会末期，生产力极其低下，生活非常困难。为了解除水患，部落联盟首领尧，召开了会议，大家推举了鲧去完成这个任务。由于鲧不懂水流的规律，用的是堵塞围截的方法，结果治水九年，劳民伤财，洪水不但没有被治住，反而越来越大。

尧死后，大家推举舜当了部落联盟的首领。舜巡视治水情况，看到鲧对洪水束手无策，耽误了大事，就将鲧治罪，处死在羽山。部落联盟又推举鲧的儿子禹来负责治水。禹是个精明能干、大公无私的人。他接受治水任务时，刚刚和涂山氏的一个姑娘结婚，意志坚强的大禹，看到群众遭受水害的情景，想到自己肩负的重大任务，便毅然决然地告别妻子，来到治水的工地。

聪明的禹冷静地分析了父亲治水失败的原因，决定先进行实地考察。他率领着益、后稷和其他大批助手，踏遍了当时我国九个闹水灾的地区，跋山涉水，测量地势高低，分别竖立木桩作为标记，然后根据调查得来的资料，制订了治水的计划——把“堵塞”的办法改变为“疏导”的办法，依照地势，开凿渠道，疏通河流，把洪水引导到大海里去。我们知道，大禹之所以得到后人很高的评价，主要在于他治水的方法和前人不同。在中国的治水历史上，大禹是第一个采取疏导方法的人。“疏导”这两个字就是从大禹开始的。

没想到，大禹治水这一干就是十三年。在这期间，他们风里来，雨里去，吃的是粗糙的食物，穿的是破衣烂衫，住的是搭在河边的简易房子；夏天顶着烈日酷暑；冬天冒着寒风大雪，挑土，凿山，运石……辛苦极了。有时，他们还遇到危险。现在山东省境内有一条河叫徒骇河，就和当年禹治水时遇到的危险有关。有一次，禹带着很多助手来到这条河上，刚要测量河水的深浅，突然上游山洪暴发，几丈高的河水翻卷着滚将下来，一下子就卷走了十几个人。禹的助手们惊骇万状，纷纷往高处跑去，这才没有牺牲更多的人。因为古时候首领的助手叫作“徒众”，这条河是禹的徒众受过惊骇的地方，所以后来人们就把这条河命名为“徒骇河”。

禹作为治水工程的首领，更是一心扑在工作上。他的脸又黑又瘦，有时插在头发上的簪子掉了也顾不得捡起来，蓬头垢面地工作。他的手上长满了老茧，脚底长了肉垫，由于长年累月地泡在水里，他的脚指甲都脱落了，小腿上的汗毛也掉光了。

当年禹离开家要远行治水的时候，他结婚才四天；在与洪水搏斗的十三年里，他曾多次路过家门口，却一次也没进去过。

大禹治水“三过家门而不入”是大禹公而忘私精神的具体写照。在古汉语当中，“三”这个数字往往是虚的，形容多。所谓“三过家门而不入”讲的就是大禹多次经过家门而没有进家门。

禹的这种公而忘私、自我牺牲的精神，感动着他身边的每一个人，感动着当时饱受水患折磨的每一个人。人们同心协力，艰苦奋斗，十三年后，波涛汹涌的河水终于平静下来了，主流和每一条支流，都规规矩矩地在自己的河道里畅快地流淌着。禹还带领大家引水灌田，发展生产，人民的生活也安定下来了。

公而忘私、坚忍不拔的精神，让大禹成为和尧舜齐名的古代圣贤，科学的治水方法体现了大禹丰富的劳动智慧。人们对禹充满了感激之情，大家崇敬他，歌颂他，尊称他为“大禹”——伟大的禹。当时人们把整个中国叫“禹域”（意为大禹治理过的地方）。后来，舜老了的时候，就顺应民心，把帝位禅让给禹，让他做部落联盟首领。

禹在担任部落联盟首领的时候也兢兢业业。相传就是他把我们的祖国分成九个州（冀州、兖州、青州、徐州、扬州、荆州、豫州、梁州、雍州），“九州”南到长江流域，北到恒山，东到大海，西到昆仑，华夏的声威远远超越了过去。从此以后，我们华夏儿女又被称为“九州儿女”。

《庄子·天下》中墨子称道说：“禹，大圣也。”大禹生活得非常俭朴，根据《史记》的记载，大禹一路治水，一路巡查治水的成果。当大禹巡视江南的时候，在今天浙江绍兴的会稽山去世了，当时他已经是一百岁的高龄了。他留下了十六个字的遗言：“衣衾三领，桐棺三寸，坟高三尺，勿伤农田。”意思就是，我死了以后，有三层衣服，就够了；用桐木做的棺材有三寸厚就够了，过去的棺木一般是很厚的；起个小坟堆就可以了，不要把墓修得太大，占了农田。就此证明，现在

我们能够看到的，非常巍峨的、美轮美奂的大禹墓、大禹庙，应该都是后人为了纪念他而修建的。

按照黄帝直至尧舜以来的传统，王位的更替一直采用推举贤能的方式，也就是禅让制，包括大禹也是依靠自己的才能和德行，才坐上了王位。然而到了大禹即将离世的时候，禅让制度被打破了，中国历史从此进入了“家天下”的时代。接下来《三字经》就要一一讲述夏、商、周这三个朝代。夏朝，《三字经》用了十二个字：“夏传子，家天下，四百载，迁夏社。”我们知道，大禹是中国历史上最后一位真正的“相揖逊”的国君。什么叫“相揖逊”呢？很好理解，相互作个揖，很逊让，大家很客气，推举贤能，谁贤明、谁有贡献、谁有才能，谁就来当首领，这就叫禅让。

中国历史上最后一次真正实行禅让的就是大禹。为什么说大禹是最后一个禅让的君主呢？因为大禹将他的首领的位子或者说王位，传给了自己的儿子启，这就是“家天下”。原来天下属于大家的，谁当王是不论血缘的，没有说你是谁的儿子就注定可以当王，而是要看贡献。到了大禹不是了，变成看血统了。大禹把自己的王位传给了自己的儿子。

禹的儿子名叫启，关于启的出生有一个神话传说：当初大禹继承了父亲遗志开始治理洪水，由于工作繁忙，到了三十岁还没有结婚。这时来了一只九尾白狐，对禹的敬业精神十分敬佩，就变成一个美丽姑娘，起了个名字叫涂山氏，向禹唱歌表达爱情，禹就和她结了婚。可是禹婚后仍然忙于治水，很少回家和妻子团圆，涂山姑娘想念禹，去治水工地找他，却正好看见禹变成一头熊在挖山洞。涂山氏以为禹真的是一只熊，觉得嫁了熊很羞耻，回头就跑。禹在后面追，匆忙间也忘了变回人形。涂山氏见依然是一头熊追来，更加悲观失望，就变成了一块石头。禹对着石头大声说：“还我儿子来！”石头就裂开了，生出一个小孩，这就是启，启就是开的意思。

不过，从历史上看，这并不是大禹本人的意思。大禹并没有想把这个位子传给自己的儿子，他看中的是和他一起治水的助手伯益。但是问题出来了，出在哪儿呢？第一，大禹的儿子启不是一个没有贡献的人，更不是一个没有本事的人，他应该也是一个杰出的人才。第二，当大禹年老的时候，启的岁数已经很大了。大禹传说是一百岁去世的，那他这个儿子，也应该有七八十岁了，他也有自己的力量，也有自己的拥戴者。所以，在大禹死后，启和伯益之间就发生了冲突，结果是启取得了胜利。从此，首领的位子、国君的位子，就在某一个家族里代代传承。禅让制，彻底退出了历史舞台，成为一个遥远的梦。从大禹的儿子启废除禅让制亲临君王开始，差不多四百多年后，夏朝覆灭了。

那么，又是谁断送了中国历史上的第一个“家”天下王朝？他到底是一个什么样的人呢？夏朝到底传了多少代？夏朝到底有多少个王？这还不像后来的商和周那么清楚，有好多种说法，但是总的年数，应该是传了四百年左右。所以《三字经》讲“四百载”，《三字经》里的每一个字都是有来历的。

夏朝的末代王，就是臭名昭著的夏桀。治理黄河的大禹辛辛苦苦创立了夏，大约400年后，也就是公元前16世纪，被断送在桀手上。桀在位长达五十三年，是中国历史上非常有名的暴虐荒淫的国王。但是，桀并不是一个没有本事的人物，他文武双全，不仅非常有文采，而且武功非凡。历史上记载，他徒手就可以把铁钩给掰直了。可见是一个很有力气的人。然而，他生性残暴，压榨百姓无所不用其极。根据中国古籍《竹书纪年》的记载，他嫌居住的宫室太简陋，下令在洛阳建造一座寝宫。寝宫占地十里，高十丈；宫室中心还有一座瑶台，门是用玉石砌成的，非常奢侈。这项浩大的工程，花了很多钱，费时七年才完工，动用了成千上万的奴隶劳动，真是劳民伤财。老百姓怨声载道。桀对饮食十分讲究，每天变着法子吃山珍海味。他常吃的是西北出产的蔬菜，东海捕捞来的鲸鱼；调味的作料必须是南方出产的生姜，北方出产的海盐。为了供应他一个人的伙食，得有成百上千的人替他种菜、捕鱼、运输、烹饪。桀还是个酒鬼。他喝酒有个怪癖，必须喝十分清澈的酒，酒要是混浊了，他就要杀厨师，许多厨师因此送了命。桀喝了酒以后，还要拿人当马骑，或者坐着人拉的车出去游玩，谁要不

称他的心，他就杀了谁。对桀来说，杀一个人好像踩死一只蚂蚁。

桀藏了好多美女在后宫。而且，他还有做得很绝的一件事，就是造酒池糟堤取乐。这个酒池大到可以在里面开船。夏桀经常带着美女坐在船上，饮酒取乐。还有比这更荒唐的。夏桀宠爱一个妃子，名叫妹喜。妹喜有一个怪毛病，喜欢听丝绸、布帛被撕破的声音。夏桀为了讨好她，居然就叫人拿了好多整匹的丝绸和布帛，天天撕给她听。妹喜一听就高兴，夏桀也很高兴。如此，夏桀开了中国历代昏君“女色误国”的先河，而妹喜也成了断送夏王朝的“红颜祸水”。其实，一个女子又怎么能够毁掉一个王朝？真正毁灭江山社稷的，是昏君的荒淫和残暴。

人们对他忍无可忍。正直的大臣关龙逄(páng)挺身而出，劝说夏桀，认为这样下去会丧失人心，劝他悔过自新。桀大怒，将关龙逄杀害。此后，另一个大臣也因进谏被杀，从此，再也没有大臣敢劝说了，夏桀更加昏庸无道，他还狂妄地说：“你们敢反对我？哼，告诉你们吧，我是太阳！天上没有了太阳，你们还活得了吗？”老百姓听了，纷纷指着天上的太阳，气愤地骂道：“你这个太阳啊，什么时候才完蛋？我们愿意早一天和你同归于尽！”这是民歌，见于《诗经》和很多古籍。大家想想，到了这样的地步，哪个王朝能不亡？

夏统治的中心区域不大，就在今天的山西、河南一带。我们对夏朝的知识还不丰富，还有很多问题有待于解答，正在探索和研究当中。但是，考古发现已经告诉我们，在山西、河南一带，确实存在过相当发达的文明。孔子就高度称赞过夏朝的历法。夏朝的历法水平很高，我们今天用的农历、阴历，讲究的话应该叫夏历，据说这就是夏朝的历法。

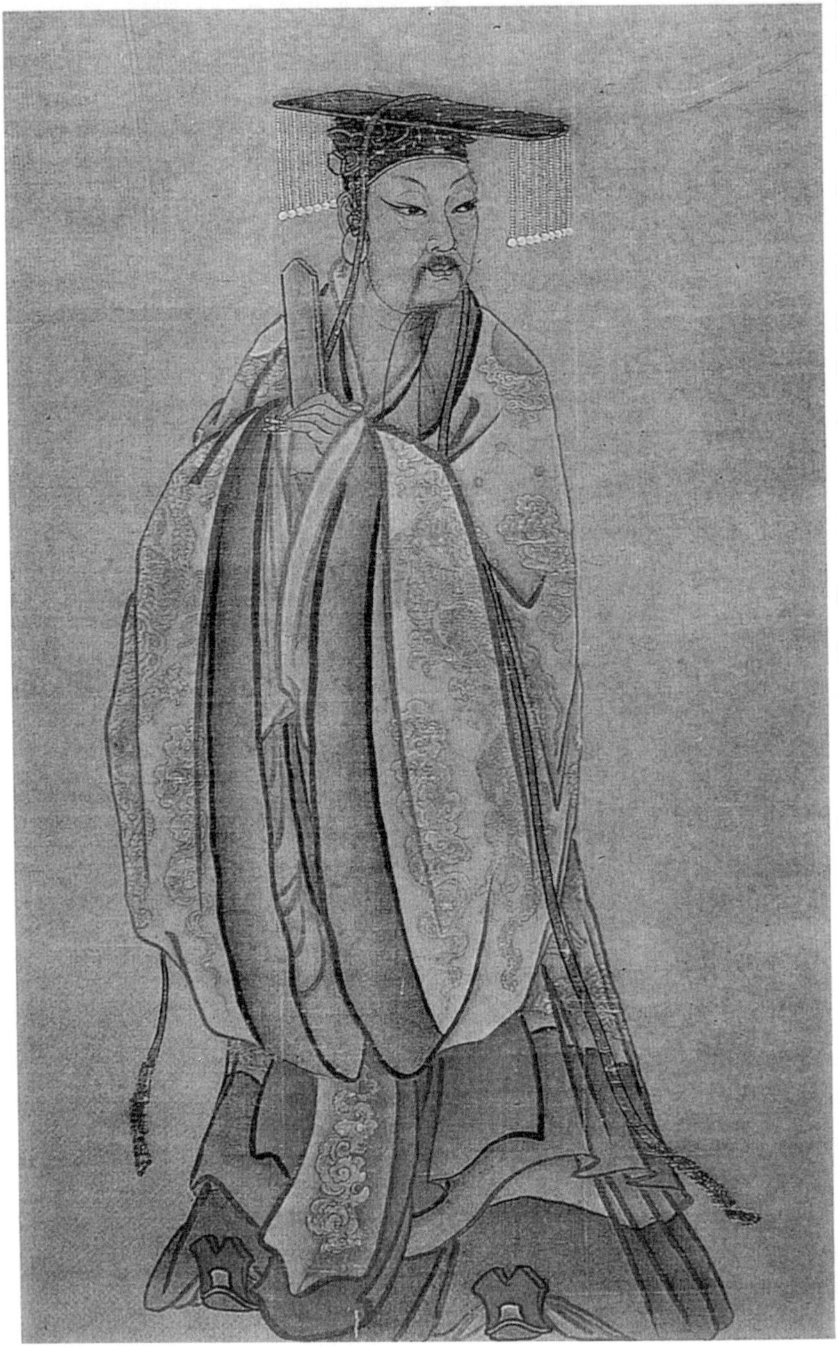

宋　马麟《夏禹王像》

第17章

汤伐夏[①]，国号商，六百载，至纣亡[②]。

①伐：讨伐。

②纣：商的末代国君纣王。

商王朝的盛衰兴亡

这里短短的十二个字，讲述了一个朝代六百年的盛衰兴亡。贤明的商汤成功讨伐了荒淫残暴的夏桀，建立了商朝，创造了辉煌灿烂的殷商文化。然而历史却惊人地相似，五百多年后，商朝出现了一个和夏桀一样的暴君纣王。商纣和夏桀都有哪些相似之处？对于商纣王的功过是非应该如何解读？为什么说殷商文化为世界文明的发展作出了杰出的贡献呢？

商原本是夏朝国都东面的一个小国。商原来应该就是一个部落的名称。汤是商灭夏以后建立的商朝的第一位君主。商的活动区域，主要在黄河下游，今天的河南北部、河北南部、山东西南部。商的祖先有的在尧的手下担任过负责教化的官员，有的又曾经协助过大禹治水，所以在当时众多的部落中，商部落拥有特殊的地位。到了汤担任这个部落的首领的时候，商的国力得到了很大的发展，开始强大起来。一个国家的强大，当然有多方面的原因。但是，商的强大，我们后来归结为，汤非常宽厚，非常仁爱。《史记》记载着这么一个故事，说有一天，汤到城外去玩，看到一个捕鸟的人张着四面网在捕鸟，古人抓鸟都是用网，因为古代的鸟比今天多。那人嘴里念念有词："鸟儿，鸟儿，听我一言：不管你是从天上落下来的，从地面往上飞的，还是从四面八方来的，统统都掉到我的网中来！"汤听了，非常不忍心，就走过去和捕鸟的人说："你这样做太过分了，你这样不就网尽杀绝了吗？快快撤掉三面网，只留一面网吧！"捕鸟的人说："奇怪！一面网怎么捕鸟？"汤说："你张开一面网，可以对鸟儿这样喊：'鸟儿，鸟儿，听我一言：你们想往左边就往左飞，想往右就往右飞，实在不想活了，就飞到我的网中来！'"这就是成语"网开一面"的来源。大家听了，都感动地说："汤的心眼儿真不错！他对禽兽都这么好，对我们，肯定差不了！"于是，这个故事一传十，十传百，拥戴投靠汤的人越来越多了。

有一个名叫伊尹的人，才智过人，很想投奔汤，却没有门路，便背着一口锅，充当厨师，来到汤的门下。等有了机会，他就借用烹饪的滋味来讲解治理天下的道理，受到了汤的重用。后来，伊尹成了商汤时期有名的贤相。

在古代，一个小国或者一个部落，人口众多是非常重要的竞争力。商在汤的时候人口开始增多，势力开始壮大。并且，在伊尹的大力协助下，汤扩大了自己的地盘，也扩大了自己的影响。接下来，伊尹又提出了什么样的计策？汤又是怎么做的呢？

汤看到桀遭到广大人民群众的反对，就开始积极地准备攻打夏。此时，夏桀已经开始担心汤的势力过于强大而威胁到自己。一天，夏桀就下令让汤到夏的国都。汤当然不能违抗，他明知有危险，也只能去了。去了以后就让夏桀给扣留了。那个时候，伊尹在后方，拼命地贿赂夏桀身边的官员，用各种手段，让汤得以释放，回到了商国。

伊尹确实是一个非常有谋略的人，他先从剪除夏桀的羽翼开始入手，一方面扩展自己的实力，一方面观察夏桀有什么反应。一段时间以后，汤就准备攻灭夏朝。但是，伊尹劝他暂缓攻夏，还是要看看反应。怎么看呢？汤就根据伊尹的谋划，停止进贡。夏桀就下令九夷族进攻商国。伊尹一看，九夷族还是听从夏桀的命令的，说明夏桀还有号召力，就赶紧教汤道歉，写检讨，恢复进贡。又等了一年，时机终于到了。原来听从夏桀指挥的九夷族也开始民怨沸腾，逐渐和夏朝离心离德。

汤回到商国，马上发兵，率领诸侯去讨伐桀。汤和伊尹非常慎重，他们做了一件事情，在当时是不多见的。伊尹教汤召集将士，由汤亲自领着将士誓师："跟我去攻打桀吧！并不是我胆大妄为，犯上作乱，实在是这个桀作恶多端，上天命令我惩罚他，我不敢不听从天命啊！你们应当帮助我。你们如果在战争中立功，我一定重重地赏赐；如果不努力作战，我一定重重地责罚！"这是《尚书·汤誓》的记载。

诸侯都表示愿意服从。正所谓得人心者得天下。两军主力在鸣条决一死战。汤身先士卒，一呼百应。而桀呢，虽然也亲自率兵，可士兵都不听他的指挥，有的逃散，有的投降。桀见大势已去，慌忙突出重围，带着他最宠爱的妃子妹喜逃到了南巢，就是今天安徽的巢县附近。后来，汤派兵追至，就把他和妹喜给抓住了。汤很宽厚，并没有杀掉夏桀，而是把他们流放到了当时还很荒芜的安徽。于是，汤建立了我国历史上第二个奴隶制国家——商朝。史称“商汤革命”。“革命”这个词最早就是用于这场战争的。当然，今天讲的革命跟当年商汤攻灭夏桀的革命，不是一个意思。当时的意思是改革天命：原来的天命在夏朝，现在的天命在商朝。汤做部落首领大概做了十七年，做商朝的开国国君大概做了十三年，也就是在位三十年，病故。

根据史籍记载，汤病故以后不封不树，一看就是一个非常贤明的王。什么叫不封呢？棺入土以后，不起陵墓。不树，就是指不在坟上种树。按照中国的传统，坟上是要种树的。所以从严格意义上讲，后人没有办法知道商汤葬在哪里。

灭掉夏朝后，商汤对待夏桀的态度，再次表现出了他的宽厚仁爱，而他对自己身后事的安排，也让我们再次想起大禹的薄葬爱民。正因为有了汤这样一位圣明君王，为商朝打下了坚实的基础，才有了后来辉煌灿烂的殷商文化。

那么，商朝又是怎么衰落的呢？商朝传了十代以后，商王盘庚将国都从今天的河南偃师，也就是玄奘的故乡，迁到了殷城，即今天的河南安阳。所以，商王盘庚以后的商朝叫殷商。现在的考古工作者，发现了殷商时期许多大型的贵族墓葬，出土了无数珍贵的文物，足以证明当时商朝拥有高度的文明。商朝总共传了十七代，三十一个王。其间，当然也出现了不少的危机，但是，这些危机都安然渡过了。然而，到了最后一代国君纣王的时候，却出现了和夏桀一模一样的情况。

根据《史记》记载，商纣王和夏桀很像：“帝纣资辨捷疾，闻见甚敏；材力过人，手格猛兽。知足以距谏，言足以饰非。矜人臣以能，高天下以声，以为皆出己之下。”可见，商纣王广闻博见，知识渊博，思维敏捷，身材高大威猛，力量无穷，可以徒手和野兽搏斗。他也是一个文武双全的人，他的智慧足以让他拒绝忠言，他的言谈足以掩饰过错。他非常善辩，明明做错一件事，经他一说，好像立了功一样。他的能力足以向臣下自夸，他的声望足以轻视世人。除此以外，他跟夏桀的嗜好一模一样：喜欢美女，尤其宠爱一个叫妲己的妃子，整天陪着妲己歌舞、奏乐，在花园里游戏玩乐，不理朝政。他凭着自己的小聪明，发明了很多荒诞离奇的玩法：在池子里盛满了酒，划着小船荡漾在酒上，边喝边玩；在酒池边竖立许多木桩，木桩上挂满了烧烤好的肉，像一个“肉林”似的，边吃边玩；还让一群男男女女脱光了衣服，在园子里通宵达旦地追逐嬉戏。为了增加享乐的钱财，他不惜苛捐杂税；为了充实粮仓，更是横征暴敛，完全不顾人民的死活。

历史惊人地相似，五百多年后，商朝的亡国之君纣王，和夏桀十分相似，同样文武双全，同样贪恋美色，同样傲慢无比。那么，商纣又有哪些是非功过呢？他跟夏桀最像的地方在哪里呢？除了“以酒为池，悬肉为林”，极度荒淫腐化，极度奢侈，这个人还极度地残忍，怎么残忍？

纣王有两件事情，在中国历史上留下了千古恶名。第一，炮烙之刑。拿一个铜柱子，底下架上柴火烧，令犯人爬行其上，犯人坠入火中而死。谁要向他进谏、谁要反抗他，就会遭受炮烙之刑。第二，活剖比干。比干是商纣王的叔叔，是中国历史上著名的忠臣。比干看到商纣王那么荒唐，就向他进谏。商纣王就嘲讽他：“来了个圣人嘛！我可是听说，圣人的心有七窍啊，把他的心剖出来让我看看！”就把比干当场活剖：“哦，原来你的心没有七窍，你算个什么圣人！”他身边好多有才华的大臣，碰上这么一个暴君，就只能离开他逃掉了。其中一个重要人物是箕子，逃到了朝鲜半岛。一直有这么一个传说，朝鲜半岛上有一支族群就是箕子的后代。另一个非常重要的人，即他的太师，也是一个很重要的大臣，带着祭祀乐器，投奔了周。祭祀鬼神的乐器、礼器，这些东西在今天我们看来并不重要，古人可不这么看。古人认为，祭祀的礼器是神圣的，把礼器给丢了，这个国家也差不多就完了。比起夏桀的荒淫残暴，商纣王有过之而无不及，于是，在中国历史上，夏桀、商纣就成了暴君的代名词。

商纣王也像夏桀一样，断送了先祖创立的王朝，但是他也做了一些有益的事。那么，关于商纣王有哪些正面评价呢？第一，商纣王经常派兵出去打仗，这个人孔武有力，想法也多，把当时的淮河下游、山东、长江流域给开发了。商朝疆域的扩展，促进了中原文明的传播，这当然有助于华夏大地生产的发展。第二，商纣王也曾经推行过一系列改革的措施，反对神权，改革旧的风俗。第三，他打破了奴隶主世俗贵族的世袭制，大量提拔新人。第四，学术界也有人认为，在某种程度上，商纣王为古代中国的最终统一，提供了思想和物质的基础，是统一中国的一位先驱。这些对历史的发展起到积极作用的事情，却导致了商朝的灭亡。为什么呢？因为要去开发淮河、长江流域，就要用兵，用兵就要消耗国力，就要征发百姓，就会导致民怨沸腾。所以，历史相当复杂，不能简单地一概而论。

中华民族创造了灿烂的殷商文化，也创立了中国最早的文字——甲骨文。殷商文化不但为中华文明作出了重大贡献，也为世界文明作出了杰出贡献。

有一点请大家注意，《三字经》里边讲商朝六百载，不够准确。《三字经》不够准确的地方不多，这是其中一处。因为我们知道，商朝实际上延续了五百年左右，也就是说从公元前17世纪到公元前11世纪。此时，整个世界是什么格局？古代埃及王国进入极盛时期；两河流域的巴比伦王国正在兴起；古希腊的迈锡尼文明也在崛起。它们和商朝相辉映，对整个人类文明作出了重大的贡献。我们前面提到过，据说商朝灭亡以后，一些商的移民到了朝鲜半岛。此外，今天还有人推测，甚至在国际学术界，也有一些人完全相信，商朝的一些移民到达了美洲，这就牵涉到后来玛雅文明的起源了，也牵涉到印第安人的来源。这一部分人到了美洲，对当地的文明发展作出了重大的贡献，因为商的文明程度比较高。这是商朝对世界文明的影响。而商朝对于中华文明最重要的贡献就是甲骨文。商朝的甲骨文，是我们迄今为止知道的最早的汉字的成熟形态，甲骨文以前，当然还有别的形式，但是不成熟，也不成体系，字的数量也不够，没有形成这种比较大的记载量。

第18章

周武王，　始诛纣①，八百载②，最长久。
周辙东③，王纲坠④，逞干戈⑤，尚游说⑥。
始春秋⑦，终战国⑧，五霸强⑨，七雄出⑩。

①诛：诛杀。

②八百载：从公元前11世纪到公元前256年，历时共八百年。

③周辙东：指周王朝把国都迁到洛阳。

④王纲：王朝的统治。坠：衰落。

⑤逞：显示，炫耀。干戈：长矛和盾牌，概指武力。

⑥尚：崇尚。游说(shuì)：谋士们来往于各诸侯国之间，凭口才劝说君主接受他们的主张。

⑦春秋：指公元前770年至公元前476年这段历史时期。

⑧战国：指公元前475年至公元前221年这段历史时期。

⑨五霸：春秋时期的五位霸主。

⑩七雄：战国时期的七个强国。

西周和东周的故事

商纣王昏庸无道，激起了各诸侯国的不满，而这时西北的一个诸侯国周国开始崛起。周文王不仅以仁爱治国，而且广招天下贤士。中国有句俗语："姜太公钓鱼，愿者上钩。"那么，姜太公钓鱼和周文王纳贤有什么关系？周文王和周武王是如何前仆后继，终于伐灭商纣王，建立周王朝的？周朝后来为什么要向东迁都洛阳呢？

商朝的最后一个王——商纣王，腐败、荒淫、昏聩，最终导致了商朝的灭亡。《三字经》里讲："周武王，始诛纣，八百载，最长久。"这就明白地告诉我们，周武王开始兴兵，杀了商纣王，摧毁了商朝，建立了周朝。周王朝统治八百年，是中国历史上历时最长的朝代。

周人的文化底蕴深厚，和早期的商人一样，也拥有特殊的声望。周的始祖曾是尧的农官，后被舜命为后稷。后稷是中国的农神，而中国是以农业立国的，所以后稷的地位很高。周在灭商之前只是中国西北地区的一个诸侯国，因为建国于周原，所以就以这个地方为国名。

周国农业发达，民风淳朴，国君仁爱，兄弟相让，国势渐渐强盛起来。商纣王在位的时候，周朝正是赫赫有名的周文王姬昌当政。《三字经》里讲的"周文武，称三王"，"周文武"就是指周文王和周武王。周和商世代联姻，商王就将管理西北诸多小国的任务交给了周国，因此，周文王当时还被称为西伯。周文王对商纣王的行径实在看不惯，就发了点牢骚，批评了几句。纣王得知后，就立即把周文王抓起来，关了整整七年。周文王的臣子想方设法向商纣王的亲信行贿，终于将周文王救了出来，并且官复原职。

周文王出狱后下决心灭商，他一方面向纣王献地，请求免除酷刑，并因此赢得了民心；另一方面访贤任能，壮大国力。虽然周文王被释放后不久就去世了，但是，他给继位的周武王留下了足以与商朝对抗的物质基础和精神财富。所以，按照中国历史传统，很多人将周文王视作周朝的开国君主。

周文王留给周武王的最宝贵的财富，就是杰出的人才。周公和姜太公都是历史上的著名人物，那么，周公和姜太公都有什么样的才能呢？又为什么会得到儒家学者的高度赞美呢？

周公旦，姓姬，名旦，生卒年月不详，享年大概六十六岁。他是西周时期著名的政治家、军事家、教育家、思想家，被视为儒学的先驱，被称为“元圣”——最早的圣人、最大的圣人，又因当时受封于周原，被称为第一位周公。他和武王是亲兄弟，武王死后，武王的儿子成王当政，周公旦摄政。他辅佐成王，平定叛乱，营建东都洛阳，制礼作乐。中国的礼乐传统，主要是由周公旦制作的。并且，在成王成年以后，他还政于成王。他在巩固和发展周王朝的统治上起了关键性的作用，对中国历史产生了极其深远的影响。周公的言论至今还保留在《尚书》中，他被尊为儒学的奠基者，是孔子最崇敬的古代圣人。《论语·述而》讲：“甚矣，吾衰也！久矣吾不复梦见周公。”意思就是说，惨啊，我老了，老到什么地步呢？很久我都没有梦见周公了。孔子认为梦不见周公是一件很不好的事。可以看出，周公旦在孔子心目中有很高的地位。

姜太公是家喻户晓的人物，几乎被神化了。他是历史上真实存在过的一位了不起的人物，也是辅佐周武王灭商的第一功臣。在被周文王重用之前，他躲在今天陕西渭水流域那一带谋生，那里正好是周族的领袖周文王姬昌统治的地方。姜太公为了引起周文王的注意，搞了一个另类钓鱼的行为艺术：钓钩是直的，就一根铁针，耷拉着，上面也没有鱼饵。不仅如此，他还把铁针吊在离水三尺高的地方。非得有条找死的鱼奋不顾身跳上来，才能撞在他这根针上。他一边钓鱼还一边自言自语：“不想活的鱼啊，你们愿意就上钩吧。”这就是成语“姜太公钓鱼，愿者上钩”的来历。

周文王了解情况后，判断如此奇思异想特立独行的人必定是个人才，就吃了三天素，洗澡换衣服，带了厚礼，亲自去请姜太公。姜太公见目的达到了，终于钓到王侯了，就把钓竿一收，高高兴兴地答应出山。不过，传说中神乎其神的姜太公又提了一个要求，要让周文王亲自给他拉车。周文王求贤若渴嘛，也就二话没说，拉起姜太公就走。以周文王的身份，什么时候干过这样的活？拉了一段路，实在拉不动了，就停下来，回头对坐在后面的姜太公讲："老人家，我实在太累了，今天只能拉您到这里，您看成不？"姜太公坐在后面说："我早就听说周文王敬重人才，果然如此啊。今天你拉了我八百步，好，我保你周朝八百年。"周文王一听急了："那我接着拉吧。"姜太公哈哈一笑，说："算了大王，天意如此，再拉也没用。"这就是有关周朝得到八百年江山的神奇传说。

姜太公辅佐文王兴邦立国，还帮助文王的儿子武王灭了商朝，他自己也功成名就，被周武王封在齐地。他就是齐国的第一位国君。

话说周武王继承了其父周文王的遗志，首先在孟津与诸侯结盟。他把那些对商纣王都很反感的诸侯请到一起来，并派出间谍打探商朝的情况，做好起兵的准备。商纣王已经觉察到周朝对自己形成的威胁太大，决定对周朝用兵，先下手为强。然而，正当他想用兵的时候，东夷公开反叛。在不得已的情况下，商纣王只能派人先去全力扑灭东夷的反叛，这样一来造成西北方面兵力空虚。与此同时，商纣王又干了很多不仁义的事，已经到了众叛亲离的境地。于是，周武王就向诸侯发出号召："殷有重罪，不可不征伐。"

由于时代久远，史料缺乏，周灭商的年份，很难推算得十分准确，但是，在许多学者的多方考证下，这个年份大致确定下来了，一般认为是公元前1046年，另一种说法是公元前1057年。周武王伐纣，灭了商朝，建立了周王朝。周王朝统治中国八百余年，是中国历史上历时最长的王朝。

周王朝建立以后，也发生过许多重大的事件，其中最重要的是公元前841年的国人暴动，周厉王逃奔到彘，国政一度由大臣执掌。公元前841年就是中国历史上的"共和元年"，从此有了"共和"这个概念。也就是从这一年开始，中国历史进入了一个有明确纪年的时期，这不仅是中国人的骄傲，也是对世界文明史的巨大贡献。

公元前770年，发生了一件使周朝国运由盛转衰的大事，这就是《三字经》

里讲的“周辙东，王纲坠，逞干戈，尚游说”。“周辙东”，指周朝的迁都事件。“王纲坠”，即王法废弛，周天子管不了了。“逞干戈”，指大家不再讲仁义道德了，而是凭武力、凭国力来说话，不太在乎过去所讲的一些伦理道德。“尚游说”，即大家非常推崇游说甚至空谈，社会风气发生了变化。

“周辙东”这个重大事件就发生在周幽王统治时期。这一时期社会动荡不安，周朝的国力日渐衰竭，而周幽王恰恰又是一个荒淫无道的昏君。他重用的佞臣虢(guó)石父，听信奸臣的话，在这个时候加重对百姓的盘剥，激发了社会矛盾。这时周幽王对外又攻伐少数民族戎狄，结果是大败。有些大臣实在不忍看到周朝的灭亡，纷纷拼死上谏。在这些上谏的大臣当中，有一个姓褒的大夫，屡次劝谏周幽王。周幽王根本不听，还下令把褒大夫关押起来。褒大夫的族人千方百计要把他救出来，后来听说周幽王好色，就拼命寻找美女，终于找到了一个非常漂亮的姑娘，便将她买下来，教她唱歌跳舞，给她起名褒姒(sì)。这个褒姑娘，被族人打扮好、培训好，献给了周幽王，用以替褒大夫赎罪。褒姒长得非常美丽，《东周列国志》是这么描写这位褒姑娘的：“目秀眉清，唇红齿白，发挽乌云，指排削玉，有如花如月之容，倾国倾城之貌。”周幽王一见褒姒，惊为天人，非常宠爱，马上就立她为妃，并且立即把褒大夫放了。周幽王得到了褒姒以后，生活也就更加荒淫无度。但根据史书记载，褒姒“艳若桃李，冷若冰霜”，总是不肯欢颜一笑。周幽王便荒唐地悬赏：“普天下有谁能够使我爱妃破颜一笑的，立赏千金。”于是，奸臣虢石父就想了一个主意——“烽火戏诸侯”。以国家大事为儿戏的后果是，当犬戎真的来进攻时，周幽王又点燃烽火，但各国诸侯却不再来了。结果周幽王被杀，都城变成一片废墟。犬戎撤走后，各诸侯立原太子宜臼为周平王，向东迁都洛阳，史称“东周”。后来有一位周朝士大夫路过旧都，见昔日宫殿都市成了庄稼地，不胜唏嘘哀伤，唱出了千古伤心的黍离之悲“彼黍离离，彼稷之苗。行迈靡靡，中心摇摇。知我者谓我心忧，不知我者谓我何求。悠悠苍天！此何人哉？彼黍离离，彼稷之穗。行迈靡靡，中心如醉。知我者谓我心忧，不知我者谓我何求。悠悠苍天！此何人哉？彼黍离离，彼稷之实。行迈靡靡，中心如噎。知我者谓我心忧，不知我者谓我何求。悠悠苍天！此何人哉”

(《诗经·王风·黍离》)的歌谣,从此,人们就把"黍离之悲"作为亡国之痛的代名词。

为什么说"王纲坠"呢?难道迁都就意味着国君没有号召力了吗?周王室东迁以后,究竟发生了哪些改变?

周平王东迁之后,周朝虽然还存在,但周王室昔日的权威几乎扫地以尽,难以维持"礼乐征伐自天子出"的统治秩序,只剩下"天下共主"的政治符号意义。这就是《三字经》里讲的"王纲坠"。秩序的崩溃,一方面意味着混乱、无序,大家渴望有英雄振臂一呼,来重新收拾局面,维系安定的生活环境。这是霸主产生的社会政治基础。一些胸怀远略的大国之君,开始代天子征讨,主持诸侯会盟,成为天下秩序的维护者,这就是所谓的"礼乐征伐自诸侯出"。在春秋二百四十多年的历史上,先后出现了五个霸主,这就是"春秋五霸"。但"春秋五霸"具体指哪些人,历史上却有不同的说法。比较流行的两种是齐桓公、宋襄公、晋文公、秦穆公、楚庄王或齐桓公、晋文公、楚庄王、吴王夫差、越王勾践,两种说法牵扯进来的有七位国君。其实,五霸的说法远不止这两种,牵扯进来的也远超七人,这其实反映了当时参与争霸的国君数量之多。我们熟知的齐桓公为五霸之首,但在他之前,其实已有郑庄公、齐庄僖公等所谓的"小霸",召开地方性的诸侯会盟,维护王室威信。从总体上讲,春秋时期,"弑君三十六,亡国五十二,诸侯奔走不得保其社稷者,不可胜数",诸侯之间动不动就干戈相见,弱肉强食,相互兼并,许多小国随之消亡了。从数字上看,西周初年中原地带就有三千多个诸侯国,到了春秋就只剩下一千八百多个,春秋末年则剩下二十来个,但春秋前期诸侯国之间进行的还是争霸活动,并不以灭人之国为主要目的。至春秋后期以至战国时期,形势发生了较大的变化,不仅周天子连政治上"天下共主"的符号意义也所余不多,各诸侯国的公室也面临着来自卿大夫的挑战,甚至为卿大夫所取代,由"政在诸侯"演变为"政在家门",甚至出现了"陪臣执国命"的局面。于是,晋一分为三,姜齐也被田齐所取代,季氏家臣阳虎也掌控了好长时间的鲁国政权。各诸侯国之间，也由原来的争霸战争转变为兼并战争。战国中后期，演变成齐、楚、秦、燕、韩、赵、魏七国争雄的局面。最终的结局，当然是奉行法家政治的虎狼之秦一统天下。这是政治演变的大概。

秩序的崩溃，另一方面也意味着思想上、学术上的束缚解除。周室东迁以后，原先由周王室经营的文化事业、经济事业都不再掌握在王室手里，本来附属于王室的人失去了固定的职业，成了“自由职业者”。“学在官府”的局面被打破，由官府垄断的礼乐也好，文化典籍也罢，开始流布到民间，一部分掌握文化的王官也沦落到民间，士的数量增多。自孔子始，开私家讲学之风，更进一步促进了士阶层的壮大。礼崩乐坏带来的新的社会问题引发了士的思考，他们从不同的侧面为这个无序的社会开出药方，因而形成不同的学术流派，主要的有儒、道、墨、法等家，还有拿不上台面的纵横家和成为绝学的名辩家，他们在各诸侯国之间游说，充当诸侯的工具，同时，也伺机实现自己的政治抱负，这便是所谓的“逞干戈，尚游说”。

春秋战国是“礼崩乐坏”的时代，也是一个风云激荡的时代，圣哲迭现，英雄辈出，比如“春秋五霸”。关于春秋五霸历史上有两种不同的说法，其实，无论哪种说法，就霸业规模而言，真正称得上霸主的也就齐桓公和晋文公而已。宋襄公在齐桓公去世后，不自量力，自命为霸主，召集诸侯会盟。但宋国实力弱小，加之宋襄公本人固守仁义，不达时变，最终在与楚国的争锋中一败涂地，不仅送了老命，还成为冥顽不化的代名词，落得个千秋笑柄，厕身于五霸之列实在汗颜，有名无实。楚庄王出自文化落后的南蛮，不受中原诸侯尊重。另外，楚国与当时名义上的天下共主周王室关系不谐，虽然主持过几次诸侯会盟，但名不正言不顺。至于秦穆公，虽然积极参与“国际”事务，晋文公的继位、周王室内乱的平定都少不了他忙碌的身影，但他也仅仅是“独霸西戎”，只能算是地方性强国。吴王夫差和越王勾践昙花一现式的崛起，无论就霸业规模还是影响力来说，都不能与齐桓、晋文同日而语。所以，所谓的“五霸”，货真价实的霸主也就齐桓公和晋文公两人。

先说“春秋第一霸”齐桓公。齐桓公，名小白，春秋时期齐国的国君（约前685—前643在位），姜太公的后代。齐国（都城临淄，在今山东淄博）是姜太公的封国，本来就是个大国，再加上它利用沿海的资源，经济比较发达，国力就比较强盛。但在激烈的斗争中，齐桓公之所以能力克群雄，脱颖而出，成为春秋时期第一位霸主，最重要的是他善于用人，重用了大政治家管仲。

管仲这个人了不得，是一位了不起的财政专家、行政专家，孔子对他有很高的评价。

管仲，齐国人，字夷吾，他有一位好朋友叫鲍叔牙，可谓难得的知音。鲍叔牙深知管仲有经天纬地的大才能。一开始，他们合伙做生意。管仲家里很贫穷，每次做完生意结账的时候，他总是偷偷地多分给自己一些钱。鲍叔牙手下人都气愤地骂管仲财迷心窍，不讲义气，而鲍叔牙却很豁达，并不计较，说：“管仲并非贪财之人，只是因为他家里太穷了，他得赚钱养家啊！”管仲曾替鲍叔牙办事情，不仅没办成，反而给鲍叔牙添了不少乱。他垂头丧气地对鲍叔牙说：“是不是我太笨了？”鲍叔牙不仅没有瞧不起他，还鼓励他说：“当然不是啦！只是时机对你不利呀。”后来，管仲曾带兵打仗，进攻的时候他躲在后面，退却的时候他却跑在最前面。手下的士兵都瞧不起他，不愿意再跟他打仗。鲍叔牙却说：“管仲家里有老母亲，他保全自己是为了侍奉母亲，不是怕死。”这话传到管仲耳朵里，他感动极了，喟然长叹说：“生我的是我的父母，了解我的却是鲍叔牙啊！”这就是成语“管鲍之交”的来历。从此以后，人们常常用“管鲍之交”来形容好朋友之间亲密无间、彼此信任的关系。

当时，齐国的国君襄公没有儿子，只有弟弟，其中比较贤明的，一个是公子纠，一个是公子小白。齐襄公昏聩无道，让人很担心齐国的未来，齐国的贵族纷纷逃难到国外，公子纠和公子小白也不例外。公子纠的母亲是鲁国人，因此公子纠逃到鲁国避难。出于自身利益的考虑，鲁国成了公子纠在这场君位争夺战中的靠山。而公子小白的母亲是莒国人，所以小白在莒国避难。没多久，齐襄公

就被弟弟公孙无知杀死，君位也被公孙无知夺去了。接着，不到一个月，公孙无知又被大臣们杀死了。当公孙无知的死讯传来后，公子纠和公子小白两大集团都加紧行动。当时的情况是，两人享有同等的继承权，谁先回国谁就会占得先机。莒近鲁远，为了确保公子纠胜出，公子纠集团中的核心人物管仲暗设毒计，他在鲁国的支持之下，于莒国通往齐国的大道上设下伏兵，准备半路截杀小白。当小白的人马毫无戒备地通过时，管仲亲自拈弓搭箭，直射小白。岂料人算不如天算，阴差阳错，这一箭正中小白的衣带钩，机智的小白就势躺倒装死，骗过了管仲，捡回一条小命。管仲以为小白已死，再无人可对公子纠的继位形成威胁，于是放松了警惕，一路优哉游哉地慢慢往回赶。而小白集团则利用管仲的麻痹大意，日夜兼程，抢先赶回齐国，在国、高两大世族的支持下，公子小白即位，这就是日后在历史上留下了赫赫功绩的齐桓公。

六天之后，管仲护卫公子纠回到齐国，却发现一切都晚了。到此为止，小白已经在与公子纠争立的博弈中胜出，按理管仲和公子纠就应该认输服软。如果说之前名分未定，争立还情有可原的话，那么之后再生事端，则纯属理无可恕。但管仲偏偏不认输，他联合野心勃勃有意争霸的鲁庄公，对齐国展开猛烈的军事进攻，意图在齐桓公政权立足未稳之际颠覆之，扶公子纠上台。但是齐军同仇敌忾，在乾时会战中一举击溃鲁军，管仲的计划再次被挫败。

对于齐桓公来说，管仲多次阴谋加害自己，可谓不共戴天之仇，断无可恕之理。但这一仇敌却非同一般，鲁国著名的智囊施伯曾评价说："管子，天下之才也，所在之国，则必得志于天下。"连"国际"人士都知道管仲是治国平天下的不可多得之才，何况管仲多年的老朋友兼对手鲍叔牙？所以，在齐国战胜鲁国的军事进攻，稳定了国内形势，正准备搭建领导班子的当口，鲍叔牙郑重其事地向齐桓公推荐管仲，并且要求齐桓公任命管仲为相。

齐桓公刚刚完成由流亡者到齐侯的身份转换，这对他来说还真是个不小的考验。就个人感情而言，齐桓公将管仲杀掉以雪心头之恨，不仅名正言顺，甚至有大丈夫快意恩仇的风范。但是，作为一国之君，只考虑个人休戚荣辱，则是不合格的。是借助手中的权力快意恩仇，凌辱之、杀戮之，还是抛开个人恩怨，从国家大计出发，委以重任，这是个难题，可也是明君与庸君的区别试剂。好在齐桓公顺利过关，他听从了鲍叔牙的建议，并运用外交手段迫使鲁国君臣将躲在鲁国避难的管仲遣送回国。

等到管仲被押回齐国，鲍叔牙亲自跑去迎接，和他一起斋戒沐浴后去见齐桓公。齐桓公不计前嫌，以很隆重的礼仪任命管仲为大夫，管理国家大事。管仲也不负众望，大胆实施改革措施，帮着齐桓公整顿内政，开发富源，大开铁矿，多制农具，提高耕种技术，又大规模拿海水煮盐，鼓励老百姓入海捕鱼。离海比较远的诸侯国不得不依靠齐国供应食盐和海产。别的东西可以不买，盐是非吃不可的。因而齐国就越来越富强了，这为齐国后来的称霸打下了坚实的基础。

这时候，周朝的天子早已没有实权了。但是在管仲的谋划下，齐桓公打出了“尊王攘夷”的口号，“尊王”就是尊敬周天子，“攘夷”就是抵抗外族入侵。一方面借着周王室的名义树威，以恩信交结诸侯；另一方面，对于背信弃义、朝三暮四的国家，也绝不手软，保持足够的威慑力。如此一来，齐国多次大会诸侯，订立盟约，大多数诸侯都承认了齐桓公的霸主地位，齐桓公成了成了春秋时期第一个霸主。因为大的诸侯会盟有许多次，历史上称作“九合诸侯”。

齐桓公尊礼、信任贤才，不仅体现在重用管仲上，他周围还聚集了一大批学有专长的人才，比如熟悉礼仪和外交辞令的隰朋、正直敢言的鲍叔牙、执法公正严明的弦宁、擅长军旅的王子城父，再加上农业管理专家宁戚，这五位都是当时一流的人才。所以，西汉的刘向指出，齐桓公能任贤使能，这是他“九合诸侯，一匡天下，不以兵车”的最重要的原因。

但是晚年的齐桓公英风不再，尽做糊涂事。齐桓公有一位大臣叫易牙。这个易牙，通常被称为烹调行业的老祖宗。根据《管子·小称》的记载：”夫易牙者，以调和事公。”有一天，易牙又去伺候齐桓公，易牙问：“您还有什么味道没尝过啊？”齐桓公说：“蒸小孩还没吃过啊。”这易牙回去就把自己的长子给蒸了，献给齐桓公。齐桓公四十一年（前645），管仲病重，齐桓公就问他：“群臣当中，谁能够替代您做相国？”管仲老练，他先试探桓公的想法，所以回答：“了解臣下

的，没有人比得过君主啊。”齐桓公问：“易牙如何？”管仲回答：“杀掉孩子来讨好君主，不合人情，不可以。”齐桓公又问：“开方如何？”管仲说：“背弃亲人来讨好君主，不合人情，也不行。”齐桓公又问：“竖刁如何？”管仲说：“阉割自己来讨好君主，不合人情。”但管仲死后，齐桓公没有听管仲的话，重用的恰恰是这三个小人。管仲十分清楚地看到，这种不择手段讨好君主的人，不仅个人品德恶劣，而且一定有着不可告人的卑鄙目的。这样的小人一旦执掌大权，那将是人民的灾难，国家的末日。但是，齐桓公被这三个小人奉承得非常舒服，并因此失去了判断力。齐桓公四十三年（前643），齐桓公病重。他的五个儿子，各率党羽争位，都想接替霸主的位子。在内乱中齐桓公被易牙等三个奸贼禁闭在寝宫里，活活饿死。民间说这是报应，他吃了易牙的儿子，最后又死在易牙手里。而他的五个儿子忙于争夺王位，直到六十七日后在老臣的建议下才发丧。经过这一番折腾，齐国的霸业也如滚滚长江东逝水，一去不复返了。

春秋五霸中每一位霸主都有自己独特的故事，晋文公的经历也是非常曲折传奇。晋文公（前697—前628），姓姬，名重耳，公元前636年至公元前628年在位。

说起晋文公早年困顿传奇的经历，全拜他的父亲晋献公所赐。晋献公姓姬，名诡诸，是曲沃武公之子。曲沃武公也即晋武公，晋穆侯的曾孙。他们本来属于公族，封在曲沃（今山西闻喜东北）。自武公的父亲曲沃庄伯时开始，曲沃的势力逐渐强大起来，并不断进攻在翼城的晋侯。虽然在周王室的干涉下，其灭晋自立的阴谋没能实现，但曲沃越来越强大而晋侯越来越衰弱已是不可逆转的趋势。另一方面，由于周王室实力更加衰微，无力继续维持“礼乐征伐自天子出”的政治秩序，终于在晋侯湣二十八年（前679），曲沃武公如愿灭晋。曲沃武公灭晋后，将所得的晋之宝器财物全部献给了周王室。已经沦落到二等诸侯国地步的周王室对实力强大的曲沃武公无可奈何，只好借坡下驴，受贿之后，“命曲沃武公为晋君”。就这样，曲沃武公兼并了晋所有的土地，代晋自立。两年之后，武公去世，其子姬诡诸继立，是为晋献公。如果不是因为“骊姬之爱，乱者五世”，在那个时代，晋献公绝对算得上风云人物。为了强化君主权力，增强政府行政力量，他继位之初，即采纳士(wěi)的建议，一举消灭那些对公室构成很大威胁的群公子贵族，保证了晋国公室的权威。消除了内部隐患之后，晋献公又东征西讨，拓展了晋国的疆域。先是大败骊戎，解除了西部少数民族对晋国的威胁，又伐东山，取屈，灭霍，灭魏，灭耿，不断开拓疆土。他还巧施计谋，假途伐虢，一举灭掉虞、虢两个国家(“唇亡齿寒”、“假途灭虢”的典故即出自此)，拔掉了周王室干涉晋国内政的桥头堡，成为我国古代军事外交斗争的光辉典范。他还突破周王室对晋国的军事限制，增强军事实力，将晋国的军队由一军扩编为二军，为晋文公扩编为三军作了铺垫。正是他在位期间的这些作为，使晋国开始崛起，成为举足轻重的大国，为后来文公的霸业奠定了坚实的基础。

就是这样一位有作为的君主，依然难逃“桃花劫”。晋献公也犯了“全世界男人都会犯的错”，喜欢美女，甚至喜欢到葬送了一世英名。因为宠爱美丽但不善良的骊姬，他执意要把国君之位传给她的儿子奚齐，为此设计逼死太子申生。从此晋国陷入混乱。因为晋献公还要追杀重耳，重耳只好流亡国外。

重耳流亡十九年，备尝艰辛，后来他到了楚国，当时的楚成王，虽然也很热情地接待了他，但却问重耳：“准备将来如何报答楚国？”重耳回答：“谢谢您款待我，我将来一定会报答楚国，如果有一天晋国和楚国之间开战的话，我会命令我的军队退避三舍(即九十里)。”这就是成语“退避三舍”的来源。在落难的时候，重耳依然不卑不亢。当时，楚成王身边有个大夫，就建议把重耳给杀了，因为这个人将来必定是楚国的大患。但是楚成王没有动手，让重耳走了。最后，重耳到了秦国。秦穆公也很热情地接待了他，并将自己的女儿怀嬴许配给他。重耳在秦穆公的帮助下，重新回到晋国当上了国君，成为一代霸主。

第19章

嬴秦氏[1]，始兼并，传二世[2]，楚汉争[3]。

①嬴(yíng)：秦国国君的姓氏。

②传：传承。

③楚：西楚霸王项羽。汉：汉王刘邦。

秦、汉故事

经过春秋战国时期的兼并战争,诸侯国的数量大大减少。到了公元前249年,逐渐形成了七个最有实力的诸侯国,而其中地处西北的秦国异军突起,横扫六国,完成了统一大业。从此,中国历史进入了一个中央集权的帝制时代,秦始皇也就成为了中国历史上第一位皇帝。秦始皇完成统一大业后,采取了哪些巩固政权的措施呢?为什么后人对他有着诸多的负面评价?

战国时期的开始是以几件很不寻常的事情作为标志的。这些事情并没有烽火连天,也没有干戈四起,但是,在中国历史上,它们却成了一个时代开始的标记。

第一件事情,是所谓的"三家分晋",也就是晋国被韩、赵、魏三家给分掉了。周威烈王二十三年(前403),韩、赵、魏三家派使者到洛邑(今天的洛阳),去见周威烈王,要求周天子把他们三家也封为诸侯。诸侯都是周天子封的,哪有自己去强烈要求当诸侯的?周威烈王也很无奈,因为这三家已经造成既成事实,完全控制了晋国,不如做个顺水人情。从此,晋国就变成了三个国家,就是后来战国七雄里面的韩、赵、魏。司马光在《资治通鉴》中记载了这么一件事情:"周威烈王二十三年,初命晋大夫魏斯、赵籍、韩虔为诸侯……"司马光就把这一事件作为春秋和战国的分水岭。

第二件事情,是田氏代齐。春秋末年,齐国的贵族田氏逐渐控制齐国政权,并最终取代姜氏成为齐国的国君。田氏的家族里有个人叫田桓子,善于笼络人心。老百姓来找他借粮食,他用大斗出借,还的时候用小斗,让老百姓普遍得到了恩惠,民心就被他笼络过去了。于是大量的人就投奔到田氏门下,田氏的势力越来越强大。公元前386年,周安王正式册封田和为齐侯,称为齐太公。公元前379年,田氏在齐国的统治地位彻底确立。换句话说,周朝的分封制度彻底被破坏。这也充分表明,周王朝已经沦落为一个无足轻重的小王国,谁都不把周天子当回事了。

战国七雄是指:秦、楚、齐、燕、韩、魏、赵。战国早期,中国历史上著名的改

革家李悝(kuī)登上了历史舞台。李悝变法,使魏国首先强大起来,并夺取了大量的土地。这引起周围的韩国、赵国的不安,于是他们就与齐国、秦国结盟。公元前362年,魏国败给了秦国,失去了战略要地河西。第二年,魏国为躲避秦国兵锋,迁都大梁(今天的开封)。公元前340年,魏国再次败给了赵国、韩国、齐国,从此沦为一个二等国家,成为战国七雄里第一个衰弱下去的是魏国。

公元前356年,中国历史上最著名的改革家商鞅登上了历史舞台,并开始在秦国变法。商鞅变法是战国时代各诸侯国变法最彻底的一次,他以农富国,以战强国,使秦国迅速地从一个无足轻重的诸侯国发展成为一个强国。当时齐国也很强大,形成了秦齐对峙的局面。这就引发了当时各国政客的分派,主要分成了两派:一派叫连横派,主要主张就是侍奉秦国,以求得自保;另一派叫合纵派, 就是大家联合起来对付秦国。这种对峙导致了一百多年的连横合纵战争。在这场战争之中,西北的秦国一直占据优势。到了公元前241年,最后一次合纵攻秦失败, 也就是说对抗秦国的政策经过一百多年的战争彻底破灭。之后,又经过二十年的战争,秦国灭掉了东方六国,也扫荡了那些无足轻重的小国,中国第一次在中央集权的专制政府下完成了统一,时间是公元前221年。

这就是《三字经》里讲的“嬴秦氏,始兼并”。嬴秦氏,秦国姓嬴。实际上,秦国的统一事业是从秦孝公开始的。因为正是秦孝公任用商鞅进行变法,才开始了秦国的富强之路,要求统一的呼声开始占据主流地位。从秦孝公到秦始皇,在六代人的努力下,秦国终于完成了分久必合的统一。

秦始皇(前259—前210),姓嬴,名政,出生在赵国,公元前246年继位。秦王嬴政亲政以后,继续坚持“远交近攻”之策,从公元前230年到公元前221年,在不到十年的时间里一举灭掉了六国,最终完成了统一大业。他是第一位完成中国统一大业的帝王,所以后来人们称他为“千古一帝”。这个统一绝不仅仅停留在军事层面,应该说从根本上影响了中国的历史进程。秦始皇对于文字、货币、度量衡等的统一,将一个多民族的国家,天然地融合到一起,这不仅有利于中央集权的加强,而且对后世影响深远。

那么，秦始皇为巩固政权的统一，都采取了哪些措施呢？

第一，书同文。殷商以后，文字渐渐普及，作为官方文字的金文（金文是指刻在铜器上或者铸在铜器上的铭文），已经比较统一了。但是，春秋战国时期的民间文字仍存在着巨大的差异，秦始皇就下令让李斯等人进行文字的整理。李斯就以战国时期秦国人所通用的大篆作为基础，吸取了齐、鲁等国通行的蝌蚪文的优点（蝌蚪文的特点是笔画比较简单），创造出一种形态上比较均匀整齐、笔画比较简略的新文字，叫秦篆，也就是我们今天讲的小篆，作为官方规范文字，同时下令废除其他的异体字。

据说，在当时有个叫程邈的人，因为犯罪被关在监狱里。程邈坐牢十年，一直对字体的变形进行研究和总结。他的举动受到了秦始皇的赏识，秦始皇就把他释放出来，还提拔为御史，命令他定书。于是，他就创造出一种新字体，叫隶书。隶书打破了古代汉字的传统，奠定了楷书的基础，大大提高了书写的效率。

第二，度同制，即统一度量衡。战国时期各国的度量衡和货币制度是很不一致的，这为生产和生活带来了很大麻烦。秦统一后，规定货币分为金和铜两种：金称为上币，是地位比较高的货币，主要是供秦始皇赏赐臣下用的；民间通用的则是铜钱，铜钱定型为圆形方孔，也就是后来所说的“孔方兄”。秦始皇以秦国的度量衡为单位，淘汰了与此不同的各种各样的度量衡单位。

第三，车同轨。战国时马车的形制是不一样的，轴的宽度也是不一样的，这辆马车到了另一个国家就不能跑了。秦统一后，规定车宽六尺，一车就可以通行全国，因为全国的道路都按照这个来修，这就很方便了。

第四，行同伦。就是要端正风俗，建立起统一的伦理道德和行为规范。举个例子，公元前219年，秦始皇在完成统一后的第三年来到泰山脚下。这里原来是齐国的地盘，齐国被誉为礼仪之邦。秦始皇便与儒生商议，刻石颂秦德，其中就

有:“贵贱分明,男女礼顺,慎遵职事。昭隔内外,靡不清净,施于后嗣。”意思是,贵贱分明,男女都顺应礼的要求,谨慎遵照职事的要求去做。宫廷内外秩序井然,相安无事,可赐恩惠于后代。

除此之外,秦始皇还推行郡县制,修筑长城,把之前燕国、赵国的长城连接成一个整体。当然,这个“千古一帝”也做了很多后来受到批评的事情,比如“焚书坑儒”,大兴土木,造了好多宫殿,生活极度地奢靡。所以后代对秦始皇有许多负面评价。总之,对秦始皇的评价分歧很大。秦始皇受到的批判和赞颂一样多,但无论是褒还是贬,都不得不承认,这是一位了不起的皇帝,这是一个对中国历史有着深远影响的人物。

也就是这样一位君主,给自己确定了一个亘古未有的称号——“皇帝”。那么,秦始皇为什么会选择这两个字作为头衔呢?“皇帝”这两个字究竟代表着什么样的含义呢?

天下初定,秦王嬴政第一件事情就是给自己确定一个称号。在春秋战国时期,各国的君主都称为君或者王。战国后期,有些诸侯国开始用帝的称号,不过这个称号在当时并不流行。秦王嬴政统一天下后,觉得称号得改一改,李斯就说,秦王的功绩“自上古以来未尝有,五帝所不能及”,而古有天皇、地皇、泰皇,泰皇最贵,刚开始的时候是建议用泰皇作为称号的。但是秦始皇不满意,他认为自己“德兼三皇,功过五帝”,决定兼采“帝”号,称为“皇帝”。秦始皇是中国历史上第一个皇帝,所以他自称为“始皇帝”。他规定,自己的帝位传给子孙的时候,后面就称二世皇帝、三世皇帝,他希望自己的秦帝国能够万代不绝。

为了使皇帝的地位神圣化,秦始皇采取了好多尊君的措施,比如自称为朕。秦始皇之前没有哪个帝王称朕的,秦始皇之后,朕只有皇帝才能用,别人谁都不能用。他还规定要严格避讳,就是在写文章的时候不能提到皇帝的名字,如果犯忌,就要灭族。而且提到皇帝和始皇帝的时候,要提行顶格,这个到清朝还是这样。另外,从秦始皇开始,只有皇帝使用的、用玉雕刻的大印才能称玺,臣民的只能称“印”,且不能用玉雕刻。这些规定都是为了突出天子的特殊地位,强调皇帝独一无二,强化皇权在老百姓心目中的权威性和神秘感。秦始皇梦想用这种手段让他的“家天下”可以世世代代传下去。但是秦始皇过于迷信暴力了,他对自己的军事力量太自信,又整日生活在阿谀奉承当中,最终为他的秦帝国埋下了走向毁灭的种子。

公元前210年,秦始皇在巡游途中去世。继位的秦二世胡亥是在赵高等阴谋小人的协助下夺取帝位的,他上台以后杀戮亲属大臣,严酷压迫百姓。就在秦始皇死后的第二年,即公元前209年,陈胜、吴广揭竿而起,这就是中国历史上第一次大规模的农民起义。在陈胜、吴广的影响下,秦朝遍地烽火,不仅是农民起义,被灭掉的东方六国的旧部族也起来反抗,其中最有力量的就是由楚国的贵族后代项羽和平民刘邦率领的军队。中国历史就此进入了《三字经》所讲的“传二世,楚汉争”的阶段。秦始皇原来打算把皇帝的位子传到万世,但实际上,正如《三字经》讲的那样,他只传了两代。

楚汉相争的故事,长久保留在我们的文化记忆中。且不说京剧《霸王别姬》和其他的戏剧形式,单看中国象棋的棋盘就知道了,“楚河汉界”就是楚汉相争留在民族记忆当中的一个痕迹。

当项羽叔侄在吴中响应陈胜吴广起义时，泗水亭长刘邦也在沛这个地方起义,归项梁领导。后来,刘邦、项羽兵分两路,对付秦兵。出发时,楚怀王和各诸侯国将领约定:“谁先攻入函谷关,就让谁称王。”

公元前208年至公元前207年,项羽以少胜多,在巨鹿(今河北平乡县西南)大败秦朝主力军,并迫使二十万秦军投降,自此,秦朝名存实亡。

由于刘邦实行收买秦将的策略，同时也由于项羽在河北消灭了秦军主力部队,秦后方空虚,所以刘邦在出兵西征的第二年,就以雷霆万钧之势,一举攻下函谷关,进入秦的国都咸阳(今陕西西安),秦王朝最后一个皇帝子婴投降,秦朝覆灭,时间在公元前207年十月。这时,在巨鹿大战中取得胜利的项羽也来到函谷关。然后,马不停蹄,一直向前挺进。当他的军队开到鸿门(今陕西临潼)时,天色已晚,只好暂时驻扎下来。这里距刘邦的驻地——灞上,就只有四十里了:这样,两军对峙,形成一触即发之势,楚汉相争的局面形成。当时,项羽拥兵

四十万，号称百万，占有绝对优势；而刘邦只有十万兵力，双方实力悬殊，刘邦处境十分危险。

然而这样大好的局面，项羽却没能把握住，反被刘邦四两拨千斤地摆脱了困境。当时，刘邦自知不敌项羽，于是还军灞上，并亲赴鸿门谢罪，示以诚意。

鸿门宴之后，项羽正式率兵进入咸阳，以盟主的资格，分封十八个诸侯，其中刘邦被封为汉王，项羽则自称“西楚霸王”。分封后，项羽同各个诸侯回到封地，希望各守疆土，从此天下太平。然而，他不知道，这种封建割据的做法已经落后了。不久，认为分封不公的诸侯又发生变乱，刘邦也趁此机会回兵重新占领关中，并出兵进击项羽。开始几年的大小战役，项羽常常战胜。但刘邦善于用人，深得民心，又有关中作为根据地，渐渐地占据了战争的主动权。刘邦的封地就在巴、蜀、汉中。与项羽的任人唯亲相反，刘邦非常注意招揽人才，他采纳萧何的策略，将封地治理得井井有条，成为非常稳固的后方根据地。

公元前205年，刘邦趁项羽在齐国忙着打仗的时候，攻下了彭城，把项羽的老窝给端了。项羽一看老家被打了，只能放下齐国赶来跟刘邦作战，结果刘邦大败。史书记载掉在河里淹死的汉军不计其数，连刘邦的老父亲和夫人都被项羽俘虏了。刘邦只能率军退到荥阳（今河南荥阳一带），收拾残局。刘邦利用荥阳、成皋（今河南汜水镇）的有利地形，分兵扼守险要，以争取时间，发展自身实力。此后一段时间，楚汉双方在荥阳、成皋一线相持，进行了长时间的拉锯战。

公元前203年，项羽在东边打了胜仗，可是成皋失守，所以又率兵往西对付刘邦。楚汉两军在荥阳附近又开始对峙。楚军的后勤力量不足，而刘邦有萧何和陈平组织后勤。日子一长，楚军的军粮不够了，刘邦又躲着不打，项羽实在没招了，就把刘邦的老父亲绑起来，搁在一个杀猪的案子上，说：“刘邦，如果你不投降，就把你爹给宰了，剁了煮成肉羹吃。”这个时候，刘邦滚刀肉的本事就显露出来了，说：“行，反正我跟你曾经结拜为兄弟，那么我爹也就是你爹了，你如果非要把咱们的爹杀了吃了，那请分我一杯羹。”这就是“分一杯羹”说法的来源。项羽一看，这也激怒不了刘邦，就派使者传话：“现在天下大乱，生灵涂炭，实际上都是因为咱们俩，咱们别打了，单独比个高下，谁输谁认命，这样老百姓可以有一个太平。”刘邦哪会上当，滚刀肉接着滚，回答项羽说：“我可以跟你斗智，不跟你比力气。”项羽实在没招了，就把刘邦叫到阵前对骂。刘邦口舌比较厉害，他不停地数落项羽的罪状，说项羽屠杀百姓、不讲信义。项羽说不过，急了，就下令放箭，有一箭射中了刘邦的胸口。那刘邦真是一代枭雄，一看自己胸口被箭射中，怕手下的将士看见军心涣散，就破口大骂：“小子，脚指头被你射了一箭！”汉军的将士觉得刘邦没有什么大碍，大家并不慌乱，只是把刘邦扶进了营帐。张良这位非常杰出的谋士，怕军心动摇，就劝刘邦再爬起来，到军营里面巡视一遍。汉军一看，汉王还能够出来溜达，原来真的射在脚指头上，就都安下心了。

项羽听说刘邦没死，大失所望。正在这个时候，韩信在齐国大败楚军，彭越又截断了楚军仅有的运粮通道。刘邦又显示出他老谋深算的一面，因为他觉得还是打不过项羽，就派人跟项羽讲和，条件是把自己的老父亲和夫人吕雉放回来，楚汉双方以鸿沟为界。鸿沟在今天河南荥阳一带，鸿沟以东为楚国，以西为汉国，这就是楚河汉界的来源。项羽一看，也没办法，就把他们放回去了，自己带着兵马回到彭城。实际上，刘邦的讲和只不过是一个缓兵之计。刘邦用了陈平、张良的计策，不出两个月便组织了韩信、彭越、英布三路人马会合，由韩信统领，追击项羽，楚汉战争的决战就在这个时候爆发了。

公元前203年年底，楚汉重新开战。此时，刘邦兵力已十分强大，他率军将项羽围困在垓下（今安徽灵璧东南）。这着实是里三层，外三层，密密匝匝，水泄不通。项羽突围了几次，都没能冲出去，而粮草也即将告罄。弹尽粮绝的项羽在这个时候已经没有什么办法。此时，刘邦和他的智囊团又想出一绝招：他们把汉军里楚地的将士组织起来，用楚地方言的曲调唱歌。项羽及其兵团一听，四面楚歌，军心涣散，斗志迅速瓦解。

项羽决定再次突围，他率领仅剩的八百名兵将，一马当先冲出去。趁着夜色，这次居然突围成功。到第二天天亮，刘邦才发现突围的是项羽，急忙派五千骑兵追赶。因为迷路，项羽还是被追上了。经过一夜浴血奋战，这时他身边只剩下二十八名骑兵了。项羽深知自己绝无生还的可能，便对这些骑兵说：“我自起兵到现在已经有八年了。八年当中，我纵横天下，攻无不克，战无不胜。然而今日被困在此，实在是天要灭亡我，不是我仗打得不好。不信，你们看！”话音未落，项羽怒喝一声，飞驰而下，单枪匹马闯入汉军当中，舞动长剑，左刺右挑，不一会儿的工夫，砍倒数杆大旗，斩杀数百敌将。汉军将士吓得连连后退。项羽回头得意地对他的骑士说：“怎么样，我说得没错吧？”

最终，项羽逃到乌江边。乌江的亭长备好了一只小船，等候项羽渡江。项羽仰望长天，惨然一笑：“天要亡我，我渡江过去又有什么用？何况当初我率领八千子弟渡江西进，而今却没有一人能回去。就算江东父老兄弟爱我怜我，原谅我，我又有什么脸面再见他们？我骑的这匹马能日行千里，已伴我一生，我不忍杀掉，就送给你吧！”于是，一生叱咤风云的西楚霸王项羽，就这样挥剑自刎。死时年仅三十一岁。

历时四年的楚汉之争以刘邦的胜利告终，公元前202年二月，刘邦正式称帝，建立了西汉王朝。西汉加上后来的东汉，汉王朝一共统治中国四百零七年。

好多人读到项羽的故事时，总有一个疑问：和刘邦比起来，项羽在各方面都占有明显优势。当时流传着一句话，“楚虽三户，亡秦必楚”。楚国哪怕就剩下三户人家，最后灭亡秦朝的一定是楚国，可见楚国人的强悍，也足以证明楚国人与秦朝的血仇之深。秦末以后的很多人以楚为正统，陈胜、吴广的政权就叫张楚，就是发扬光大楚国的意思。项羽作为赫赫有名的楚国贵族，他的号召力是一介平民的刘邦难以比拟的，所以他在早期能够积聚起强大的军事和物质力量。项羽兵强马壮，能征善战，而且他宽厚待人，爱兵如子，怎么在楚汉相争中，最后失败了呢？其实，只要看看这二人在鸿门宴上的表现就清楚了：项羽虽然有以上那些优点，但他轻敌自大，少谋轻信，优柔寡断，不善用人。而刘邦就不同了，他随机应变，能言善辩，最善用人。这些，才是一个人最终取得天下的法宝。刘邦在得到天下以后，曾经有过一段总结：“我之所以能够打下天下，完全在于我会用人：运筹帷幄，决胜千里，我不如张良；治理国家、安抚百姓，运输粮草，我不如萧何；统帅大军，攻城掠地，我不如韩信。”张良、萧何、韩信就是所谓的“汉初三杰”，也正是因为得到了他们的鼎力相助，刘邦才开创了汉朝的基业。

虽然有句话叫“成者为王败者为寇”，但后世的人们，却给予了项羽更多的赞赏和同情。项羽是一个贵族，刘邦只是一介平民，项羽和刘邦是完全不同的两种人。项羽力拔山兮，英勇无敌。刘邦论武不行，文化水平也不高。项羽讲义气，重感情，爱憎分明。刘邦贪婪好色，反复无常，狡黠多疑。这些都在《史记》中有生动的描写。《史记》之所以伟大，就是因为司马迁的眼光独到、史实从真、史德高尚。司马迁写《史记》的时候已经是汉武帝时代了，然而他依然将项羽写成末路英雄，将刘邦写成伪君子，且堂而皇之地为项羽立传，写成《项羽本纪》，并将《项羽本纪》放在《高祖本纪》之前。所以，在司马迁的心目当中，刘邦不如项羽。项羽平生战无不胜，却输了最关键的一役。刘邦屡战屡败，却赢了这么一次，就因为最后的这一次决战，历史改观了。

刘邦建立汉朝，在中国历史上不仅仅是开启了一个朝代，最主要的是，传达出一种信息，平民也可以打天下做皇帝。中国经过一个短暂的分崩离析的战乱状况，又一次回到了大一统的时代。

第20章

高祖兴[1]，汉业建[2]，至孝平[3]，王莽篡[4]。
光武兴[5]，为东汉，四百年，终于献[6]。

①高祖：西汉王朝的创建者刘邦，公元前206年—公元前195年在位。兴：兴起。

②业：基业。

③孝平：汉平帝，西汉的末代皇帝刘衎(kàn)，公元1年—公元5年在位。

④篡：篡位。

⑤光武：汉光武帝，东汉王朝的创建者刘秀，公元25年—公元57年在位。

⑥献：汉献帝，东汉的末代皇帝刘协，公元190年—公元220年在位。

汉朝的兴盛与衰亡

汉朝建立后，经过“文景之治”的休养生息，国力逐渐恢复，又经过汉武帝的开疆拓土、强力治国，汉朝走向鼎盛。但在繁荣的背后，朝廷却危机四伏。一个曾经得到皇室器重、得到天下百姓赞誉的“圣人”王莽，原来却是扼杀汉朝江山的伪君子。他究竟是一个什么样的人？他为什么能欺骗那么多人？在西汉灭亡不久，汉室得以恢复，史称“东汉”。那么，又是谁抢回了这个被夺走了的刘家天下？大汉王朝最终又是如何消亡的呢？

刘邦在位七八年就驾崩了。太子刘盈继位（公元前194年—公元前188年在位），这就是汉惠帝，也是汉朝的第二位皇帝，但他也是个短命皇帝，仅仅在位七年就去世了。此后，他的母亲吕后就重用自己娘家的人，几乎把汉朝变成了吕姓的天下。公元前180年，吕后去世，太尉周勃等一批追随刘邦的忠臣，把吕氏一门诛杀殆尽，恢复了刘氏政权。汉初二十年，皇室内部混乱不堪，虽然说不打仗了，但是社会并没有什么发展。真正给汉朝奠定了四百年基业的，是刘邦的小儿子——汉文帝刘恒。刘恒在吕氏集团覆灭以后继位，他宽厚、仁慈、节俭，是中国历史上的好皇帝。刘恒和他的儿子刘启，也就是汉景帝，开创了鼎鼎大名的“文景之治”。“文景之治”使社会、经济得到了发展，汉朝因此恢复了国力。接下来的这位皇帝更了不得，那就是汉武帝刘彻。汉武帝外除匈奴，内尊儒术。所谓“罢黜百家，独尊儒术”，就是利用儒家的学说来统治中国。这里的“儒术”是指儒学和法术，而法术指原来法家那套传统的严刑峻法和黄老之术的结合。所以，儒术的成分很复杂，绝对不是儒家学术的意思。汉武帝的这个政策对中国历史的影响非常大，其中的是非功过任后人评说、褒贬不一。

每个朝代都会有各种各样的问题，汉朝最突出的问题是外戚和宦官。我们不禁会问，外戚和宦官每个朝代都有，为什么就汉朝的外戚和宦官的问题特别严重呢？很简单，只要去看一看汉朝皇帝继位的年龄就知道了。汉朝起码有十个皇帝继位的时候年龄都很小，十七岁当皇帝算大的，还有一岁当皇帝的。年

龄小，怎么可能管理国家呢？那就只能靠皇后、皇太后的娘家人管理国家，这就是外戚专权。时间一长，谁能够保证外戚就不生二心？谁能够保证舅舅就不觊觎皇帝宝座？但小皇帝总会长大的，他长大了以后，怎么会容忍外戚来把控大权？皇帝别人信不过，只有信身边的宦官。宦官通常会发动宫廷政变，因为宦官都在宫廷里。就这样没完没了地斗来斗去、杀来杀去，葬送了汉朝的江山。

在宦官和外戚不断的相互残杀中，一个手段极其高超的伪君子出现了，他就是王莽。王莽是怎么欺骗那么多人的呢？

《三字经》里讲的“王莽篡”，就是指王莽篡夺了汉朝的江山。王莽在中国历史上是同时以伪君子、篡位者和无能君主、理想政治家的形象出现的。

王莽（前45—23），魏郡元城（今河北大名东）人，汉元帝的皇后王政君的侄儿。他是新朝的建立者，作为西汉和东汉之间的一个王朝，新朝仅存在十五年（9—23）。

要说王莽也真是挺不容易的，小时候，父亲王曼就去世了，不久哥哥也去世了。王莽年轻时给大家的印象是非常孝敬母亲，非常尊敬自己的嫂子，生活俭朴，饱读诗书，结交贤士，声名远播。王莽对他的伯父王凤，非常恭敬。王凤在当时是大司马、大将军，握有军政实权。王凤也很喜欢这个从小失去父亲的侄子，所以，临死时就嘱咐皇后王政君，要照顾王莽。公元前22年，王莽当了黄门郎，是宫廷里的小官。王莽礼贤下士，清廉俭朴，经常把自己的俸禄分给门客或施舍穷人，甚至把自己的马车卖掉去救济穷人。所以，他深受人们的爱戴，甚至感动了他的叔父。他的叔父王商，也是当时的一个官员，就把自己的封地割了一部分给侄子。永始元年（前16），王莽受封为新都侯。公元前8年，他出任了大司马，那一年王莽三十八岁。第二年，汉成帝驾崩，汉哀帝继位。因为汉哀帝的母亲姓丁，所以，丁姓外戚开始权倾朝野。而王莽是王政君的侄子，所以他只能隐居新野，躲了起来。其间，王莽又做了一件事情：当时大官家里的家奴很多，但国家法律是有规定的，不能随便杀家奴。王莽的儿子杀死了家奴，于是王莽就逼迫儿子自杀偿命。当时的人对此好评如潮，觉得王莽实在是一个像圣人一样的人物。

公元前2年，王莽回到了京城。公元前1年，汉哀帝驾崩无后。这个时候的王政君，开始掌管传国玉玺。于是，王莽又一次任大司马，掌管禁军，变成了警卫部队的首领。这时，王莽已经开始参与立皇帝了，他立的汉平帝得到了朝野的拥戴。公元1年，王莽在假意推辞再三后，接受了“安汉公”的爵位。随后，王莽又做了一件事——他把受封为公得来的俸禄分给两万多人，此事赢得了全国人民一片叫好声。公元3年，王莽的女儿成了汉平帝的皇后，王莽就成了皇帝的岳父，地位又高了。其实，西汉自成帝开始，政权已落入外戚王氏手中。汉平帝刚即位时，只有9岁，太皇太后王政君临朝听政，而她已经72岁，老的老，小的小，于是朝政大权落入了王莽手里。平帝14岁时，野心勃勃的王莽将他毒死，又立年仅2岁的刘婴为皇帝，自己代行皇帝职权，臣民称他为“摄皇帝”。两年后，伪装成忠臣的王莽终于撕下了面具，举行了一个“禅让”典礼，让小皇帝退位，自己做了真皇帝，当时是公元8年，第二年改国号为“新”。改长安为常安，开了中国封建史上通过篡位做皇帝的先河，他也因此在历史上臭名昭著。在后人看来，他之前的种种谦恭仁德行为，都是为日后捞取政治资本而装出来的。所以白居易有诗云：“周公恐惧流言日，王莽谦恭未篡时。向使当时身便死，一生真伪复谁知。”

王莽极为推崇周公，所以他称帝后，一切仿照周朝的制度推行新政。他的政治，完全是一种书生的政治，“他尽信中国古典，真的以为金字塔可以倒砌”。所以屡次更改币制、官制与官名，恢复井田制，并且不停地恢复西周时代的周礼模式。由于政策多且迂腐不合实情，结果百姓未蒙其利，天下先受其害，外患和内乱齐作，王莽无力收拾，最终新朝很快灭亡，王莽也被起义军所杀。

如何评价王莽其人，在他死后的两千年里，基本上都不成问题。一直到近代，对他才有不同的观点评论。像学者胡适便认同王莽改革中的土地国有、均产和废奴三大政策，认为王莽是“中国第一位社会主义者”。“他受了一千九百

年的冤枉，至今还没有公平的论定。他的贵本家王安石受一时的唾骂，却早已有人替他申冤了。然而王莽却是一个大政治家，他的魄力和手腕远在王安石之上……可怜这样一个勤勤恳恳，生性‘不能无为’，要‘均众庶，抑并兼’的人，到末了竟死在斩台上……竟没有人替他说一句公平的话。”

评价历史人物，当然不是简单的脸谱化和平反这么简单，胡适以及其他一些学者类似的观点，未必就中肯，但是却给我们提供了一个新的视角去观察历史人物。同时也给了我们一个提示和警醒，对历史人物的评价，既要防止造神，也要防止造鬼。以我们史家的传统，我们基本可以相信，我们今日所看到和所知道的王莽，肯定是经过妖魔化的。

不过，我们这里无意也不能对王莽作定论。当时王莽的新朝一团糟糕：边境上叛乱四起，匈奴、高丽、西域、南越，东西南北无一处不反叛；国内同样叛乱猬集，首倡义旗的是琅琊（今山东境内）一个叫吕母的老妇，接着便是南阳附近新市的王匡等人，拉了队伍在洞庭湖北的绿林山啸聚山林，后世的“绿林好汉”正是因他们而得名。此外，山东的樊崇等人，即后来的赤眉军，不久也揭竿而起。王莽派人四处征讨，叛乱反而越讨越多。正所谓“墙倒众人推，鼓破众人捶”，群雄并起，正是逐鹿天下的大好时机。

《三字经》接着讲：“光武兴，为东汉，四百年，终于献。”光武帝，即刘秀。追本溯源的话，刘秀来头还挺大：他是汉高祖刘邦第九世孙，出自汉景帝，算得上正宗的刘氏皇室后裔。刘秀九岁的时候，父亲去世了，改由叔父养大。

刘秀和哥哥刘缜是南阳蔡阳（今湖北枣阳西南）的豪强，在乡间势力很大，占有大量的土地，还有大量的门客，逐渐发展起一支武装。古代的武装比较简单，拿根棍也能打仗，拿把锄头也能杀人。他们对王莽的所作所为非常不满，于是趁天下大乱的时候起兵。这时刘秀28岁，时间是地皇三年（22）。

那时，绿林、赤眉、刘秀兄弟，三支人马相互呼应，打了好几个胜仗。公元23年，绿林军趁王莽的主力向东攻击赤眉的时候，在今天河南的境内，歼灭了王莽的部分军队。而这个时候绿林军已发展到十万多人，并立刘玄为帝。王莽一看绿林军很厉害，于是派大司徒王寻、大司空王邑率兵四十二万号称百万，领着人如其名的巨无霸将军，另外还赶着一群由老虎、豹子、大象、犀牛组成的猛兽混成旅，浩浩荡荡地杀过来，打算一举把绿林军消灭。这支队伍的壮观不难想象，史书记载自秦汉以来，出师之盛未有过此者。王莽的军队到达颍川，就是今天河南的禹县一带，迫使刘秀的部队撤回了昆阳。当时昆阳城中一片混乱，城中绿林军兵力只有八九千人，与围城军队的比例不到1：40。敌军还未到的时候，起义军听说敌军的声势就已经乱作一团了，人人都想带着自己的家眷和财产分散躲避。刘秀坚决反对这种做法，他慷慨陈词向众人晓以利害，告诉他们应当死守昆阳以待宛城援兵，否则将被各个击破。他说服各位将领，固守昆阳。这个时候，昆阳已经被王莽的军队围住，刘秀率领十三名骑兵，突出重围，在外面调集了一万多援兵赶回来支援昆阳。当时昆阳外围王莽的军队是几十万，刘秀亲自率领一千多名精锐的骑兵，反复冲杀，把王莽的军队冲垮。昆阳的守军见刘秀的援军到了，也打开城门开始攻击，这样内外夹攻，王莽军大败。所以，昆阳之战在中国古代战争史上是以少胜多、以弱胜强的著名战例。绿林军乘胜攻入长安，放火烧了未央宫的大门。王莽最后在战乱中被杀，新朝灭亡。

为了争夺皇位，在这些联合反抗王莽的义军队伍之间，始终存在着尖锐的矛盾。刘秀利用绿林和赤眉之间的矛盾，让他们相互攻杀，在他们两败俱伤之际各个击破。公元25年，刘秀称帝，史称光武帝，定都洛阳。公元27年，各支农民起义军基本都被刘秀消灭了。公元36年，刘秀把各地的豪强、割据武装全部剿灭，恢复了中国的统一。

刘秀来自民间，比较了解民间的疾苦。他在位期间，曾多次下令释放奴婢，限制豪强霸占土地，减轻赋税，免除部分县的徭役，兴修水利，对各级官僚、官吏严加考核，罢免贪官，精简官员，裁并四百多个县。这种种措施，使得东汉初年出现了社会安定、经济恢复、人口增长的局面，因此，刘秀统治时期被称为“光武中兴”。

刘秀推翻了王莽的新朝，恢复了汉室江山，是一个难得的好皇帝。然而，几代以后，朝廷再次出现危机。那么，这个曾经被伪君子王莽拦腰斩断的大汉王朝又是如何消亡的呢？

东汉在开始时发展得很快，但是不久，问题就暴露出来。一连好几代的皇帝都是刚会走路，甚至是刚会爬的小孩子，这又陷入了外戚干政、宦官干政的混乱争斗之中。不仅如此，在东汉还有更复杂的问题，因为东汉出现了第三种势力——官僚士大夫，就是后面三国时袁绍这些几世几公的人物。他们对外戚和宦官都瞧不上，但是，如果让他们在两者中作选择，这些士大夫往往比较多地选择外戚，所以宦官对士大夫特别憎恨。东汉中期，即公元89年至公元105年间，整个东汉的国势开始衰落，动荡不断。公元184年，以张角为首的太平道发动了大规模的起义，沉重地打击了东汉王朝。公元189年，汉灵帝驾崩，外戚诛杀宦官，宦官反扑，结果两者几乎同归于尽。这个时候，关西的军阀董卓进入京城，他废黜了刚立的小皇帝，重新立了一个小孩刘协为帝，这就是汉献帝。

董卓的行为引起了很多官僚士大夫的不满，他们设计杀了董卓。董卓开了利用手中的军队控制政权的一个极其恶劣的先例，各地的官员群起仿效，彼此争斗，谁也不把皇帝当回事，全国一片混乱。当时都城残破到大臣坐在野草丛生的墙角开会的程度，千里无人烟。汉献帝到处流浪，几乎性命不保，皇帝当得很惨。公元196年，控制了中原的曹操，挟天子以令诸侯，把汉献帝留在河南的许昌，加以操纵，此后汉献帝做了二十多年的傀儡。公元220年，曹操之子曹丕正式废黜了汉献帝，自己称帝，成为大魏皇帝，汉朝正式终结，这就是《三字经》讲的“终于献”。

明　仇英《汉宫春晓图》(局部)

第21章

魏蜀吴①，争汉鼎②，号三国，迄两晋③。
宋齐继④，梁陈承⑤，为南朝，都金陵⑥。

①魏：公元220年曹丕在洛阳取代汉献帝称帝，国号魏，史称“曹魏”。蜀：公元221年刘备在成都称帝，国号汉，史称“蜀汉”。吴：公元229年孙权在建业（今江苏南京）称帝，国号吴，史称“孙吴”。

②鼎：喻指统治政权。

③迄（qì）：止于。两晋：西晋和东晋。

④宋：公元420年刘裕代晋称帝，国号宋，建都建康（今江苏南京），史称“刘宋”。齐：公元479年萧道成代宋称帝，国号齐，建都建康（今江苏南京），史称“萧齐”。

⑤梁：公元502年萧衍代齐称帝，国号梁，建都建康（今江苏南京），史称“萧梁”。陈：公元557年陈霸先代梁称帝，国号陈，建都建康（今江苏南京）。

⑥金陵：南京的古称。

北元魏[1]，分东西[2]，宇文周[3]，与高齐[4]。

①北：北朝。元魏：指鲜卑拓跋氏所建立的北魏。

②东西：北魏于公元534年分裂为东魏和西魏。

③宇文周：西魏后来被宇文氏所取代，国号周，史称“北周”。

④高齐：东魏后来被高氏所取代，国号齐，史称“北齐”。

三国两晋南北朝

两汉历时四百余年，在这段时期，中国发生了一些重大的历史事件，对世界文明史产生了重大影响。但汉末天下大乱，出现了魏蜀吴三国相争的局面，这就是中国历史上著名的三国时代。大家对三国相争并不陌生，但是《三字经》为什么把这种局面称为"争汉鼎"呢？最后，又是谁统一了中国，建立了晋朝？而晋朝又是怎么衰亡的？南北朝分裂的格局是如何形成的？南朝的宋、齐、梁、陈的开国皇帝都是谁？他们是怎么夺取帝位的？而这几个朝代又为什么都那么短命呢？

到了汉献帝，汉朝四百多年的统治降下了帷幕，中国的历史进入了三国时代。《三字经》用十二个字，讲述了从三国到两晋的这段历史："魏蜀吴，争汉鼎，号三国，迄两晋。"为什么古人把夺取统治权叫夺鼎、争鼎？为什么把确定统治权叫定鼎？这反映了我们中国传统文化一些什么内容呢？

根据《史记·封禅书》记载："禹收九牧之金，铸九鼎。"就是说大禹曾经收集天下的铜，铸了九个鼎，每一个鼎代表一个州，九鼎就代表九州，九州即中国的代名词。九鼎成了王权至高无上、国家统一昌盛的象征。这样，只有王室才有权拥有和使用鼎。那么，一个国家倘若保护不了自己的鼎，鼎丢失了，或者鼎被别人抢去了，那就等同于国家灭亡。夏朝末年，夏桀无道，商汤灭夏。据说，那个时候夏朝也有九个鼎，这些鼎竟自动飞向商都。而后来的商纣王荒淫无道，周武王伐纣，这九鼎又归了周。据说，每一个鼎要九万人才能搬动，所以周武王用了九九八十一万人，才把九个鼎运回都城镐京。到了春秋时代，春秋一霸楚庄王兴兵攻打洛水流域某地的时候，周朝天子周定王，派了一个大臣去慰劳他。那时候周王室已经很衰微，周定王惹不起楚庄王。楚庄王就别有用心地问周朝的大臣："周朝的那几个鼎有多重啊？"这位大臣回答道："周朝虽然衰败了，周天子虽然不再强大了，但是天命未改，天命还在周天子，鼎的分量不是你能够问的。"而且他还用"在德不在鼎"等话语教育楚庄王，使楚庄王暂时收敛了自己的野心。所以，后来一直用“问鼎”来比喻一些人图谋皇位，比如“问鼎中原”。这就是“问鼎”典故的来源。在这里，《三字经》用了三个字叫“争汉鼎”，意思是说群雄争夺汉朝政权。

魏蜀吴三国为争夺天下混战多年，虽然最后曹魏占据优势并消灭了刘备的蜀汉，但却被司马氏家族篡夺了权力。司马氏篡位后自立王朝，史称晋朝。晋朝又攻灭了偏安一隅的东吴，终于统一了中国。正应了合久必分、分久必合的历史规律。但是司马氏的晋朝，又维持了多久呢？

西晋并没有吸取三国灭亡的教训。一方面，司马家族大封同姓王，而且把兵权托付给这些人。他们认为，如果司马家族遭难，同姓的人可以来帮忙。另一方面，晋武帝司马炎统一中国后整天吃喝玩乐，不理政事。司马炎的儿子于公元290年继位，是为晋惠帝，这是中国历史上典型的昏庸无能的痴呆皇帝，在历史上有个外号叫蛤蟆皇帝，他在位期间，闹出了好多笑话。有一年夏天，他带着众多随从到花园里去玩，走到一个池塘边，听见青蛙“呱呱呱”地叫。于是，晋惠帝就提出了一个问题，这个问题如果是脑子好的人来问，那可能是很深刻的。他问随从：“那个呱呱呱叫的蛤蟆，它是为公还是为私啊？”随从一听，这叫什么问题？但是，不回答也不行，就说：“陛下，在公家地里头叫的，它就是为公；在私人地里头叫的，它就是为私。”晋惠帝听后很高兴，觉得自己公私分明。还有一个笑话也是这位皇帝闹出来的，非常有名。有一年闹饥荒，老百姓没饭吃，饿死的人遍地都是。有人就报告晋惠帝：“不得了，陛下，天下大乱，老百姓没饭吃。”晋惠帝回答：“哎，没饭吃为什么不喝肉粥啊？”就这么一个皇帝！野心家们谁不打主意啊？不久，赵王司马伦就把晋惠帝软禁起来，自己称了帝。

这个赵王司马伦，也为我们留下了一个成语，叫“狗尾续貂”。当时是什么情况呢？赵王司马伦把晋惠帝软禁了以后，大封同党为官。当时当官的帽子上是用貂的尾巴作为装饰的。由于官封得太多了，貂尾没了，只能用狗尾巴装在帽子上，表面看上去差不多。这就是“狗尾续貂”的由来。

公元307年，晋惠帝吃饼中毒而死。各地的诸侯为了争夺帝位，展开了残酷断杀，这就是“八王之乱”。当初以为封同姓为王，可以保护王室，现在恰恰是这些手握兵权的诸侯王争夺帝位。公元307年，东海王立晋惠帝的弟弟司马炽为晋怀帝。就在这个时候，匈奴、鲜卑、羯（jié）、氐（dī）、羌五族来进攻中原，“五胡之乱”也开始了。公元311年，北方的匈奴贵族刘聪攻陷洛阳，俘获了晋怀帝，接着又攻下长安，杀了晋愍（mǐn）帝。至此，西晋灭亡。西晋总共不过祖孙四代，存续了五十多年。

西晋灭亡以后，一部分人南渡建立了东晋，北方则进入了五胡十六国时代。至此，中国再次形成南北分裂的格局，史称南北朝。《三字经》先讲了南朝，“宋齐继，梁陈承，为南朝，都金陵”。

公元420年，刘裕接受“禅让”做了皇帝，就是宋武帝。这个“禅让”当然是假的。宋武帝刘裕（363—422），字德舆，小字寄奴，从小母亲就去世了，他的父亲因为家境贫寒曾打算遗弃这个儿子。刘裕长大以后，“雄杰有大度，身长七尺六寸，风骨奇伟，不事廉隅小节”（《南史·武帝本纪》）。全然堂堂一个伟男子，不拘小节。公元399年，三十六岁的刘裕参军起义，从此起家，成为东晋一员虎将。他机智有谋，勇敢善战，多次克敌制胜，屡立战功。公元404年，刘裕在家乡京口起兵，讨伐篡晋称帝的桓玄，公元405年，击败桓玄，拥护晋安帝司马德宗复位，从此控制了东晋朝政，成为权倾天下的显赫人物。过了几年，晋安帝死去，刘裕认为时机成熟，就派人劝说刚刚即位的晋恭帝让位。公元420年，刘裕自立为帝，改国号为宋，都建康，南朝开始。东晋王朝在南方统治了一百零四年，到这时候灭亡了。

刘裕称帝前后进行了一系列的改革，进一步打击了腐朽、黑暗的贵族、士族势力，改善了政治和社会状况，为元嘉之治打下了坚实的基础，同时也奠定了南朝政治的雏形，被明代大思想家李贽誉为“定乱代兴之君”。因为刘裕从小家境贫苦，主要以编草鞋为生，当了开国皇帝后被人称为“寒人掌权”。虽然他自称是刘邦弟弟的后裔，但无从考据。刘裕这个人很残忍，他在中国历史上开了一个先例——把前朝（东晋）的皇族斩尽杀绝。

南朝的第一个朝代宋传了八位皇帝，历时六十年。至宋顺帝在位时，被禁军统领萧道成篡位建立了齐朝。刘裕的直系子孙刘準(zhǔn)被灭门时，流着泪说了一句非常凄惨的话："愿身后世世，勿复生帝王家。"就是说但愿以后生生世世，再也不要生在帝王的家庭里了。但是，历史悲剧一次次重演，刘裕一门被他自己的禁军首领萧道成斩草除根。

齐朝更短，只有二十四年，就被同宗的萧衍夺了位，改国号为梁。梁朝的开国皇帝萧衍，就是鼎鼎大名的梁武帝。

梁武帝(464—549)，字叔达，小字练儿，多才多艺，学识广博，政治、军事才能杰出。他在学术研究和文学创作上也很有成就，史书对他的才华给予了很高的评价。他十分好学，所谓"少时习周孔，弱冠穷六经"，二十来岁就把儒家经典都读完了。他尤其在文学方面很有天赋。当时他和另外七个人一起游学于竟陵王萧子良门下，被称为"竟陵八友"，其中包括历史上有名的沈约、谢朓、范云等。继位之后，"虽万机多务，犹卷不辍手，燃烛侧光，常至午夜"。不过，他不是一个懦弱的文人，骑马射箭都很出色。他做了皇帝以后，初期的政绩是非常显著的。他吸取了齐二十四年就灭亡的教训，所以勤于政务，不分春夏秋冬，每天五更就起床，批改公文奏章，甚至冬天冻裂了手也不停歇。为了广泛听取意见、识拔人才，他还在宫门口设置了两个盒子，当时叫"函"，当官的有什么意见投在一个盒子里，百姓有什么意见投在另一个盒子里。萧衍非常节俭。史书上讲他："一冠三年，一被二年。"一顶帽子戴三年，一条被子盖两年。他不讲究吃喝，经常每天只吃一顿饭。他对官员的考核也很严格。但是，他也有致命的弱点，就是疑心太重。梁武帝的皇位是篡夺来的，所以总怕别人也来篡夺，患了严重的疑心病，用各种方法害死了许多功臣。也许是对早年的行径怀有愧疚，后来他开始信佛。梁武帝是历史上有名的信佛的皇帝，动不动就把自己施舍到庙里去。比如，公元527年，他就到了同泰寺，在寺里当了三天的住持和尚。国家没有皇帝怎么办？大臣就要花大量的金钱，把皇帝从庙里赎出来，再当皇帝。过两

天，他又把自个儿给施舍出去，又到了庙里，大臣还得把国库掏空，再把他赎出来。所以，南朝寺庙非常多。杜牧《江南春》“南朝四百八十寺，多少楼台烟雨中”的诗句，就是对此的形象描述。

梁武帝到了晚年，没有心情再去管理朝政，而是潜心研究佛学理论。他在位四十八年，活了八十六岁。但是，由于晚年行为怪诞，错用侯景，导致了“侯景之乱”。最后，他以帝王之尊被活活饿死在台城里。梁武帝死后仅仅八年，萧姓的天下就又被篡夺了，这就是南朝的最后一个朝代——陈。

宋朝皇帝姓刘，齐梁两朝皇帝都姓萧，这第四位皇帝，姓和国号相同。宋、齐、梁三个朝代都是短命的，那么，陈朝的命运又会如何呢？公元557年，陈霸先篡夺了萧方智的政权，建立陈朝，史称陈武帝。陈朝是南朝最弱小的朝代，这个弱小的朝代传到第五代出了一个极为荒唐的皇帝——陈后主。

陈后主(553—604)，即陈叔宝。他的特点是“生于深宫之中，长于妇人之手”。在陈叔宝的眼里，国家大事跟他没关系。他认为和那些美丽的嫔妃一起游戏、作诗、作曲才是他的正业，管理国家则是他的副业。隋兵攻到城下进入宫中后发现，告急文书居然连拆都没拆就被扔在床底下。陈后主竟然荒唐到了这个地步！他对作为一个皇帝的尊严，也是没有概念的。一看隋兵杀进来，他和张贵妃、孔贵妃三个人抱成一团，躲在一口井里，就是不出来，到最后还是隋兵用绳子把他们一一吊上来的。这等君王主政，不亡国岂不怪哉？

南朝的历史一共一百七十年。那么，北朝的情况如何呢？五胡十六国混战之后，鲜卑族统一了黄河流域，建立了北魏。但是，《三字经》中为什么称北魏为北元魏呢？这个“元”字，包含了怎样的历史事件？北魏后来是怎么分裂成北周和北齐的？

公元386年正月，拓跋珪于牛川(今内蒙古呼和浩特西南)重建代国(北魏前身)，迁都盛乐(今内蒙古和林格尔)，至同年四月改国号为魏，史称“北魏”。那么，为什么《三字经》又叫“北元魏”呢？这一个“元”字，透露出非常丰富的历史信息，它告诉我们，中国历史上发生过一次著名的改革——北魏孝文帝改革。

孝文帝(467—499),北魏的第七位皇帝,孝文帝是他的谥号。公元471年,孝文帝继位。公元490年,二十四岁的孝文帝开始亲政,并决心采取改革措施。他首先明确规定官员的俸禄标准,将俸禄制度化,并严厉地惩办贪官污吏,实行均田制。在中国历史上类似均田制的这种分田活动进行过很多次。北魏的均田制就是把荒地分给农民,成年男子每人四十亩,成年女子每人二十亩,让他们种植谷物。除此之外,还给他们一些田种桑树,这样人们可以衣食丰足,同时也使土地有人开垦,有人耕作。当然,拥有这些地的人必须向官府缴纳租税,去服劳役。这样一来,北魏的国力开始强盛起来。北魏在孝文帝之前的近百年内,定都平城(今山西大同东北)。孝文帝亲政后就下了一个决心——迁都,把都城从平城迁到今天的洛阳。这就进入了中原的心脏地带。孝文帝以洛阳为国都,不仅有利于控制整个中原地区,而且也可以更多地受到中原汉文化的影响,更有利于汉化改革的进行。

接着,孝文帝按原定计划,进一步推进移风易俗的汉化改革。第一,改说汉话。他下令鲜卑族三十岁以下的人必须改口说汉话,三十岁以上的人可以慢慢学。只要是三十岁以下当官的,一律说汉话,不说汉话就降职或者撤职。第二,全部穿汉人的服装,同时鼓励鲜卑人和汉族人通婚。第三,改用汉姓。北魏孝文帝叫拓跋宏,本来姓拓跋,现在改姓元。所以《三字经》里面才用"元"字,叫"北元魏"。而魏孝文帝从此改名叫元宏。

孝文帝大刀阔斧的改革,使北魏的政治和经济有了飞速的发展,而且以一种和平的状态,用主动融入的积极方式,促成了鲜卑族和汉族的大融合。但是,像孝文帝这样的皇帝,不可能代代都出。所以,孝文帝以后的北魏开始走向衰落。公元515年,北魏孝明帝年幼继位,他的母亲胡太后辅政。胡太后非常奢靡,同时又笃信佛教,并举全国之力来弘扬佛教,为佛事花费了大量的人力、财力,大大削弱了北魏的国力。公元528年,胡太后毒死孝明帝,控制朝政。此后,内乱不止,直接导致北魏土崩瓦解。

北魏时期佛教盛行,那时开始修建的云冈石窟和龙门石窟,现在已经成为世界文明史上的珍贵遗产。但是,因为修建石窟耗资巨大,孝文帝改革后形成的强盛国力开始衰弱，北魏又出现了分裂。

那么，北魏是怎么分裂成东西两个部分的？他们之间的争斗，如何给盛行的佛教带来了一次毁灭性的灾难呢？

后来高欢和宇文泰两个人分掌大权，控制了北魏，北魏慢慢地开始分裂。公元534年，高欢控制了东魏，定都邺(yè)城(今河北的临漳西南一带)。公元535年，宇文泰控制了西魏，定都长安，也就是今天的西安。这就是《三字经》里讲的“分东西”。当然，这两位权臣的后代最后都当了皇帝。东魏高欢之子高洋建立了北齐，也称高齐。西魏宇文泰之子宇文觉建立了北周，也称宇文周。这就是《三字经》里“宇文周，与高齐”的来历。在他们打来打去的过程中，城门失火，殃及池鱼，引发了中国历史上非常著名的一次法难。北周武帝宇文邕(yōng)，鲜卑族，小名叫祢罗突，公元560年到公元578年在位，是宇文泰的第四个儿子。由于北周、北齐相互攻打，北周很多壮丁死于战乱，人口越来越少，自然灾害也不断侵袭。当时佛教很兴盛，寺庙里的和尚占了人口总数的十分之一，僧人的数量巨大。而这些僧人一不当兵，二不纳粮，三不生产。北周武帝就觉得这太妨害自己的统治了，必须取消佛教！他下令毁去寺庙，让僧人全部还俗，该当兵的当兵，该种地的种地。这就是历史上有名的“武帝灭佛”。中国历史上的反佛，历代的法难，往往都是出于政治和经济方面的考虑，并不是由于佛教的教义，或者倡导的观念和价值观不对，而是因为僧人太多，佛教太盛，导致国家征税、征兵困难。灭佛的确带来了实效，北周变得国力强盛，公元577年，吞并掉了北齐。

北齐之所以被北周灭掉，外部原因是北周采取了各种发展措施，提高了国力；内部原因则是北齐自己不能自主自强。北齐这个朝代最著名的就是“盛产”无能昏庸的皇帝，其中最有名的是齐后主。

齐后主高纬(565—576)，奢靡无度，宠信奸臣，手段十分残忍。他手下有个宫廷乐师，叫曹僧奴。曹僧奴有两个女儿，都很漂亮，被选到宫里。大女儿大概比较端庄，史籍上讲“不善淫媚”，就是不大会去讨好皇帝，高纬就剥掉她的面皮，把她赶出宫去。小女儿曹昭仪善于弹琵琶，也非常懂得讨高纬的欢心，极受宠幸，所以高纬给这个小女儿大肆建造雕栏画栋。皇后穆氏就想方设法要把极受宠爱的曹昭仪除掉，便诬陷她有厌蛊术。厌蛊术是一种巫术，对皇帝不利。高纬也不问明是非，就赐死曹昭仪。皇后本来挺高兴，可高纬扭头又去宠幸董昭仪，并大肆选美纳妃。穆皇后实在没办法，只能把自己的苦水倒给一个侍女。这个侍女可能是中国历史上“最牛”的侍女，叫冯小怜。这个冯小怜貌美聪慧，精通乐器，而且工于歌舞。她对皇后说：“我去离间皇帝和各位妃子的关系，您安心等我的好消息吧。”美人计果然很奏效，齐后主极度宠爱这个冯小怜，两人坐必同席，出必并马。这齐后主再也没有去惹别的女人，但是也彻底忘记了穆皇后。而且冯小怜的出现，不仅没有解决问题，反而使齐后主更加沉溺于酒色之中。晚唐著名诗人李商隐的《北齐》，就形象地描写了齐后主和冯小怜的荒淫无度：“一笑相倾国便亡，何劳荆棘始堪伤。小怜玉体横陈夜，已报周师入晋阳。”由此可见，齐后主宠幸冯小怜，直至不理朝政、国无政令，是北齐亡国的重要原因之一。在齐后主统治时期，国家乌烟瘴气，好多老百姓活不下去。消息传到北周，宇文邕觉得这是个好机会，下令周军伐齐，备齐六万兵马向长安进发。而当警报传来的时候，高纬正带着冯小怜在打猎。警报一连来了三次，高纬却说：“急什么，小怜没事，不急不急，只要小怜没事，战败又怎么了？”第二天，北周的军队就打进来了。高纬只能出兵迎敌，但他还不忘带上冯小怜。作战时，冯小怜在旁观战，按史籍的描写，她“画眉刷鬓，涂脂抹粉”。这仗还怎么打？结果，北齐的军队溃败，只有几十个人跟着高纬逃到了邺城。冯小怜在后面没能跟上，高纬为了让冯小怜进城来，下令把城北的城墙凿开，要把冯小怜接进来。为了稳定局势，一位大臣就说：“陛下，您应该登上城墙对守卫城门的将士，发表一个演说以鼓舞军心。”高纬说：“你给我拟个稿子。”这个大臣很忠于职守，就尽心竭力准备了稿子，讲了哀兵必胜，大家齐心协力克敌制胜的道理。高纬捧着稿子登上城墙讲话，把稿子打开来一看，他觉得太滑稽了，竟然在城墙上大笑起来。这样的皇帝怎么可能不亡国？北齐五十州、一百六十二郡的人口都并入北周，北齐灭亡。高纬在位一共12年，而北齐从高洋篡权到灭亡仅28年。

第22章

迨至隋[1]，一土宇[2]，不再传[3]，失统绪[4]。

①迨(dài):等到。隋:公元581年杨坚代周称帝,国号隋。

②一:统一。土宇:天下。

③再传:指社稷不再传续。再:第二次,二次。

④统绪:帝统,这里指天下。

短暂却辉煌的隋朝

隋王朝的建立，结束了南北朝时期长期混乱的局面，国家又回到了统一的年代。作为开国皇帝的隋文帝，为什么要把国号定名为隋呢？隋炀帝又是怎样取得皇位的呢？隋炀帝在位不过十几年，隋朝就灭亡了，隋王朝为什么会如此短命呢？

公元577年，北周武帝灭了北齐，统一了北方。北周武帝之后是北周宣帝，宣帝死后，宣帝的岳父杨坚篡夺了北周的政权。公元581年，杨坚建立了隋朝。中国在经历了二百七十多年的分裂之后，又归于统一，由此进入了隋唐盛世。

隋朝共两位皇帝，从公元581年建立，到公元618年灭亡，还不到四十年，是中国历史上统一形态下非常短命的一个朝代。所以《三字经》说，到了隋朝，结束了南北朝分裂的局面，统一了全国。可是隋朝只传了一代，就失去了天下。

隋文帝(541—604)，名杨坚，弘农郡华阴(今陕西华阴)人。《北史》中有关隋文帝的记载是非常正面的，说他“美须髯”，即胡子特别漂亮；“身长七尺八寸”，不能按照今天的尺寸来算，但当时肯定也是一个一米八九的大高个；“状貌魁伟，武艺绝伦”，意思是身材魁梧，武艺高强；“识量深重，有将率之略”，非常有见识，非常有雅量，是一个当统帅的人物。

公元589年，隋文帝挥戈南下，灭掉了割据南方的陈朝，统一了全国。杨坚这个名字是汉名，他还有一个鲜卑族的名字，叫普六茹坚，但是这个“六”在当时读“lù”，现在南方很多方言当中还是读“lù’。他还有个小名，叫那罗延，这是佛教梵语，意思就是大力士。他的父亲是西魏和北周的军事贵族，北周武帝的时候当了柱国大将军，被封为隋国公，所以后来杨坚把国号定为隋。

隋朝的建立，结束了中国长期混乱的局面，使中国又回到了统一年代。但是，由于经历了数百年的分裂，民生凋敝，国库空虚，百废待兴。对于这样一个刚刚恢复统一的国家，隋文帝会采取哪些治理措施？这些措施对于后世又产生了怎样的影响呢？

隋文帝有许多影响后世的重大创举。第一，确立三省六部制。在官制上，中央设三个省，尚书省、门下省、内史省，彼此相互牵制。特别是尚书省，作为国家的最高行政机关，下设吏部、礼部、兵部、都官、度支、工部，共六部。六部后来演变为礼部、吏部、兵部、刑部、户部、工部，一直沿用至清朝。第二，简化地方官制，修订了中国法律史上很著名的《开皇律》。《开皇律》即开皇年间修订的法律，以简明宽平著称。它将前朝的八十一条死罪、一百五十四条流罪、一千余条徒杖及灭族等酷刑一概废止。除此之外，减缓刑罚，比如原来应该判五年的现在改判三年，原来判七年的现在改判五年。它强调处置人犯要采取审慎的态度，不能草菅人命，有效地防止了冤案的发生。第三，再次发布均田令，设置粮仓。隋文帝在位的时候，设了官仓和义仓。官仓就是当时全国各地运到中央政府给官员、军队的粮食。隋文帝把它们集中分段运输，在黄河沿岸设置米仓存好。根据后来唐朝人的估计，到隋文帝末年，所积存下来的粮食够吃五六十年了。还有义仓，义仓就是民间救济、应急的粮仓。一旦遇到荒年，可以就近开仓，使老百姓不至于马上饿死，这对人民的生活是一项有力的保障。

隋朝开皇年间，盛世气象恢宏磅礴。隋文帝下令修建西京大兴城，也就是后来唐朝的长安。隋朝的大兴城，是当时全世界当之无愧的第一城，它的设计和布局，后来极大地影响了日本和朝鲜的城市建设格局。日本的京都和奈良，都模仿了大兴城的建设格局。

更重要的是，隋文帝在公元584年派人开漕渠。从大兴城的西北引渭水，通过汉代河道，到潼关入黄河，长一百五十多公里，这就是有名的广通渠。广通渠标志着修建大运河的开始。大运河连接了黄河流域和长江流域，连接了中华文明最重要的组成部分，它是很伟大的。大运河作为古代中国的经济主动脉，直到清朝晚期才被海运所取代，历时一千多年。大运河沿线的城市都曾是中国历史上最繁荣的城市，比如扬州、苏州、杭州等。

在隋文帝杨坚的精心治理下，隋朝政权稳固，社会安定，积蓄充盈，文化发展，国家强盛，民生富庶，史称“开皇之治”。但就是这样一位有着雄才大略的皇帝，却惧怕夫人独孤皇后，是中国历史上比较少见的有名的惧内皇帝。隋文帝的皇后姓独孤，十四岁嫁给隋文帝。独孤家和杨家是生死之交，两家关系很好。隋文帝的五个儿子均为独孤皇后所生。正因为他惧内，听信了皇后的话，才废了长子杨勇的太子位，改立杨广，即后来的隋炀帝。在独孤皇后逝世不久的公元604年，悲剧终于降临了。

公元604年，杨坚到长安西北一百多公里外的仁寿宫，就是今天陕西的麟游去避暑。杨广那个时候已被立为了太子，就入宫来侍奉自己的老父亲。当时杨广内心兴奋，觉得自己快当皇帝了，实在抑制不住，居然对隋文帝宠爱的陈夫人垂涎三尺。他趁陈夫人上厕所时，伺机调戏陈夫人。杨坚那时正在病中，一看自己宠爱的夫人神色慌张，就问怎么回事？陈夫人垂泪说了四个字："太子无礼。"杨坚已经到了衰老之年，史籍上记载他说了四个字："独孤误我。"因为他听信了独孤皇后的话，把长子杨勇给废了，立了杨广做太子。这时候他还有一口气，就命令自己的两位亲信到长安去召杨勇来仁寿宫。杨广得到消息，马上令杨素将使臣逮捕，不准他们到长安接杨勇。同时他又派人包围仁寿宫，断绝讯息。杨广的一个部属叫张衡，闯进隋文帝杨坚的卧室，把杨坚拖起来，猛击他的胸部。张衡可能是个猛将，打得杨坚口吐鲜血，杨坚就这样被活生生地揍死了。这时继位的就是隋炀帝杨广，历史上对他的评价和他的父亲相比，有天壤之别。

隋炀帝杨广，弑父杀兄，荒淫残暴，生活奢靡，弄得民不聊生，民怨鼎沸，是中国历史上少见的暴君。但也有人认为，隋炀帝继位以后，在某些方面也取得了一些成就，还是应该肯定的。那么，隋炀帝都在哪些方面取得了成就？我们又应该如何看待这样一位皇帝呢？隋炀帝（569 — 618），从公元604年继位，到公元618年被杀死，总共在位十五年。历史上经常把他比作商纣王和秦始皇。但是除了他的荒淫、奢靡以外，他也不是完全没有作为的。按照历史事实，我们可以举出以下几点：

第一，一统江山。公元589年，年仅二十岁的杨广被封为隋朝兵马都讨大元帅，率领五十一万大军攻打陈朝。军队在杨广的指挥下，纪律严明，骁勇善战，一举突破长江天堑，所向披靡，而且对百姓秋毫无犯。对于陈朝富足的库藏之产、金银财宝一无所取，全部上缴。杨广在当时博得了人民的广泛赞扬，“天下皆称广以为贤”。二十岁的杨广参与并且在一线亲自指挥了统一中国的大业，结束了三四百年的战乱时代。

第二，下令继续修建大运河。他的父亲修了广通渠，这是第一步工程，只有一百五十多公里。隋炀帝则下令修建南北大运河，将钱塘江、长江、淮河、黄河、海河全部连通起来，完成如此浩大的工程，十分不易。大运河以洛阳为中心，北达涿郡，南至余杭，全长两千多公里，是古代最长的运河。它的开通，大大促进了我国南北经济、文化的交流。历史记载，当时运河上“商船旅往返，船乘不绝”。

第三，开拓西域。大业五年(609)，隋炀帝率大军从京都长安(今西安)浩浩荡荡出发到甘肃陇西，西上青海横穿祁连山，经大斗拔谷北上，到达河西走廊的张掖郡。这次出行决不是游山玩水，个人玩乐的。因为西部自古大漠边关，自然条件环境恶劣，隋炀帝还曾遭遇暴风雪的袭击。此峡谷海拔三千多米，终年温度在零度以下。士兵冻死大半，随行官员也大都失散。隋炀帝也狼狈不堪，在路上吃尽苦头。隋炀帝这次西巡历时半年之久，远涉到了青海和河西走廊。在封建时代，中国皇帝抵达到西北这么远的地方，只有隋炀帝一人。隋炀帝西巡过程中置西海、河源、鄯善、且末四郡，进一步促成了甘肃、青海、新疆等大西北成为中国不可分割的一部分，意义重大。

第四，三游江都。隋炀帝乘坐有四层楼高的龙舟，沿着大运河浩浩荡荡南下江南，虽然劳民伤财，耗费巨大，但是，江南整体分裂出去已经有几百年的历史了，皇帝巡视刚刚统一的江南，却也表示了对江南的充分重视。

第五，三征辽东。隋炀帝认为高句丽是商纣王的叔叔箕子所封之地，所以，他三征辽东。这三次都没有成功，却消耗了国力，引发了民怨。但是，从历史上来看，他当时去征伐高句丽是得到人民拥戴的，起码在开始的时候人民是支持的，只是它的结果和初衷不一定相契合。

应该说隋炀帝是一个有作为的皇帝，他的文功武治都有可取之处。但是，我们也要承认，隋炀帝的罪恶也是深重的。

历史好像开了一个玩笑，当初是靠政变上台的隋炀帝，结果又在政变中被杀。而杀害他的人，又恰恰是当年被隋炀帝的父亲隋文帝谋害的宇文家族的后裔。那么，历史上关于隋炀帝的死，又是如何记载的呢？

隋炀帝喜欢照镜子。他总是一边照镜子一边摸着自己的脖子说："哎呀，好一个脑袋，可惜不知道将来谁来砍它。"这是见于史籍记载的所谓的"揽颈摸脖"。

公元618年，禁军将领宇文化及利用隋朝民怨四起的时机发动兵变，将隋炀帝看管起来。最终隋炀帝解下自己的汗巾，交给宇文化及的手下，宇文化及的手下就用这汗巾把他勒死了。

隋朝存在的时间很短，但是却建立了正式的行政区域，实施有效管辖的国土范围也超过了以往，甚至连后来的唐朝都没有完全恢复隋朝的版图。越来越多的学者认为，唐朝或许更多的是隋朝的延续。因为唐朝的国家体制、政治制度、经济制度，基本上照搬隋朝。从某种意义上看，如果要在中国漫长的历史长河中寻找一个朝代来和隋朝作比较的话，那么，大概只有秦朝可以与之相比。

隋朝以后的中国进入了唐朝，唐朝对于中国文化乃至世界文化的意义，我们大家都是有所了解的。那么，《三字经》是怎么来总结唐朝这段历史的？请看下一章。

第23章

唐高祖[1]，起义师， 除隋乱[2]，创国基[3]。
二十传[4]，三百载[5]，梁灭之[6]，国乃改。

①唐高祖：唐王朝的创建者李渊，公元618年—公元626年在位。
②除：清除。
③国基：统治的基业。
④二十传：唐代共有二十位皇帝(一说有二十二位皇帝)。
⑤三百载：唐代统治延续了二百九十年，说“三百载”是取整数。
⑥梁：公元907年，朱温篡位称帝，以梁为国号，史称“后梁”。

赫赫大唐

隋朝末年，李渊起兵，结束了隋王朝的统治，开创了大唐王朝三百年的基业。那么，李渊为什么能够异军突起，建立大唐王朝？李渊与隋炀帝杨广是什么关系？李渊为什么要把国号命名为唐？然而天下初定，李渊的皇位坐得并不安稳，以太子李建成和秦王李世民为代表的政治阵营，展开了激烈的权力斗争，最终引发了“玄武门之变”。那么，这一政变的来龙去脉，究竟是怎么一回事呢？李世民又是怎么当上皇帝的呢？

“唐高祖，起义师，除隋乱，创国基。”对于中国，乃至整个古代世界来讲，唐朝实在是太重要了。我想大概也是基于这样的考虑，《三字经》的作者拿出整整一节十二个字来讲述唐朝开国。这在《三字经》中很少见。一般情况下，《三字经》的十二个字要派很大的用场，有的时候要把一个朝代讲完，有的时候要把几个朝代讲完，但是在这里仅仅讲了唐朝开国。

隋朝末年，烽烟四起。在纷纷起义的群雄中，唐高祖是一个很特别的人。唐高祖李渊（566—635），唐朝开国皇帝，公元618年至公元626年在位。他有一个鲜卑姓，叫大野，所以也可以叫他大野渊。李渊的母亲姓独孤——也是典型的鲜卑姓。说起独孤氏，我们知道隋文帝的皇后也姓独孤。没错，她们是亲姐妹。也就是说，李渊就是隋炀帝杨广的表哥。当时李家、杨家、独孤家……这些人属于“关陇军事贵族”（关是关中，即现在的陕西；陇是现在的甘肃），先后开创了三个朝代——北周、隋、唐，是当时最厉害的一个“政治俱乐部”（独孤家族中，还有一个是北周的皇后。也就是说，独孤家族三姐妹，分别是三个朝代的皇后——这肯定是空前绝后的。后来虽然也有宋氏三姐妹，那也远不及独孤氏三姐妹的辉煌）。李渊的祖父和父亲在西魏北周的时候，就已经是相当大的官。他的父亲，在隋朝时被封为唐国公。唐朝的国名也是这么来的，就像隋朝国名的来历一样。

李渊七岁就继承了唐国公的爵位，十六岁时做隋文帝的贴身侍卫。作为隋文帝、隋炀帝的亲戚和当时的北方军事贵族，他非常受隋炀帝的重用。李渊是一个高明的政治家，而且年轻时身手极佳。他的妻子——窦氏，就是他用自己高超的箭术赢回来的，成就了一段“雀屏中选”的佳话。

说来，这个窦夫人，也就是李世民的母亲，从小就不同凡响。她妈是北周公主，她的舅舅就是北周的皇帝。当她还是小女孩的时候，舅舅家被杨坚给夺了皇位，她很生气，发狠说：“要是我是个男儿，我一定要替舅舅报仇！”（而神奇的是，后来她的丈夫和儿子替自己完成了这个几乎不可能完成的任务。不过很可惜，她没来得及看到这个辉煌就去世了。后来李世民每当想起这个，总是会难过落泪。）因为窦氏是这样一个奇女子，所以父母就想着给她找个英雄丈夫。于是给那些求婚者出了一道难题——以一个画了孔雀的屏风为靶子比赛射箭，中孔雀眼睛者中选。结果李渊一上来，嗖嗖两箭，正中两只眼睛。于是皆大欢喜，英雄抱得美人归。

公元615年，李渊被调任太原，太原正是他起家的大本营。太原的地理位置在中国历史上是非常重要的。太原城池坚固，钱粮充足，历来号称中原北大门，更是隋朝抗拒突厥的一个屏障。当时，隋末的农民起义势力并不强，但到处都在打仗。李渊很聪明，他认为仅凭隋朝的力量，是不可能平息这遍地烽火的。他也非常了解自己这个姨表兄弟隋炀帝，了解他的为人，了解他的猜忌，了解他的嗜杀，所以他担心在这样的乱世，难以自保。

当时也确实发生了一件很怪的事情。有一个看风水的术士，禀告隋炀帝：“龙门一带突然出现了浓厚的天子气。”而且他还算出一卦，说：“有一位姓李的大将最终不利于隋朝。”隋炀帝一听，当即就对李渊产生了防范之心。所以他先在太原设立一个宫殿，叫汾阳宫，表面上是他避暑用的，实际上是监视李渊之所。隋炀帝一度还动过这么一个脑筋，不是有个姓李的大将要对隋朝不利吗？他也不管是今天的大将，还是未来的大将，就先把天下姓李的都给杀了。确实，有数不清的姓李的人遭了殃。其实隋炀帝真正要杀的应该是李渊，但是因为李渊是他亲戚，所以就躲过去了。

隋朝末年，变乱四起，隋王朝摇摇欲坠。当时李渊虽贵为皇亲国戚，却仍然无法打消隋炀帝对他的猜忌。为求自保，李渊决定起兵。但是，起兵反隋是件大事，稍有不慎，就会遭灭门之灾。那么，李渊将如何谋划此事呢？

李渊和他的次子李世民，即后来的唐太宗，在大业十三年(617)五月起兵，并且召回当时在外地的长子李建成、四子李元吉。李渊起兵以后，一方面派刘文静出使突厥，希望当时的始毕可汗派兵马相助；一方面招募军队，在七月份挥师南下。李渊在起兵的初年，曾经向突厥称臣，当时使用的军旗是突厥的军旗，上面有狼头。这一点后来的史书都讳莫如深了。回到历史当中，其实也没有什么可大惊小怪的。当时，完全出于现实政治的需要，必须有突厥的支持。否则，如果李渊从抵抗突厥的北大门太原发兵南下，而突厥从背后突然袭击，他还能南下吗？所以，这是必然的。

趁李密领导的瓦岗军和困守洛阳的王世充激战正酣的时候，李渊夺取了关中。同年十一月，李渊就占领了长安，由此在关中站稳了脚跟。李渊进入长安以后，立了隋炀帝的一个孙子杨侑为天子，这就是隋恭帝。隋朝按说不止两位皇帝，但通常认为这个皇帝不算，因为这是假的，是李渊立的。并且李渊还改年号为义宁，遥尊隋炀帝为太上皇。然后，他又让隋恭帝授自己好多官衔。这个隋恭帝懂什么啊？就授了李渊为大都督内外诸军事、尚书令、大丞相，晋封唐王，总理万机。这样，李渊就把自己完全合法化了，显得跟农民起义不一样，农民起义是造反，他不是，他是隋朝的天子所封的朝臣内属。

公元618年，李渊一看天下那么乱，就自己称帝了，改国号为唐，定都长安。

李渊称帝，结束了隋炀帝的残暴统治，开创了大唐王朝三百年的基业。然而，就在天下初定、唐王朝建立不久之时，李渊的皇位坐得并不安稳。当时皇室内部矛盾重重，最终引发了历史上著名的玄武门之变。那么，这一政变的来龙去脉，究竟是怎么一回事呢？

在协助父亲一步步夺取天下的征战中，李世民屡战屡胜。据说李世民刚出生三天，就有个会相面的书生自己上门来，说这孩子有“龙凤之姿”，以后必是

非常之人，二十岁时将“济世安民”。于是李渊就给他取名叫“世民”。而二十岁，正是晋阳起兵之时，李世民从此开始了以武力一统天下的征程。

二十岁的李世民，形象已经是很威武了，长着一副大胡子——“虬髯”。唐人甚至给他取外号叫“髭圣”，意思是“大胡子皇帝”。虬髯是英豪人物的典型标志。唐代传奇风尘三侠中，就有“虬髯客”，这也是一个意欲争夺天下的豪侠。李世民从小就娴习武艺，特别擅长箭术，他所用的弓箭与众不同，不仅比普通弓箭都大一倍，而且箭的尾端装有四支白色羽毛(一般的箭尾是两支羽毛)。这样的箭能飞得更远。据说李世民一箭之威，能够在百步之外“射洞门阖”，就是能把门给射穿，力道之强，令人惊异；突厥人曾在战场上得到了李世民的箭，到处传看，叹以为神。

那么，赫赫战功给李世民带来了什么呢？首先是有了威望，有了问鼎皇位的资格。而魏徵早就说过“秦王功盖天下，中外归心”。而且，李世民也获得了军心。这点很重要。其次，这些战功的获得，也不可避免地让李世民有了更大的野心。最后，也是最重要的是，在战争过程中，他建立起了完全忠于自己的一个班子，一个利益集团。文臣有长孙无忌、房玄龄、杜如晦等，武将有尉迟敬德等。这些功臣追随李世民，都立下了大大小小的功劳。但也毫无疑问，主子和追随者已经连成一体，所谓一荣俱荣，一损俱损。如果李渊继续做皇帝，他们都还能混得不错。但如果太子建成继位的话，包括李世民在内的这个圈子，下场是可以预见的。他们不能期待李渊活到一百岁吧？

秦王李世民认为，在唐朝建立的过程当中，自己的功劳远远超过了太子李建成；而太子李建成也清楚地知道，自己能不能安稳地当皇帝，要看李世民。为此，李世民和李建成弟兄之间展开了激烈的争夺皇位的内斗。

以太子李建成和他的弟弟李元吉为一方，以秦王李世民为一方，双方为争夺皇位积累起来的仇恨终于表面化了，并发展成你死我活、骨肉相残的权力斗争。公元626年，著名的玄武门之变发生了。

公元626年，突厥人开始侵犯边境，李建成向唐高祖李渊提议，派李元吉去抵御突厥人。他是想以这个为借口，趁机调走李世民手下最精锐的将军和士兵。同时李建成和李元吉主动贿赂接近李世民的人，策划他们倒戈。局势到了这么一种状态，李世民身边的人，一再劝李世民对他这两个兄弟采取断然的手段。我们从史籍记载来看，李世民下决心杀掉他的哥哥和弟弟是考虑了很长一段时间的。而且是一个突发事件刺激了李世民，促使他下决心动手。什么事情呢？

李元吉要出兵去抵抗突厥，那么作为哥哥的李世民应该去为他送行，以壮行色，而李建成和李元吉就准备在李世民来送行的时候，把李世民杀掉。有人将这件事告密给李世民，促使李世民终于下决心先下手为强。他就把打扮成道士的房玄龄和杜如晦秘密地接到自己的营地，帮他拟订计划。同时，他又收买了玄武门的禁军将领，为自己所用。玄武门是长安太极宫北面城墙的中心，是出入皇城的要道，所以，禁军都是驻扎在那里的。

六月初三，李世民上了一个奏章。这个奏章有点儿捕风捉影，说李建成和李元吉秽乱后宫，也就是说自己的哥哥和弟弟与父亲的嫔妃有不正当的来往。于是，唐高祖李渊下令调查。唐高祖的一个嫔妃跟李建成和李元吉他们有点儿特殊关系，第二天一早，她就把李世民举报他们的消息告诉了李建成和李元吉。这个时候李建成和李元吉犯了一个致命的错误，什么致命的错误呢？他们决定不在朝廷上进行分辩。因为牵涉宫里的嫔妃，如果在大庭广众之下进行辩白，是很难听的。他们两个决定直接去见李渊，向他说明情况。他们没想到李世民会动手，所以没带几个人，骑马直奔皇宫。这个时候，李世民率领自己的心腹，已经秘密地到达了玄武门，做好了在这里伏击的布置。当李建成、李元吉骑马到达玄武门的时候，他们遭到了李世民的袭击。李建成被李世民当场射死，李元吉则被尉迟敬德所杀。

玄武门之变，李世民虽然是胜利者，但是，这却是一场充满着刀光剑影、血雨腥风、手足相残的人间悲剧。李世民为夺皇位，已将自己的两个亲兄弟杀死。那么，对于自己的父亲李渊，李世民又会怎么办呢？玄武门之变后，李渊和李世民这对父子间，究竟又发生了什么事情呢？

玄武门之变以后，李世民派尉迟敬德去向唐高祖报告这个结果。尉迟敬德

曾经差一点儿被唐高祖杀掉，因为李建成和李元吉老说他坏话，是秦王李世民把他保下来的。进宫报告的时候，唐高祖正在宫内的湖面上划船，看见尉迟敬德全副武装并扛着戈就进来了。按照唐朝的法律，携带武器冲进宫内，这是死罪。但是，尉迟敬德却无所顾忌，他告诉唐高祖，李建成死了，李元吉死了，玄武门的禁军现在听命于李世民，发生政变了。所以，李世民是逼李渊禅位的。很快，李渊就宣布退位为太上皇，李世民继位，这就是唐太宗。

唐高祖退位以后，无论在事实上还是名义上，都成了一个退隐的皇帝，只是偶尔出宫参加一些无足轻重的仪式。史籍记载，父子两人虽然住得很近，但唐太宗却不怎么去看唐高祖，对他很冷淡，只是在一些必要场合，向自己的父亲敬敬酒，说两句冠冕堂皇的话。而且李世民给他的父亲李渊所修造的陵墓也很小，规格也不高。所以说父子之间的感情很平淡。而李渊拿自己这个强悍的、有能力的、久经沙场的、羽翼丰满的儿子，一点儿办法都没有。唐高祖李渊在过了一段很失意的生活以后，死于太安宫，庙号高祖，葬于献陵。

李建成和李元吉，在正史上被说得一无是处。根据正史的一些记载，太子李建成桀骜不驯，沉湎酒色；李元吉非常喜欢打猎，在战场上反复无常，又是一个好色之徒，还是一个虐待狂。因为历史是胜利者书写的，所以未必客观。

而唐高祖也是中国史书上颇受轻视的一位君主。之所以如此，首先，因为他在位的时间很短，而且处在中国历史上最突出的两个人中间，前面是他的姨表兄弟隋炀帝，后面则是被中国传统史学公认为政治完人的唐太宗。其次，他建立唐王朝的功绩被他的接班人李世民精心地掩盖掉了，因为李世民要掩盖自己发动玄武门政变杀兄、逼父、夺位这一段历史事实。

实际上，正是唐高祖的建朝功绩，才使唐王朝在建立的初期就已经拥有了坚实的行政、经济和军事基础。我们完全可以说，唐高祖为自己儿子唐太宗的辉煌统治奠定了必不可少的基础。我想，这也就是为什么惜墨如金的《三字经》要花整整一节的篇幅讲唐高祖，讲他开创大唐的功业。

接下来,《三字经》讲:“二十传,三百载,梁灭之,国乃改。“二十传”是指唐朝皇帝的数量,即有二十位皇帝(一说有二十二位皇帝)。“三百载”是指唐朝的寿命,约有三百年。“梁灭之”,唐是被梁所灭,历史上称作“后梁”。“国乃改”,这个国家改掉了,不再叫唐朝,而是叫后梁了。

唐朝近三百年的历史一般被分为前后两节,分水岭为公元755年。公元755年以前的唐朝,出现了中国历史上著名的两个盛世;而公元755年以后的唐朝,就开始由盛转衰,直到灭亡。

第一个盛世“贞观之治”,是李世民开创的。李世民年轻时,追随父亲李渊起兵。由于长年带兵打仗,他对民间的疾苦有切身感受,所以非常重视百姓生活。他强调以民为本,说:“民,水也;君,舟也。水能载舟,亦能覆舟。”通过土地制度的调整以“安百姓”。另外,李世民还“重人才”,知人善任,从谏如流。用人和纳谏是“贞观之治”出现的重要原因。励精图治的唐太宗李世民最为后人称道的,就是他善于纳谏。而唐太宗的宰相魏徵,就是以勇于进谏而名垂青史的谏臣,留下了很多直言进谏的佳话。贞观十六年(642),魏徵生病卧床,唐太宗派去探视的中使道路相望。中使就是宫中的使臣。什么叫“道路相望”?即一拨还没出来,第二拨又去探望,整个路上全部是唐太宗派去探望魏徵的人。魏徵是一位很清廉的官,毫无积蓄,而且居然“家无正寝”,就是家里连间像样的卧室都没有。唐太宗立即下令,用自己原来修筑宫殿的材料,给魏徵造了一间大房子。不久,魏徵病逝。唐太宗亲临吊唁,并且放声痛哭。就在这个场合,唐太宗说了一段话,成为流传至今的千古名言:“夫以铜为镜,可以正衣冠;以古为镜,可以知兴替;以人为镜,可以明得失。”用好铜做一面镜子,可以端正自己的衣冠;以历史作镜子,可以知道一个王朝为什么兴衰;以别人作镜子,就可以知道自己的得失。

唐太宗去世后,唐朝经历了一段时间的混乱和纷争。到了唐朝第七位皇帝,也就是历史上著名的唐玄宗李隆基登上皇位以后,才平定了内乱。他励精图治,使唐朝出现了第二个盛世,这就是“开元之治”。

唐玄宗在位时间较长，从公元712年到公元756年，共四十五年。正是开元年间，唐朝真正成为世界上最强盛的国家。唐玄宗早期，也像唐太宗一样，知人善任，赏罚分明。他非常节俭，并规定三品以下的大臣及嫔妃，不允许佩戴金、玉饰物。他还遣散大量宫女，以节省开支。同时，他又清查全国的漏报户口和籍外田地，共查出八十多万户。在古代，如果查出一户人，就意味着增加一户税源，这样就大幅度地增加了唐朝的税收和兵力来源。由于这些措施，唐朝变得非常富裕，粮仓充实，物价十分便宜。当时要出远门，人们根本不带粮食，因为一路上都会有人提供免费食物。

可惜的是，这样大好的局面，在唐玄宗的晚年被破坏了。公元755年是唐朝历史的分界点，唐朝从这个临界点开始，发生了很大的变化，从此盛极而衰。导致这种情况的原因很多，诸如，地方长官的权力太大，中央政府控制权被削减，出现了内轻外重的局面；朝廷内的那些正直、有见识、负责任的大臣逐渐老退，后继无人，等等。除此之外，唐玄宗晚年时特别宠爱杨贵妃，由之牵带出的许多是与非，也被人们经常诟病。当然，将国家兴亡归于一位女性身上，是非常不客观的。但是，确实缘于唐玄宗对杨贵妃的格外宠爱，引发了一系列的政治恶果。

杨玉环与西施、貂蝉、王昭君并称为中国古代四大美人。为什么唐玄宗会对杨玉环如此宠爱？而唐玄宗对她的宠爱，又为什么会导致盛唐的衰落呢？

一个皇朝的兴亡有各种各样复杂的原因，但是，唐玄宗和杨贵妃之间的关系，的确超越了皇帝和宠妃之间的关系，并直接影响了唐朝后期的政局。从某种意义上讲，这也是唐朝由盛转衰的一个重要原因。

从历史记载看，杨玉环应该是姿色丰艳、善于歌舞、精通音律、聪明过人，非常善于讨好和逢迎皇帝的。唐玄宗为之神魂颠倒，在宫中不称贵妃，而是称娘子，礼遇等同于皇后。杨玉环得宠之后，她的族兄杨国忠也因此飞黄腾达，升任宰相，身兼十余职。

天宝十年，杨贵妃携杨家数人晚上出去游玩，与广平公主相遇。按常规，臣子的家人当然应该让公主了，可杨家不让。两边人马争执起来，杨家的家奴居然要挥鞭教训公主的奴仆。这一下全乱了，公主毕竟是李唐皇室的血脉，杨家怎么着也是个外戚之家，而且杨贵妃只是贵妃，又不是皇后。当时，公主的人挥动了一下鞭子，一不小心鞭子的末端擦到了杨贵妃，贵妃在马上一晃，落马了。驸马陈昌裔一看，吓坏了，赶紧跳下马，抢上前来，把那些打架的仆人分开，去扶杨贵妃。旁边杨家奴仆乘机冲上前来，把驸马给打了一顿。这下广平公主当然很生气，事后就跑到唐玄宗那里去哭。这件事情的结果是什么呢？杨家动手打驸马的奴仆被杀，但是，驸马丢了所有的官职。显然驸马吃亏了，因为在当时人的眼里杀一个奴仆无所谓。杨家的嚣张气焰竟然到了这样的地步。杨家在极度骄横的时候，一家人娶了两位公主、两位郡主，也就是说，他们已经跟皇室联姻。杨贵妃居然为她的父亲、祖父立了庙，这庙里面的碑文也都是唐玄宗亲笔题写的。

天宝中期，导致唐朝由盛转衰的关键人物安禄山，因为立了边功，受到皇帝的宠信。安禄山来朝见皇帝，唐玄宗令杨氏姐妹与安禄山结为兄妹，但是，却令安禄山拜杨贵妃为母。这不全乱套了吗？因为皇帝宠爱杨贵妃，要安禄山像侍奉母亲一样侍奉杨贵妃。安禄山为了讨好杨贵妃，竟然大跳胡旋舞。这是古时一种旋转飞快的舞蹈。但是唐朝的胡旋舞更难跳，要在地上铺一块丝帕，并且只能在这块丝帕上转。二百多斤的大胖子，为了讨好杨贵妃，在那上面转个不停，安禄山当时不敢说什么，但他的内心会怎么想？

唐玄宗年事已高，想传位于太子，而杨家的人不同意。杨家的人知道自己得罪的人太多了，如果失去了唐玄宗这个靠山，迟早没命。于是，杨国忠赶紧找杨贵妃商量。杨贵妃就嘴里衔着土块，去向唐玄宗请死，而唐玄宗居然因此放弃了传位给太子的念头。杨贵妃一个人的好恶已经影响到李唐皇室皇位的更迭。

晚年的唐玄宗，因为宠爱杨贵妃，造成了外戚专权，朝纲混乱。那么，唐玄宗晚年的行为，给唐朝的政治造成了什么样的后果呢？

公元755年，安禄山、史思明带头叛乱，这场叛乱就是著名的导致唐朝由盛转衰的“安史之乱”。由于杨国忠的无能，安禄山于同年十二月十二日就攻入洛阳。唐玄宗带着杨贵妃逃到了马嵬驿。太子李亨早就跟禁军的大将暗中商议好，由这位大将出面，杀了杨国忠父子，并且逼着唐玄宗赐死杨贵妃。杨贵妃是被勒死的，死的时候年仅三十八岁。匆忙之间，她就被葬在路边，随随便便拿着毯子一裹完事。

“安史之乱”长达八年，虽然被镇压了下去，但是唐朝的元气已伤，国家被折腾得一塌糊涂。“安史之乱”后的唐朝，基本上以地方割据为主，节度使手上都握有兵权，控制一方，根本不听朝廷的招呼，朝廷也不能派官去。节度使死了以后，儿子接着当节度使，朝廷根本管不了。公元875年，黄巢、王仙芝率领农民起义军揭竿而起，威震全国。公元881年，起义军攻陷长安，唐僖宗（873—888年在位）逃到四川。黄巢起义军后来被唐王朝组织的各路力量扑灭。在镇压黄巢起义中起家的军阀朱温，于公元907年废掉了唐朝的最后一位皇帝，建立了后梁，定都在今天的开封。

朱温出身贫寒，没有读过书。他参加农民起义后，又归降了唐朝。当时的皇帝唐僖宗，对朱温大加赏赐，加官晋爵，委以重任，并给他赐名朱全忠。本来指望他能忠于朝廷，没想到，正是朱温最后灭掉了唐朝，建立了后梁。那么，朱温是一个什么样的皇帝？后梁又为何如此短命呢？

朱温（852—912），小名朱三，唐朝宋州砀（dàng）山（今安徽砀山）人。朱温的父亲朱诚是一个乡村的私塾老师，他的祖父也是私塾老师。朱温既然叫朱三，当然是排行老三了。父亲早亡，所以朱温家里非常贫穷。兄弟三个，随母亲一起投靠到萧县一个叫刘从的地主豪强家里。在寄人篱下的生活环境中，朱温不仅没有形成软弱怕事的性格，反而格外狡猾、奸诈、凶残。

朱温是乡里的地痞，乡里人都很讨厌他。后来，朱温和哥哥朱存一起加入了黄巢起义军，受到黄巢的重用。黄巢打入长安后，他负责防守东线。他因为屡次被河中节度使王重荣战败，请求增援，黄巢没有答应。公元882年九月，在黄巢危急之时，他背叛了黄巢，率军投降唐朝，被唐僖宗封为左金吾卫大将军，赐名全忠。第二年，他与李克用等联合镇压了黄巢起义。此后，他以河南为中心，扩张势力，和李克用父子等人长年混战，致使黄河中下游地区的社会经济遭受严重破坏。混战中，他先后吞并了秦宗权、朱埴、朱瑾等藩镇，成为唐末最大的割据势力。

公元901年，他趁唐统治集团内乱之际，带兵进入关中，击败凤翔节度使李茂贞，夺得唐昭宗，控制了中央政府。不久，杀尽了朝廷内的宦官。公元904年，他又挟持唐昭宗迁都洛阳。在离开长安时，他还逼迫官吏、百姓一起东迁，并拆毁了长安的宫室、官衙和民房，将材料运往北方。

不久，他派人杀死了唐昭宗，立李柷为帝（即唐昭宣帝），并在一天深夜，将唐朝的三十几名大臣集中起来杀死，尸体扔进黄河。

公元907年二月，他干脆逼迫昭宣帝退位，自己称帝，建国号为梁，定都汴，建年号为“开平”。史称后梁。

建立后梁后，在治理国家方面，朱温也做了一些有益的事情。但是总体来看，朱温滥杀无辜，荒淫无耻，在历史上是出了名的，比如为了保证战斗力，他对待士兵非常严厉。每次作战的时候，如果将领战死，这个将领手下的士兵必须与将领共存亡。即便活着回来，照样杀掉。所以他的将士战斗力特别强。为了防止士兵逃亡，朱温想了个在士兵脸上刺字的办法。这样，如果逃兵在关口被抓住，一定是死路一条。

后梁并没有存在很长时间，公元923年，被后唐所灭。

第24章

梁唐晋[1]，及汉周[2]，称五代，皆有由[3]。

①唐：公元923年李存勖灭后梁称帝，国号唐，建都洛阳，史称“后唐”。晋：公元936年石敬瑭勾结契丹贵族灭唐称帝，以晋为国号，建都汴(今河南开封)，史称“后晋”。

②汉：公元947年刘知远击退入侵的契丹人后称帝，国号汉，建都汴，史称“后汉”。周：公元951年郭威灭后汉称帝，国号周，建都汴，史称“后周”。

③皆：都。由：缘由。

炎宋兴[1]，受周禅[2]，十八传[3]，南北混。

辽与金[4]，帝号纷[5]，迨灭辽，宋犹存[6]。

①炎宋：公元960年由赵匡胤所创建的宋朝，史称“赵宋”，以区别于南北朝时期的“刘宋”。根据传统的五行学说，它应该遵循五行中火德来确定尺度和服饰的色彩，故而人们亦称之为“炎宋”。

②禅：禅让。

③十八传：宋代以公元1126年为界分为北宋、南宋，共有十八位皇帝。

④辽：公元907年由契丹族首领耶律阿保机创建的政权，以契丹为国号，后改称辽，公元1125年为金所灭。金：公元1115年由女真族首领完颜阿骨打所创建的政权，公元1234年在蒙古和南宋的联合进攻下灭亡。

⑤纷：变化多端。

⑥犹：仍然。

从混战的五代十国到发展的两宋

唐朝灭亡之后，在中原地区相继出现了五个朝代以及割据西蜀、江南、岭南和河东的十个政权，史称五代十国。五代是后梁、后唐、后晋、后汉、后周。除后梁一个短暂时期以及后唐定都洛阳外，后梁大部分时期和其他三个朝代都以开封为首都。后梁和后周的君主是汉族人，后唐、后晋、后汉的君主是沙陀族人。他们都建国于华北地区，疆土则以后梁最小，后唐最大。十国是前蜀、后蜀、吴、南唐、吴越、闽、楚、南汉、南平（荆南）、北汉。北汉建国于今山西境内，其余九国都在南方。五代十国时期在中国历史上是最为混乱的时期，梁、唐、晋、汉、周五个小朝廷，皇帝一个比一个荒唐，王朝也一个比一个短命。这时期的小朝廷都有怎样的命运？又是谁结束了这种分崩离析的混乱局面呢？

后唐庄宗李存勖，与朱温是老相识，彼此经常交锋。李存勖（885—926），李克用的长子，自幼喜欢骑马射箭，得到过唐昭宗的赏赐和夸奖。从少年时代起，李存勖就随父亲南征北战，十一岁时跟随父亲向朝廷报捷。成人以后相貌雄伟，成为一名非常勇敢的战将。李克用在临死的时候曾经交给他三支箭，嘱咐他要完成三件大事：第一，要讨伐一个叫刘仁恭的人，并要攻克幽州（今北京一带）；第二，要征讨契丹，解除北方边境的威胁；第三，要消灭世敌后梁。他果真不辱父命，一一完成了三项使命，灭掉后梁后，当上了后唐的开国皇帝。

李存勖在战场上出生入死，不惜生命，是一员勇将。但是，当了皇帝以后，他却暴露出在政治上的昏庸低能。称帝以后，他不思进取，开始享乐，并且天天穿上戏装，上台演戏。在李存勖当皇帝的时候，所有的演员可以自由进出宫中，和皇帝打打闹闹，可以任意地戏弄朝廷大臣。那些大臣敢怒不敢言，因为知道这些伶人都是皇帝身边的红人，皇帝经常要和他们同台演戏的，根本就不敢惹。有的朝廷大臣、大将，为了在皇帝面前得到宠信，还要去贿赂、讨好这些伶人。李存勖也利用这些伶人作耳目，去刺探群臣之间的言行，置那些追随他、身经百战的将士于不顾。李存勖更是一个非常荒淫的皇帝。他有的时候还允许伶人和宦官随便去抢民女入宫，有一次居然把驻守澶（wéi）洲的将士们的妻子、女儿一千多人，全部抢入后宫。这怎能不民怨沸腾？怎能不众叛亲离呢？

公元926年，李存勖听信了宦官、伶人的谄言，杀掉了重要的大将，引起了内乱。各地的将领纷纷率兵攻打李存勖，而李存勖正要率兵去抗击叛乱，却被伶人郭从谦所杀，可谓自食其果。欧阳修这样评价李存勖：“方其盛也，举天下之豪杰，莫能与之争；及其衰也，数十伶人困之，而身死国灭，为天下笑。”意思就是当他强大兴盛的时候，天下的豪杰都来也打不过他；而当他衰败的时候，几十个戏子就能使他受困，自己被杀了，国也灭掉了，为天下所耻笑。

李存勖死了以后，李嗣源继位，这个李嗣源是五代历史上少见的好皇帝。史书记载，李嗣源经常晚上在宫内点上香，向天祷告：“某胡人，因乱为众所推；愿天早生圣人，为生民主。”他不是汉人，所以称自己为胡人。这句话意思是说天下大乱，所以大家就推他做皇帝了，希望老天能够早点儿诞生一个圣人，来为天下的黎民百姓做主。但是，这个皇帝也没有能够使后唐长命，后唐十四年后就覆灭了。

后梁皇帝朱温荒淫，后唐皇帝李存勖荒唐，都草草地断送了各自的江山。他们不能以史为鉴，不能克制自己的各种欲望，不能体恤百姓，不能遵守天地正道，因而也逃脱不了可悲的下场。那么，登上五代时期第三个王朝皇位的又会是谁呢？为什么他会背上千古骂名呢？

在后唐灭亡以后，接着登上五代时期第三个王朝——晋朝皇位的，就是在中国历史上背着两重臭名的皇帝石敬瑭。哪两重臭名呢？第一个是儿皇帝，第二个是汉奸卖国贼。

根据《旧五代史》的记载，石敬瑭（892—942）是太原人，他的祖先是战国时的魏国人，在汉朝当过大夫、丞相。有相当多的学者认为石敬瑭应该算是沙陀人。沙陀人就是突厥人的一个分支部落，世世代代居住在今天中国新疆境内，是一个游牧部落。后来，因为他们和周围的游牧部落争夺水草，连年战争，所以接受了唐王朝的接纳和庇护，向东迁移，被安置在山西大同附近。

石敬瑭性格非常沉郁，好读兵书。时任刺史的李嗣源十分看重和喜爱石敬瑭，并把自己的女儿嫁给了他。当李嗣源继位当了皇帝以后，石敬瑭官运亨通，掌握重权。到了李嗣源晚年，石敬瑭自告奋勇地出任了太原节度使，掌握了很大的权力，特别是兵权。在中国历史上的大多数时期，太原几乎就是中国的北大门，是中原和少数民族拉锯对抗的第一线。所以在太原，往往屯有重兵，而且城池坚固，粮草充足。李嗣源死后，继位的后唐皇帝与石敬瑭之间关系非常微妙，所以对石敬瑭这个手握重兵的节度使心怀疑虑。这样一来二去，就打起来了。石敬瑭因为在太原，离契丹很近，所以就请求契丹出兵援助。而在这一场后唐和石敬瑭的战争中，石敬瑭在契丹军队的支持下取得了胜利。也就是说，石敬瑭是在契丹的帮助下开创了后晋这个王朝的。在他们打仗的时候，石敬瑭已经认契丹的国主为“父”，并且承诺，只要他登上帝位，只要把后唐灭掉，他就会割让燕云十六州给契丹。燕云十六州包括今天的北京在内，一直到北方山西这一大片国土，共十六个州。此外，他每年还要贡献布帛三十万匹。

公元936年，石敬瑭在太原登基，改元天福，改国号为晋。接着他就率大军向后唐的国都洛阳进发，消灭了已经不堪一击的后唐，成功建立了晋朝。

以割让战略要地为代价、以甘当契丹皇帝儿子为条件登上皇位的石敬瑭，在历史上留下了千古骂名。那么，割让燕云十六州产生了哪些历史影响？石敬瑭的那位契丹父亲到底是个什么样的人呢？

石敬瑭割让燕云十六州带来了非常严重的历史后果。这个地区地形险要，历来就是中原王朝抵御北方侵扰的天然屏障，过了这片区域，就是大平原，无险可守。而北方游牧民族都是骑兵，一旦南下，中原政权怎么保？因此燕云十六州具有非常重要的军事意义。自从石敬瑭把这个地区割让出去以后，在接下来的几百年里，中原王朝一直处在北方游牧民族势力的威胁之下，迫使中原王朝每年都要动用大量的人力、物力加强防御，极大地影响和制约了中原地区社会、经济、文化的发展，特别是河北地区的发展。但是，历史的复杂就在于此。燕

云十六州割让给契丹以后，也造成了另外一个后果：它大大地改变了契丹民族政权的性质，契丹由此也从单纯的草原游牧部落形态转变为游牧、农耕并重的形态，而且越到后期，农耕性质越明显。也正是在燕云十六州之一的幽州割让给契丹以后不久，契丹就接受了中国的传统政治形式，开始建立国家，契丹民族从此逐渐被汉化并最终融入了汉族。

四十四岁的石敬瑭为了取后唐而代之，认小自己十岁的耶律德光为“父亲”。耶律德光是辽代开国皇帝耶律阿保机的次子，曾经追随他的父亲东征西讨，后把国号由契丹改成了辽，并奠定了辽朝强盛的国基。

石敬瑭虽然坐上了皇帝的宝座，但这个儿皇帝并不好当，契丹的使者来后，无礼骄横，横加斥责。石敬瑭隐忍得很难受，很窝火。大臣中除了桑维瀚等少数几个人外，都对契丹人有气，主张抵御契丹。石敬瑭也曾动摇过，但看了桑维瀚的长篇奏折，又觉得当儿皇帝好处较多，所以一直到死也没有主动扔下儿皇帝这顶帽子。

石敬瑭死了以后，其养子石重贵继位，他向耶律德光提出一个条件：从今往后晋朝向辽国“称孙不称臣”。耶律德光大怒，发兵南下中原，灭掉了后晋，石重贵被俘四年后病死。后晋也只存在了十二年，政权就落到后晋的部将刘知远的手里。

后晋灭亡后，接下来的小朝廷是后汉，开国皇帝是刘知远。这个五代中的第四个政权后汉王朝，更是只有四年的寿命。

五代最后一个王朝是郭威建立的后周。但是，郭威在位三年就死了，他没有亲生儿子，所以就由养子柴荣继位，即周世宗。

周世宗柴荣(921—959)，今河北邢台人。历史上记载他是个谨厚之人，相貌伟岸，精通骑射，而且读过一点儿黄老之书，懂一点儿文墨。史载其“器貌英奇，善骑射，略通书史黄老，性沉重寡言”。郭威相当喜欢他，把他收为养子，由他继承了自己的帝位。新旧《五代史》对周世宗柴荣的评价都很高。

柴荣是一个勤政爱民、从谏如流、志怀天下、经营四方的人物。他满怀雄心壮志，大力改革，成就卓著。在军事上，严明军纪、赏罚分明、裁汰老弱，募天下壮士，取而用之，所以他的军队很强大；在政治上，严禁贪污，惩治失职的官吏；在经济上，招民开垦荒田，均定河南等地六十州租赋。有意思的是，他废除了曲阜孔氏的免税特权。同时，他还扩建京城开封，恢复漕运，兴修水利，修订刑法，考证雅乐，纠正科举的弊端，搜求遗书，勘印古籍。此外，他还采取了灭佛的措施。中国历史上一共有四次大规模的灭佛事件，历史上称之为“三武一宗”，即北魏太武帝拓跋焘、北周武帝宇文邕、唐武宗李炎、后周世宗柴荣。柴荣灭佛主要是出于政治和经济方面的一种战略的考量。他发现僧人太多，寺院占的土地太多，国家的土地就减少了；免税的人口增多了，国家的兵源就少了。因此，必须把寺院减少，让僧人还俗。

周世宗柴荣虽然是壮志满怀，很有能力，但是仅仅当了五年多的皇帝。公元959年，柴荣率兵攻打幽州时，突患重病身亡，死的时候只有三十九岁。

柴荣去世后，儿子柴宗训继位，也就是周恭帝。这时恭帝年仅七岁(一说五岁)，后周因而出现了“主少国疑”的不稳定局势，一个由殿前都点检、归德军节度使赵匡胤，与禁军高级将领石守信、王审琦等人策划的军事政变计划正在酝酿中。

赵匡胤(927—976)本来是周世宗手下得力大将，跟随周世宗南征北战，立下不少战功。周世宗在世的时候，十分信任赵匡胤，派他做禁军统帅，官名叫殿前都点检。禁军是后周最精锐的一支部队。世宗一死，军权落在赵匡胤手里。五代时期，武将夺取皇位的事情多得很，所以，人们自然对年少无知的皇帝不太信赖。

960年正月初一，听说契丹和北汉发兵南下，后周执政大臣范质等人不辨真假，匆忙派遣赵匡胤统率禁军北上抵御。正月初三，赵匡胤统率大军离开都城，夜里住宿在距开封东北二十公里的陈桥驿(今河南封丘东南陈桥镇)，兵变计划就付诸实践了。这天晚上，赵匡胤的一些亲信在将士中散布言论，说：“如今皇帝幼弱，不能亲政，我们为国效力破敌，有谁知晓？若先拥立赵匡胤为皇帝，然后再出发北征，将来共享富贵。”将士的兵变情绪很快就被煽动起来，这时赵匡胤的弟弟赵匡义（后改名光义即宋太宗赵炅）和亲信赵普见时机成熟，便授意将士将一件事先准备好的皇帝登基的黄袍披在假装醉酒刚刚醒来的赵匡胤身上，并跪拜行礼，呼喊万岁的声音几里之外都能听到。赵匡胤却装出一副被迫的样子说："你们自己贪图富贵，拥立我为天子，但是你们果真能听从我的命令吗?"将士们一齐表示"惟命是听"。赵匡胤就当众宣布：回开封后，对后周的太后和小皇帝不得惊犯，对后周的公卿不得侵凌，对朝市府库不得侵掠，服从命令者有赏，违反命令者诛杀九族，诸将士都答应了。于是，赵匡胤率兵变的队伍回师开封。守备都城的主要禁军将领石守信、王审琦等人都是赵匡胤过去的"结社兄弟"，得悉兵变成功后便打开城门接应。这时，后周宰相范质等人才知道不辨军情真假，就仓促遣将是上了大当，但此时已无可奈何，只得率百官听命，翰林学士陶谷拿出一篇事先准备好的诏书，宣布周恭帝退位。赵匡胤遂正式登皇帝位，轻易地夺取了后周政权，改封恭帝柴宗训为郑王。由于赵匡胤在后周任归德军节度使的藩镇所在地是宋州（今河南商丘），于是以宋为国号，定都开封。历史上习惯把赵匡胤建立的赵宋王朝称作北宋，赵匡胤死后被尊为宋太祖。这就是历史上有名的"陈桥兵变，黄袍加身"故事。这一年赵匡胤年仅三十四岁。他将这一年的年号改为"建隆"，寓意"创造蓬勃兴盛的新时代"。

周恭帝就这样"禅位"了，经过五十多年混战的五代时期到此宣告结束。

"炎宋兴，受周禅，十八传，南北混。"宋朝是由赵匡胤在公元960年建立的，为了和南朝的刘宋相区别，史称赵宋。那么，为什么《三字经》里不叫"赵宋兴"，而叫"炎宋兴"呢?这就是传统五行学说在起作用。宋朝属于火德，所以，宋朝的皇帝都穿红衣服，因此叫炎宋。而且，《三字经》的始创者就是宋朝人，用"炎宋"比用"赵宋"更显尊敬。宋朝有十八位皇帝，以公元1126年分界，分为北宋和南宋，所以叫"十八传，南北混"。

赵匡胤接受了所谓的"禅让"，当上了皇帝，建立了宋朝。经过一番征战讨伐，宋朝消灭了其他各个小国，五十多年的战乱纷争局面，终于得到了控制。然而，赵匡胤却忧心忡忡。此时，他最大的担心是什么？为什么说他的死是一个历史疑案？又是什么人推翻了北宋的政权？

赵匡胤是靠着禁军才登上皇位的，因此，他最忧心的是手下掌握着军队的将领。他继位以后首先着手解决的就是这个问题，逐步免除了那些名位与自己相近的禁军高级将领的军职，并在中国历史上留下了“杯酒释兵权”的故事。历史学家一般是不相信这种拿军政大事当儿戏的故事的，不过这则故事生动地反映了赵匡胤解除禁军将领的基本手段：用经济赎买，而不是以政治迫害或暴力相夺。宋代武将大多贪图富贵，或许与这种政策有很大关系。

与此同时，宋太祖赵匡胤又把中央禁军的兵权和地方节度使的兵权全部控制在自己手里。他建立了新的军事制度，从地方军队当中挑选精兵，编成禁军，由皇帝直接指挥调用，还将军权一分为三，沿用了五代时期掌管军政的枢密院，却改用文人担任枢密院长官。这就意味着禁军长官只负责平时的军队训练，调兵作战要由枢密院安排。同时，每当出兵打仗，由皇帝临时决定领兵统帅。三方面相互制约，禁军就不可能脱离皇帝的控制了。并且，各地行政长官由朝廷直接委派。通过这些措施，新建立的宋朝开始稳定下来。宋太祖的做法一直被后来的皇帝沿用。但这样一来，又产生了新的问题，造成兵不知将、将不知兵的局面。因为军队由中央控制，临时有仗打了，派出一个将军，再调一支部队给他。能调动军队的人不能直接带兵，能直接带兵的人不能调动军队。这样虽然有效地防止了军队的叛变，但是，也削弱了军队的战斗力。所以，北宋的军力一直很弱，在后来和辽、金、西夏的战役中，屡屡失败。

按照中国古代社会的传统，皇帝死了之后，要由他的儿子继位。但赵匡胤当了十六年的皇帝就驾崩了，之后却是他的弟弟赵光义当了皇帝。而赵匡胤是怎么死的，也成为一个说不清楚的千古之谜。这桩历史疑案还为我们留下了一个成语——“烛影斧声”。

关于赵匡胤之死，官修的《宋史》语焉不详，野史有很多关于这方面的记载，但是并不统一，主要有两种。

宋朝有一个僧人叫文莹，他写了一部流传很广的笔记叫《续湘山野录》，曾经记载了“烛影斧声”的故事。笔记里讲，赵匡胤听了一位算命人的话，觉得自己气数已尽，没有几天可活了，就把自己的弟弟赵光义请进宫，安排后事。当时赵匡胤患病已久，他把宦官和宫女撤走，单独与赵光义谈论后事。两人秉烛对饮，喝完酒已经是深夜了。这时赵匡胤拿出一把柱斧在地上砍，嘴里说着“好做，好做”。当夜赵光义留宿在宫中，而第二天天刚亮，就发现赵匡胤死了。之后，赵光义就受了遗诏，在灵前继位。这样的一个过程引发了很多人的猜疑。因为按照宋朝宫廷的礼仪，赵光义是不能在宫廷内过夜的。另外，太监宫女是不应该离开皇帝寝宫的，而在那天晚上居然一个都不在。所以，很多人说，这里边有一场血腥的谋杀。而另外一部笔记叫《烬馀录》，对这个故事进行了深化。它主要是讲赵光义对赵匡胤的一个叫花蕊夫人的妃子，垂涎已久，趁赵匡胤昏睡不醒的时候去调戏花蕊夫人，但是惊醒了赵匡胤。赵匡胤用柱斧去砍他，但是皇上当时已经没有什么力气了，所以这个柱斧砍到了地上。赵光义一不做二不休就把赵匡胤给杀了。

反正无论如何，接下来宋朝的皇帝便不是赵匡胤的子孙，而是赵光义的后代。赵光义就是宋太宗。他酷爱读书，打仗的时候也要多带几匹马，驮着他要看的书。他曾说过两句名言，一句是“宰相需用读书人”，还有一句是“开卷有益”。北宋在文化、学术、思想、艺术上都有很高的成就。但是军事一直很弱，终究难逃“靖康之耻”。抗金名将岳飞留下了千古名句：“靖康耻，犹未雪；臣子恨，何时灭。”这里的“靖康耻”指的就是“靖康之难”。

宋朝开国一百五十多年以后，朝廷受到了来自北方的巨大威胁。面对强敌，皇室步步退让，不停地赔款、割地，但最终也未能保住自己的皇位，反而受到了莫大的羞辱。这是一场什么样的灾难呢？

宋徽宗时期，也就是公元12世纪初，北宋王朝在文化、经济、社会等方面得到发展的同时，军事力量日渐衰弱，而东北的女真族却日益强大。女真族有一个部落叫完颜部，首领叫完颜阿骨打。公元1115年，阿骨打建立金朝，金兵多次

南下，侵扰北宋。宋朝的朝廷里一直是主和派占据上风，所以，屡屡失利。宋朝被迫赔款、割地，而金兵却更加咄咄逼人。靖康元年(1126)，在金军还没有攻破东京(今天的开封)的情况下，皇室居然已经准备投降了。而开封的军民坚决要求抵抗，当时有三十万民众决心参战，但宋钦宗竟然亲自到金营求降。皇帝卑躬屈膝，献上降表，并且下令各地的勤王官兵，停止向东京进发，还镇压自发组织起来准备抵抗金兵的民众。在第二年的二月，金军废掉了宋徽宗、宋钦宗，另立宋朝的宰相张邦昌为伪楚帝。四月，金兵把北宋的都城东京洗劫一空。洗劫到什么程度？库房里的金银宝贝，库房里珍贵的字画图集，举凡能搬的，都搬走了，还把宋朝皇室，包括宋徽宗、宋钦宗两位皇帝(一位退休的皇帝，也就是太上皇，一位现任皇帝)连带着宫眷后妃官员等，一共一万四千人，分七批押送到北方金朝的境内。北宋就这样彻底灭亡了。这就是历史上著名的“靖康之难”。

北宋灭亡使整个皇室基本被连锅端，宋徽宗这位风流才子，后来被金朝囚禁在今天的黑龙江境内。看着漫天大雪，冻得半死的宋徽宗写了一句诗，非常的凄凉：“玉京曾忆昔繁华，万里帝王家”——我遥想当年的首都多么繁华，帝王之家多么华美，但是离开这里有一万多里的路途了。

被囚于黑龙江的宋徽宗，只能在冰天雪地里回忆往昔京城的繁华。后来，宋徽宗、宋钦宗两个皇帝都死在金朝。这件事发生在公元1127年，通常，历史学家公认北宋亡于公元1126年。

推翻北宋的金朝是一个新兴的王朝，而此前，统治中国北方的政权是辽朝。金朝是怎么取代辽朝的？宋、辽、金三个王朝又到底是一种什么样的关系呢？

宋朝时，北部中国兴起了多个少数民族政权。有意思的是，《三字经》的各种版本到这里出现了很大的分歧。我依据的版本是：“辽与金，帝号纷，迨灭辽，宋犹存。”“辽与金”，指北方的两个王朝；“帝号纷”，指帝号纷杂；“迨灭辽，宋犹存”，指等辽国被灭掉的时候，宋朝还存在着。

辽朝是公元907年建立，到公元1125年灭亡。勃兴于东北的契丹人，在耶律阿保机的领导下，统一了塞北的广大地区。耶律德光又取得了燕云十六州，势力从此进入长城以内。在中原先进文化的影响下，辽朝快速地学习中原的政治制度、社会制度，以适应境内不同民族和不同生产方式的状况。辽朝甚至建立了非常特别的官制，叫“南北面官制”。辽朝的社会生产保持了自己非常独特的方式，有牧业，也有农耕，还有狩猎和捕鱼。在中原先进技术的影响下，纺织、矿业、陶瓷、建筑、马具生产等成为辽的经济主体。辽人特别会做马具，诸如马鞍子、马镫、马笼等。辽朝还有自己独特的文字——契丹文。

金朝是公元1115年建立，到公元1234年灭亡。12世纪前期，女真族崛起在白山黑水之间并建立金朝，从此开始了长达一百二十年的金朝历史。金朝相继灭除了辽朝和北宋，并入主中原，统治了当时中国的半壁江山。此后，金朝一再南下进攻宋朝，对南宋政权形成巨大威胁，成为当时中国境内最大的势力。当时周边各政权，包括南宋在内，实际上都已经向金朝称臣纳贡。因此，金朝在我国历史上确实是一个非常重要的朝代。无论在商业货币、行政制度、城市建设，还是历史文化上，它对中华民族文明史的形成和发展都作出过不可磨灭的贡献。金都城，当时叫上京(今黑龙江阿城)，在公元12世纪上半叶，是整个东北亚地区军事、经济、文化的中心城市。

辽、金、宋的关系非常复杂。金朝于公元1125年灭辽，又于公元1126年灭北宋。但金朝又于公元1234年被蒙古和南宋联合灭掉。

“靖康之难”以后，宋朝皇室很快就推出了一个新皇帝，紧接着皇室南逃，迁都临安，史称南宋。面对来势凶猛的金兵，宋朝军民奋起抗击，涌现出一批抗金名将，其中最著名的是谁呢？在已经占据战场主动权的情况下，南宋朝廷作出了什么样的昏庸举动？而一桩千古冤案又是怎么形成的呢？

南宋前期的抗金战争在中国历史上确实波澜壮阔，其中最主要的人物就

是岳飞。岳飞(1103—1142),字鹏举,相州汤阴(今属河南)人,南宋著名军事家。岳飞少年时勤奋好学,有一身武艺。公元1126年,金兵大举入侵中原,岳飞投军,从此开始了抗击金军、保卫宋朝的戎马生涯。传说,岳飞临走前,岳母在他的背上刺了“精忠报国”四个字,这也成为岳飞终生遵守的信条。岳飞投军以后,因为作战机智勇敢很快就升为军官。当时宋朝的都城开封被金兵围困,岳飞随着当时的副元帅宗泽赶去救援,多次打败金军,受到了宗泽的赞赏,称赞他“智勇才艺,古良将不能过”。但是,岳飞一个人的努力并不能扭转大局。也就是在同一年,即公元1126年,金兵掳走宋徽宗、宋钦宗,北宋灭亡。

靖康二年(1127)五月,宋钦宗之弟赵构登基,这就是宋高宗,迁都临安,建立南宋。岳飞上书高宗,要求收复失地,却因此被革职。于是,岳飞就改投到河北都统张所那里,任中军统领,在太行山一带抗击金军。建炎三年(1129),金将兀术率军再一次南侵。建康留守杜冲不战而降,所以金军得以渡过长江天险,很快就攻下了临安、越州,也就是今天的杭州、绍兴一带。宋高宗一度被迫流亡海上,就在今天普陀山一带。岳飞孤军在敌后作战,取得了很大胜利。第二年,岳飞在牛头山设伏,大破金兀术,收复建康,金军被迫北撤。从此以后,岳飞的威名传遍大江南北,他所率领的岳家军也以纪律严明、作战骁勇被载入史册。

绍兴三年(1133),岳飞剿灭了一些军贼流寇,于是宋高宗奖了他一面锦旗,上面有四个字:“精忠岳飞”。次年四月,岳飞挥师北上,击破金朝傀儡部队,收复了襄阳、信阳六郡,他当然也因功升为节度使。同年十二月,岳飞又在庐州,也就是今天的安徽合肥,击破金兵,金兵被迫接着北撤。绍兴五年(1135),岳飞率军镇压了一支农民起义军,从中收编了五六万精兵,岳家军实力大大增强,成了一支不可忽略的抗金力量。绍兴六年,岳飞再次出师北伐,攻占了伊阳、洛阳、商州、虢(guó)州,而且围攻陈、蔡地区。但是,朝廷不派援兵,也没有粮草,所以不得不撤回湖北武昌,当时叫鄂州。这次北伐,岳家军势如破竹,已经打到了最北边,最后无奈撤兵。绍兴七年,岳飞升为太尉,也就成了全国军事力量的总指挥。他建议高宗大举北进,但高宗心有顾虑,无心恋战。

绍兴九年,高宗和秦桧主张议和,南宋向金称臣纳贡。岳飞内心非常愤懑,所以上书辞职，并把兵权交出来，以示抗议。但是第二年，金兀术撕毁和约，又率军南侵。岳飞当然责无旁贷，率兵再次奔赴前线，大败金兵，又收复了郑州、洛阳，并在郾城大破金兵精锐铁骑兵“铁浮图”和“拐子马”。岳家军一度打到了朱仙镇。这就是历史上非常有名的朱仙镇大捷。也正是因为这一仗让金兵发出了“撼山易，撼岳家军难”的感叹。朱仙镇离原来北宋首都开封只有四十五里，再往前进一步，就可以收复开封。在朱仙镇，岳飞招兵买马，联络当时河北的义军，准备收复失地。他很激动，对手下的将领说：“直捣黄龙府，与诸君痛饮耳！”

公元1141年，岳飞率领岳家军连克金兵占领的许昌、郑州、洛阳等地，兵锋所指，摧枯拉朽，收复故都开封指日可待。君臣之忌往往不顾战事的紧迫，高宗担心岳飞掌握过多的兵权，迎回二宗，妨碍自己的政权，遂下令急召其回京，十二道金牌，终使北伐大业功亏一篑。岳飞当时仰天长叹：“十年之功，毁于一旦！”这句话里蕴含着很深的悲愤之情。

岳飞回到临安之后，马上被解除兵权。绍兴十一年（1141）八月，高宗和秦桧派人向金求和，而金兀术提出必先杀岳飞，方可议和。所以，秦桧诬岳飞谋反，把岳飞下了狱。绍兴十一年十二月二十九日，秦桧以“莫须有”的罪名，将岳飞毒死在临安风波亭，当时岳飞还不到四十岁。岳飞的儿子岳云和部将张宪同时被害。一直到宋孝宗的时候，岳飞冤案才得以昭雪，被追谥“武穆”。

宋朝灭亡，而接着取代它的王朝就是在中国乃至在世界历史上非常重要的、掀起了轩然大波的元帝国。

第25章

至元兴[1]，金绪歇[2]，有宋世，一同灭，

并中国[3]，兼戎翟[4]。

①元：公元1206年蒙古贵族在中原地区建立的政权，公元1271年定国号为元，以大都(今北京)为首都。

②绪：统绪，皇位的传承。

③中国：中原地区。

④戎翟(dí)：即戎、狄，泛指少数民族。

元朝是中国历史上第一个由少数民族建立的统一王朝

元朝是由蒙古族建立的政权,也是中国历史上第一个由少数民族建立的统一王朝。那么,这个曾经生活在草原上的游牧民族,是如何灭掉南宋王朝的?元朝建立后,给中原带来了哪些影响?南宋名臣文天祥是在什么情况下,写出"人生自古谁无死?留取丹心照汗青"这气壮山河、苍凉悲壮的千古绝唱的?他到底是一个什么样的人?

"至元兴,金绪歇",意思是元朝兴起的时候,金朝灭亡了,金朝是被元朝和南宋联合灭掉的。"有宋世,一同灭",是指连宋朝也一起灭亡了。元朝不仅统一了中国,而且"兼戎翟",这里的"戎翟"包括了多个少数民族,其中还包括许多不在中国传统版图之内生活的民族。

元朝,按照最标准的说法是建立于公元1271年,亡于公元1368年,整个朝代不到一百年。它是由蒙古族的忽必烈,也就是元世祖,于公元1271年所建。公元1279年元灭南宋,定都于大都,即今天的北京,至今北京还有元大都遗迹。

泰和四年(1204),铁木真统一了蒙古草原的各个部落。而泰和六年,铁木真被各个部落推举为举世闻名的"成吉思汗"。此后,他在漠北建立政权,国号"大蒙古国",并迅速向外扩张。公元1218年灭西辽。公元1219年,西征花剌子模,这已经到达中亚西部某地了,并一直攻打至伏尔加河流域。公元1227年灭西夏,成吉思汗也就是在灭西夏的战争中去世的。

成吉思汗之孙蒙哥汗于公元1259年在攻打合州(今重庆合州区)时去世。他的弟弟忽必烈和阿里不哥开始争夺汗位。公元1260年三月,阿里不哥在大多数蒙古正统派的支持下,在蒙古帝国的首都哈拉和林通过了忽里台大会,被推举为大汗。而与此同时,忽必烈和南宋完成了议和,返回了开平,也就是今天内蒙古的正蓝旗东闪电河北岸。在中原一些具有儒学思想的臣子和蒙古宗王的支持下,忽必烈也召开大会,自称大汗,并设立中书省,总管国家政务。同年五月,忽必烈颁布继位诏,建元中统。两个汗为此打了四年的仗,直到公元1264年阿里不哥投降，忽必烈定为一尊。但是，忽必烈推行汉法，引起了蒙古贵族和一些部落的不满，他们拒绝归降忽必烈。因此，蒙古帝国开始分裂，世界各地出现了许多蒙古族建立的帝国。在今俄罗斯一带，有个钦察汗国，那里的汗也是蒙古族的后裔。

至元八年（1271），忽必烈颁布诏书，取了《易经》中“大哉乾元”中的“元”字，正式建国号为元，这就是元朝的开始，也是蒙古帝国政权从世界性的大一统帝国分裂出来的一块中原王朝。除了元朝以外，蒙古帝国还包括其他部分。而忽必烈管辖之下的疆域只包括大致相当于今天的中国和蒙古共和国的部分。从忽必烈开始，建立起了以中国为主体的王朝，这是在蒙古帝国史上非常重要的一段历史。

至元九年（1272），元朝在刘秉忠的规划下，正式建都于大都，也就是今天的北京。至元十三年（1276），元军攻陷了南宋的都城临安，俘虏了五岁的宋恭帝和谢太后。至元十六年（1279），元朝的军队在厓山海战中彻底消灭了南宋，历史上非常著名的忠烈之臣陆秀夫，背着八岁的小皇帝投海而死，南宋正式宣告灭亡。

《三字经》中讲到“有宋世”，就是说在元朝建立之初，南宋王朝并没有灭亡。在年幼的南宋皇帝身边，依然还有几个兢兢业业、忠于职守的大臣，这其中就有文天祥。在元朝和南宋争战更替的过程中，最著名的历史人物当然是文天祥。在中国的传统文化中，文天祥和岳飞一样，都被视为英雄人物。

文天祥（1236—1283），字宋瑞，号文山，吉州庐陵（今江西吉安）人。他是宋理宗宝祐四年（1256年）的状元，当时他刚刚二十一岁。

南宋末年，由于朝廷偏安江南，国势弱小。早在公元1259年，宰相贾似道就提出向蒙古称臣，割让江北地区，每年还要贡献大量银两、丝绸、布帛，以求得偏安。但是，忽必烈手下大将伯颜根本没打算跟南宋议和，继续推进南侵的步伐。公元1273年，伯颜率领二十万大军攻下了襄樊，并以此为突破口，顺长江而下，不到两年时间，已经逼近了临安的近郊。这是一次空前惨烈的战争，南宋马上就面临着灭亡的危险。

当时的南宋朝廷长期以来被一些投降派大臣所把持。公元1275年，伯颜将贾似道的十三万南宋主力大军全部消灭，南宋朝廷实际上已无可用之兵了。其时在位的宋恭帝只有四岁，临朝摄政的太皇太后谢氏，不得不发出了《哀痛诏》，要各地起兵"勤王"。文天祥立即响应，在两三个月之内，组织起一支一万人左右的勤王部队，几经周折赶到了临安，却见满朝文武纷纷弃官而逃，文班官员仅剩六人。

1276年正月，恐慌的谢太后执意投降。元将伯颜指定须由丞相出城商议，丞相陈宜中害怕，竟连夜遁逃，文天祥随即被任右丞相，前去议和。谈判中，文天祥不畏元军武力，痛斥伯颜，慨然表示要抗战到底。伯颜想不到南宋竟然还有这等硬汉，怕他成为元军大敌，就扣留了文天祥，准备押往大都去见忽必烈。文天祥开始以绝食抗议，当他被押到金口，也就是今天的镇江的时候，被一帮义士给救了。他历尽千辛万苦，找到了流亡的南宋小朝廷，随后组织抗元斗争。

1277年，文天祥率军在江西南部大败元军，人心大振，江西各地响应，全国抗元斗争再次兴起，文天祥号令可达江淮一带。这使蒙元的统治者非常惊慌，于是调来四十万大军，以解赣州之围。另外还派精兵五万，专门追击文天祥。元军主力全力进攻文天祥军营，文天祥寡不敌众，率军北撤，损失惨重，连妻子儿女也被元军掳走。

1278年春末，端宗病死，大臣陆秀夫等再拥立六岁的小皇帝，朝廷迁至距广东新会县五十多里的海中弹丸之地，加封文天祥为信国公。冬天，文天祥率军进驻潮州潮阳县，欲凭山海之险屯粮招兵，寻机再起。然而元军水陆猛进，发起猛攻。年底，文天祥兵败五坡岭（今广东海丰北），他觉得这次难以突围，就服下了随身携带的冰片，以求自杀守节。但是，冰片药力不济，他并没有死，而是在昏迷当中被俘。

元军不愿杀死文天祥，他们希望文天祥能够归顺元朝。但是文天祥宁死不降。为此，元军展开了一轮又一轮的劝降攻势。早先降元的张弘范来劝降，遭严词拒绝。张弘范让他写信招降张世杰（文天祥与陆秀夫、张世杰被称为"宋末三杰”)。文天祥说:“我不能保护父母,难道还能教别人背叛父母吗?”张弘范不听,一再强迫文天祥写信。文天祥于是将自己前些日子所写的《过零丁洋》一诗抄录给张弘范:“辛苦遭逢起一经,干戈寥落四周星。山河破碎风飘絮,身世浮沉雨打萍。惶恐滩头说惶恐,零丁洋里叹零丁。人生自古谁无死?留取丹心照汗青。”这首诗是文天祥在押解途中,过零丁洋时所作。这样一首气壮山河、苍凉悲壮的千古绝唱,是文天祥用自己的鲜血和生命谱写的一曲理想人生的赞歌。当张弘范读到“人生自古谁无死?留取丹心照汗青”(汗青指史册,即记载历史的书籍)两句时,深受感动,不再强逼文天祥了。

文天祥被迫目睹陆秀夫背着年幼的皇帝投海自尽,悲痛欲绝。苟延残喘的南宋小朝廷灭亡了。元朝人敬重文天祥的才华和气节,总是想劝降,但是文天祥坚定地说:“国亡而不能救,做大臣的死有余辜。难道还能贪生怕死,背叛国家吗?”写下慷慨激昂的《正气歌》以及《绝命词》。其《绝命词》曰:“孔曰成仁,孟曰取义,惟其义尽,所以仁至。读圣贤书,所学何事?而今而后,庶几无愧。”意思是说,孔子讲成仁,孟子讲取义,唯有当他应该做的事情都做到了,当他把忠义都尽到了,那么才会有仁。读圣贤书,所学的是什么呢?从此往后他大概是没有什么可以羞愧的了。以此抒发自己富贵不能淫、威武不能屈的志向,慷慨就义,死时年仅四十七岁。

元朝的建立,使中国又回到了大一统的时代,这也就是《三字经》中所说的“一同灭,并中国”。那么,蒙古人建立元朝以后,都给中原的社会、经济、文化带来了哪些影响?

在经过对欧亚广大地区的征服以后,元朝在文化、思想领域也开始逐渐吸收多种文明的长处,动员了各个民族的人参与到统治体系之中。

由于蒙古的势力扩展到了西亚地区,也就使得欧洲和元代中国之间的交往非常便利和频繁,技术交流更加容易与快速。元朝的经济仍然以农业为主,生产技术、耕田面积、粮食产量,特别是棉花种植方面,都超越了前代。元朝是中国历史上第一个大规模以纸币作为流通货币的时代。然而,在元朝末年,因为纸币发行过多,导致了急剧的通货膨胀,这也是元朝后来灭亡的原因之一。

商业在元朝高度繁荣,这在《马可·波罗游记》里就得到了充分体现。元朝成为当时世界上最富庶的国家之一。元朝的文化艺术和科学技术也有很高的成就,特别是天文学、数学和医学,都居于当时世界的领先地位。比如,著名的天文学家郭守敬在公元1276年修订了新的历法,通行了三百六十多年,是当时世界上最先进的历法。

元代戏曲和小说创作非常繁荣,涌现出像关汉卿这样一批著名的剧作家,元曲也成为和唐诗、宋词并列的优秀的中国文学遗产。

元朝行省制度的确立,是中国行政制度的一大变革。明朝灭掉元朝以后,改行省为承宣布政使司,但在习惯上,仍然称行省,简称就是省。省作为地方一级行政区的名称一直沿用到今天。

第26章

明太祖[1]，久亲师[2]。传建文[3]，方四祀[4]。
迁北京， 永乐嗣[5]。迨崇祯， 煤山逝。

①明太祖：明王朝的创建者朱元璋。

②亲师：亲自统领部队。

③建文：即朱允炆。

④祀：此指年。

⑤永乐：即朱棣。

存在了276年的大明王朝

元末的反元斗争,遍布全国。最终,由朱元璋率领的农民起义军,推翻了元朝的统治,建立了大明王朝。而这位明朝的开国皇帝,是一位非常富有传奇色彩的皇帝。同时,他也是继汉高祖刘邦之后的又一位平民皇帝。那么,《三字经》中的“明太祖,久亲师”是什么意思?朱元璋出生在一个什么样的家庭?他的童年又是怎么度过的?朱元璋又是怎样一步一步地变成了万人敬仰、威震四方的一代帝王的呢?

根据我所采用的版本,明朝是《三字经》讲述的最后一个朝代。一般认为,讲述到后来的清朝乃至民国的《三字经》都是更晚的人增补的。所以,《三字经》的历史部分就截至明朝。“明太祖,久亲师。”这是《三字经》关于明朝历史发端的总序言。

朱元璋(1328—1398)出生于一个贫苦家庭,自幼父母双亡,他从社会最底层的放牛娃、四处要饭的小和尚,全靠自己奋斗成为一个统一朝代的开国皇帝。这实在是中国历史上,乃至世界历史上绝无仅有的了不起的事情!另外,他当上皇帝以后,也没有止步不前,他在位三十一年,成功地建立起了一个强大统一的明帝国,并因此受到后世的敬佩。文治武功盖世超群的康熙大帝就极为推崇朱元璋,用“治隆唐宋”四个字高度评价了朱元璋的政绩。这是很有道理的:明朝从洪武元年,也就是公元1368年,延续到了崇祯十七年,也就是公元1644年,前后一共276年。跟明朝相比,宋朝就没有能够完成全国的统一。北宋还好些,但也不过从公元960年延续到公元1127年,前后不到170年时间;南宋就更不要提了,偏安于江南,从公元1127年,延续到公元1279年,也不过150余年时间。唐朝虽然从公元618年到公元907年,前后达到289年,可是大家不要忘了,这中间从公元690年到公元704年这15年,武则天当了皇帝,已经改国号为大周了。其实就算是康熙皇帝自己奠定的清朝,最终也不如明朝延续的时间长,从公元1645年,延续到公元1911年,只有266年,比明朝少了10年。而且,朱元璋建立的明朝，东北到辽东，南到南海，西到乌斯藏，也就是今天的西藏，基本包括了今天中国版图的地区。到了明成祖朱棣时代，明朝东北到奴儿干，就是今天俄罗斯境内的符拉迪沃斯托克，南到南沙群岛，西到西藏，西北到哈密。包括台湾等岛屿都是明朝疆土。这样的统一局面，不仅宋朝不能相比，就是唐朝也有所不及。康熙皇帝也正是继承了明朝的局面，才建立起统一的多民族的清帝国。朱元璋作为一代开国皇帝，他建立起来一套完整而且行之有效的制度。清朝人不仅推崇明太祖朱元璋建立的这套治国行之有效的制度，而且继承了下来，所以我们常说"清承明制"，就是这个意思。不过，我们看到了，清朝不仅继承了明朝的制度，而且更重要的是继承了明朝的江山。所以清朝的康熙皇帝对明太祖朱元璋是打心眼儿敬佩的，因此才会为朱元璋写下"治隆唐宋"这样的评价。

元朝末年，反抗元朝统治的武装斗争遍地而起。韩山童、刘福通利用白莲教所发动的红巾军是其中最重要的一支力量，而明太祖朱元璋，就是在红巾军中发迹的。

朱元璋原名朱重八。这是按照传统习惯大排行，就是叔伯兄弟一起排序得来的名字。朱元璋大伯也有四个儿子，老大是最先出生的，就叫重一，老二叫重二，老三叫重三，重三出生后，朱元璋亲哥哥出生了，就叫重四，后来朱元璋大伯又添了一个儿子，叫重五，再后来就是朱元璋亲哥哥重六、重七，直到朱元璋，排行第八，就叫朱重八。朱元璋家境贫寒，父母和兄长均死于灾荒瘟疫，只剩下了他和二哥。走投无路之下，朱元璋到皇觉寺出家为小沙弥，这年他十七岁。史书中关于朱元璋在皇觉寺中生活的情况记述不多，但也还有些小故事，很是有趣。比如说朱元璋在寺中打扫佛堂，扫到伽蓝神像的时候，被绊了一跤，他就用笤帚把伽蓝神像打了一顿。没几天，大殿上供奉佛堂的蜡烛被老鼠啃坏了。大殿是归朱元璋打扫的，他为此挨了寺里长老一顿骂。朱元璋心想，大殿里供奉的伽蓝神就是负责守护大殿的，你不看好大殿，让老鼠咬坏蜡烛，害我挨骂！他越想越气，于是找来一支笔，在伽蓝神背上写了"发配三千里"几个字。

“发配三千里”是古代刑法上的充军发配。朱元璋给伽蓝神判罪，罚他充军发配三千里。这虽然是一个小故事，但是我们也可以从中看出朱元璋的与众不同之处。这一方面说明朱元璋虽然当和尚，但是他并不是一个虔诚的佛教徒，另一方面也说明他独特的个性和过人的胆略。

不久，灾荒越来越严重，庙里面也没有吃的了，十七岁的朱元璋只好离开寺庙，到各地去云游。云游是个好听的说法，实际上就是到各地去要饭。流浪的时间长达三年，他利用这三年时间游遍了淮西的名都大寺，通过了解各地的风土人情，开阔了自己的眼界，积累了社会经验。艰苦的流浪生活铸就了他坚毅果敢的性格，但也使他变得格外地残忍、敏感、多疑。

后来，朱元璋听说红巾军起义的消息，又收到汤和邀请自己参加起义军的信。二十五岁的朱元璋投奔了红巾军。朱元璋有见识，有主张。从小就是个孩子王，有指挥能力。而且他在当和尚外出游方这几年，经历了不少风风雨雨，社会经历比较丰富。这些在他当兵的时候，就都派上用场了。据说每次奉命外出行动，他都能起到决定作用，总能有所收获。连队长也不得不佩服他，有事情就跟他商量，不知不觉他就成了这队士兵的主心骨。再加上他识字，有些文化，所以很快脱颖而出，得到郭子兴的赏识重用，并在抗元战争中确立了领导地位。

“明太祖，久亲师。”这是《三字经》对于明太祖朱元璋的描述，特别强调了“久亲师”这三个字，说明朱元璋长期亲率军队作战。的确，朱元璋很有军事才能，并且采取了谋士朱升给他制定的战略“高筑墙，广积粮，缓称王”，逐步消灭了陈友谅和张士诚等对手，南征北战，不断取得胜利，公元1368年正月，四十岁的朱元璋祭告天地，于应天（今南京）登基，建国号明，改元洪武，以应天为京师。

至于他为什么起这个国号，有各种各样的说法。多数人认为，是因为朱元璋当初信明教。明教从西方传入中国以后，和中国的传统信仰慢慢融合而形成一种新兴宗教。

明朝建立伊始，朱元璋采取了发展生产、休养生息的政策。公元1368年，朱

元璋称帝后不久，各地的州县官前来朝见，朱元璋就对他们说：“天下初定，老百姓财力困乏，都没什么能力，像刚会飞的鸟，所以，你们千万不能去拔他们的羽毛，像刚刚栽下的树，千万不能摇他们的树根，现在要休养生息。”在朱元璋的积极推动下，明朝的农业恢复得很快。

同时，朱元璋还采取了苏松重赋和迁徙富民的政策。苏松重赋就是对江南苏州、松江等比较富庶的地方加重税收，这主要是出于国家财政之需。当时正值长期战乱之后的经济恢复时期，作为经济基础最好的苏、松地区，必然会承担更多的财政负担，在当地实行重赋，比起向那些相对贫困且因战争破坏得更为严重的北方地区征派，要有效得多。所以，明初实行江南重赋。同时，一般来说，战乱以后，有的地方地狭人稠，有的地方地广人稀，一个新朝建立，把地少人多的地方人口，迁到地广人稀之处，让人有其田，这是生产资料的一次再分配，对于尽快恢复生产是有好处的。可是朱元璋迁徙富民，不是这样的目的。他的目的是要充富京师南京和中都凤阳这些重要地区，而且迁徙的对象都只是当地的富民，没有平民百姓。那时候南京是京师，凤阳是中都，一个国都，一个陪都，如此一来，既分散了这些富户，又充实了这些地区。等到朱元璋儿子朱棣夺位当了皇帝，准备把国都迁到北京，又把苏、松一带的富户往北京迁。这在历史上就叫迁苏、松富户“实三都”。朱元璋这样做，本意是仿效汉朝徙民实关中的意思，可是这些被迁徙的富户，如果到南京还算好，离家乡还不算太远。如果去了凤阳，可就惨了。那地方离家乡既远，又穷。这些富户破落他乡，连家都回不去了。每年到了春天，就是农村春荒季节，存的粮食吃完了，新粮食又没生产出来，农村人就出门去要饭。迁徙的富民，就趁这个机会，成群结队，到江南各地去乞讨，顺便也就回到故乡去扫墓，后来就成为当地的一个习俗——每年春天这些人拿着当地一种花鼓，一路卖唱，走上回家的路——这就是著名的凤阳花鼓。史书上记述的花鼓调唱词是这样的：“家住庐州并凤阳，凤阳原是好地方，自从出了朱皇帝，十年倒有九年荒。”年年这么唱，一路唱下去，其实也不分什么荒年不荒年，年年如此，慢慢人人都学，人人都会唱了。时间久了，就把当年这段历史忘记了，凤阳花鼓就成为地方歌舞了。后来传唱的凤阳花鼓词就发生了一些变化:“说凤阳,道凤阳,凤阳原是个好地方。自从出了朱皇帝,十年倒有九年荒。大户人家卖骡马,小户人家卖儿郎。唯有我家没得卖,身背花鼓走四方。”

由于全国税收的不均衡以及对荒田开垦的号召，明朝有几次比较大的移民潮:在南方,农民听说湖广有很多田地没人耕种,朝廷又号召开垦种地,而且湖广的税收又最低,于是就纷纷来到湖广。后来人们又看到四川也有不少荒地没有人去耕种,于是又来到四川。他们从此就入籍到了湖广、四川的属县。据今天的学者们研究,所谓“湖广填四川”,也不都是从湖广再移民到四川去,当时有大量农民从江西直接就到四川去开荒种地,从此生活在那里。不过最著名的还是江西人前往湖广,所以江西跟湖南、湖北的人家,如果追溯一下,多少都会有点亲戚关系,大多数都是姑表亲,因此大家都管江西人叫江西老表。“老表,老表”这个称呼,据说就是这么来的。既然是亲戚,就要有些走动。唐朝以前,人们就已经把在民间奔波叫浪迹江湖了,用“江湖”代表民间社会。可是另有一种说法,认为我们今天常说的那句“行走江湖”,是当时人们从江西移民到湖广以后才进一步流传开来的。这个江湖,不是泛指的江河湖泊,而是专门指江西、湖广这两个地方,一江一湖。而山西大槐树移民的故事,讲的则是明朝初年北方的迁民。那时候山西人多地少,今天山东、河南、河北这些地方,因为元末战乱,人烟稀少,田地荒芜,所以朱元璋下令把山西的人迁到山东、河南、河北一带。这场大迁徙,一直延续到了朱元璋的儿子朱棣夺位当皇帝以后,前后长达半个世纪之久。这些迁徙的民户跟那些被朱元璋下令充实南京和凤阳的富户不同,都是些丁口多田地少或者根本没有田地的贫民。

朱元璋一生勤于政事,事必躬亲,鼓励生产,惩治贪腐,是我国封建社会中不多见的杰出君主。但他同历史上的许多皇帝一样,为了巩固其统治,滥杀无辜,屡兴大狱,许多功臣勋将、文人墨客都惨死在他的屠刀下,体现了他作为封建帝王的残暴。其中最大的两次分别是胡惟庸案和蓝玉案,史称“胡蓝之狱”。胡惟庸是左丞相,深得朱元璋的宠信,因而权势日盛,独断专行。如朝中有人命生死及官员升降等大事，他往往不禀报朱元璋就擅自处理。对不利于自己的奏

章，就藏匿起来不让朱元璋知道。据说他为了报复刘基（明代另一位开国功臣），就在刘基生病时，派一个医生去替他看病，结果刘基吃了那医生的药后，觉得胸中有个硬块，不久就死了。胡惟庸的胡作非为引起了朱元璋的不满，接着有人告发他谋反，朱元璋立刻以擅权枉法的罪名杀了胡惟庸，又以各种罪名牵连扩大，大开杀戒。连第一功臣、太师、韩国公李善长都被赐死，家属七十多人被杀。总计先后株连被杀者共三万余人。朱元璋制造胡惟庸案的实质其实是为了解决皇权和相权的关系问题，所以他杀了胡惟庸以后，就不准再立丞相了。可是朱元璋要想真正解决千年以来皇帝与宰相的关系，决不是杀了一个胡惟庸就能够解决的，所以朱元璋继续了他的这场政治运动。这个案件发展到后来，几乎失去了控制，株连甚广，性质发生了变化，从体制上保证皇权转向了对功臣宿将的一次全面清理。

1393年，朱元璋找借口将大将蓝玉也杀了，连坐被族诛的有一万五千人。所有勇武的元勋宿将在这一案中几乎被杀光。在两案之外，开国功臣死于非命的还有不少。明朝开国功臣侥幸得以善终者，唯有汤和、耿并文等寥寥数人。朱元璋如此残暴地杀戮功臣，实在是千古所未有。

朱元璋吸取了元朝前期不立太子造成多次宫廷政变的教训，早早就立了长子朱标为太子，聘用著名文人和朝廷重臣教导他。但是朱标温文尔雅，生性忠厚，不赞同父亲大杀功臣。每当朱元璋要杀功臣时，他总是要加以劝阻，请求父亲以仁慈为本，顾及亲情和友情。为此父子间经常发生争执。据说一次朱元璋要惩处太子的老师宋濂，朱标哭着求情。朱元璋发怒说：“等你做了皇帝再赦免他吧！”太子听后惶恐不安，竟投水自杀而被左右救起。又有一次，朱标劝谏父亲。朱元璋不言语，第二天故意将一条荆条扔在地上，叫朱标拿起来。朱标因为上面有刺，不敢去拿，朱元璋说：“你是怕有刺而不敢拿，我把刺拔掉了再交给你，岂不是好！”朱标说：“上有尧舜之君，下有尧舜之民。”意思是说上有仁君，下才有良民。朱元璋听后大怒，抓起一把椅子朝他扔了过去，吓得朱标逃入内室，从此惊吓成病，抑郁而死。

明太祖朱元璋的统治是高度集权。他多疑猜忌，对谁都不放心。公元1382年，出于控制官员的需要，朱元璋将管辖皇帝禁卫军的亲军都尉府改成了锦衣卫。明朝锦衣卫的大名，几乎是无人不知无人不晓，而且一提起锦衣卫来，立刻就让人想起以明朝历史为背景的武侠影视（比如《新龙门客栈》等）中那些武功高强的锦衣卫校尉。不是还有一部名字就叫《锦衣卫》的电影吗？明朝的锦衣卫让我们觉得很神秘，其实，“卫”是明朝的军事编制，明朝的卫分布天下各地，一般以地方命名，比如济宁卫、天津卫；也有的“卫”是皇帝身边专门为皇帝服务的，就不一定以地方命名了，比如羽林卫、金吾卫。明朝军制规定，一卫大约有五千六百人，卫下面设有千户所、百户所。可是锦衣卫不是这种带兵的卫，它是明朝京卫，京卫就是在京城的卫，是皇帝的亲军。明朝皇帝的亲军卫一共有二十六个，其中有十二个称“上直卫”，锦衣卫是这十二个上直卫中的一个。

明朝的锦衣卫校尉，穿飞鱼服，带绣春刀，骑高头大马，这就是身份的象征。绣春刀其实只是一把短刀，可是这把短刀是皇帝赐的，“绣春刀极小，然非上赐，则不敢佩也”（《春明梦余录》）。有了这把刀，那身份可就不同了。过去蒋介石赐给属下“中正剑”，大概就是学朱元璋的样儿。这些锦衣卫校尉到了各地，想抓谁就抓谁。这就成了我们在影视剧中看到的锦衣卫校尉的形象。

锦衣卫有自己的法庭和监狱，叫“诏狱”，这是朱元璋专门给官员们设置的一个监狱。这个监狱跟刑部监狱不同，是一个由皇帝亲自处理犯人的地方，这个监狱不用司法部门依法办事，只听皇帝的，只按皇帝下的诏书办事。

朱元璋还经常命令锦衣卫执行廷杖，有很多大臣，在朝廷上当堂被活活打死。

1398年五月，明太祖朱元璋心力交瘁，终于病倒。不久病死于南京西宫。皇太孙朱允炆（wén）继位，改年号为建文。建文帝从小是受儒家思想教育长大的，他与朱元璋的性格完全不同。那么，《三字经》中所说的“传建文，方四祀”是怎么回事？建文帝登上帝位之后，又做了哪些事情呢？

洪武二十五年(1392),太子朱标去世,明太祖不得不重新考虑皇位的继承问题。在这个时候,他是想到过朱棣的,因为他认为朱棣在很多方面和自己很相像。但是,当他和群臣讨论这个问题的时候,大臣刘三吾提出:"如果您立皇四子,那么皇二子、皇三子怎么办呢?"当时,朱元璋分封了诸王,第二个儿子被封为秦王,第三个儿子被封为晋王,第四个儿子被封为燕王。三个人的封地都是边疆重镇,且都手握重兵。一旦处理不公,众王要是争夺皇位的话,情况将非常严重。如果根据嫡长子继承的原则,那么应该将皇位传给太子的长子虞怀王朱雄英,但朱雄英已死,所以朱元璋将皇位直接传给了太子的第二个儿子,也就是朱允炆。公元1398年,朱元璋病死,皇太孙朱允炆继位,这就是建文帝。而建文帝在位仅仅四年,就被朱元璋的第四个儿子燕王朱棣起兵推翻。

建文帝与爷爷明太祖的性格截然不同。朱元璋当初就是担心他的这个孙子性格比较柔弱,过于仁慈,受儒家思想的影响太重,恐怕日后驾驭不了局面。果然,建文帝继位以后,一改洪武年间的紧张气氛,重用黄子澄、齐泰,还有著名的方孝孺等文人,对洪武年间的政治进行改革纠偏。对百姓也好,官吏也好,都给他们提供了一个很宽松的环境。建文帝有一项相当重要的改革措施,就是把势力很大的藩王的权力给削减掉。实际上,建文帝没有太大的才能,而且当时朝中已无大将可用(几乎全被朱元璋杀死了),藩王们大多是建文帝的叔叔,辈分比他高,而且手中都握有兵权,他们在各自的藩地为所欲为,已经形成尾大不掉的局面。因此,削藩遭到了强烈的反弹和抵抗,建文帝最终也失去了皇位。

在诸位藩王中,最有实力和心机的是燕王朱棣。燕地就在今天的北京一带,燕王的主要职责就是防范蒙古,并在合适的时候出兵攻打蒙古。在和蒙古作战的过程中,朱棣的军事实力不断壮大,构成了对皇权的最大威胁。

建文帝的削藩措施确实主要是针对朱棣的,但建文帝的软弱害了自己。在重大问题的决策上,建文帝一错再错,他没有先削燕王,而是走一步看一步,犹疑不决,先削了燕王的同母兄弟周王,这一削,导致各地藩王人人自危,打草惊蛇,让燕王早就做好了准备。当建文帝最终决定对燕王下手的时候,燕王马上打起“靖难”的旗号起兵。所谓“靖难”，就是说皇帝被一些不好的大臣给蒙蔽了，皇帝有难，皇帝身边有小人，所以他要起兵“靖难”。由于朝廷的军队指挥不当，加之燕王朱棣作战经验丰富，所以朝廷的兵马屡屡败退，双方展开了激烈的拉锯战。经过四年的拉锯战，燕王非常清楚地认识到：只要建文帝存在一天，那么自己就是叛王，但是，如果他攻占了南京，赶走了建文帝，那么自己就可以成为一国之君，相信也没有人敢反对。以他的兵力，以他在皇族当中最高尊长的地位，应该稳操胜券。于是，燕军绕过大都市，一路南下，一些地方将领则按兵不动，很快，燕军攻到了南京城下。而城里的亲王也对建文帝不满，他们偷偷打开城门投降，南京被攻破。朱棣到了皇宫，只见宫中大火熊熊，建文帝下落不明。于是，朱棣称帝，就是明成祖，改年号为永乐。当时，朝廷里投降的文臣只有四人，大部分或者逃跑，或者自杀，加起来将近千人。所以永乐朝在较短时间里几乎没有文官可以使用。

建文帝的下落则成为中国历史上的一个重大的谜。一种说法认为建文帝在宫中自焚而死。另一种说法是南京城破的时候，建文帝一度想自杀，但是在他周围亲信的劝说下削发为僧，从地道逃出皇宫，隐姓埋名，流浪江湖，还有人说他逃到国外去了。

接下来，《三字经》提到“迁北京，永乐嗣”，也就是说永乐皇帝把都城从南京迁到了北京。朱棣就是永乐皇帝，他究竟是一位怎样的皇帝呢？

明成祖朱棣（1360—1424）是明朝的第三代皇帝，朱元璋的第四子。明成祖称自己是马皇后生的，那么他就是所谓的嫡子了，有了继承皇位的正统地位。但实际上，马皇后不能生育，明成祖的生母只是一位妃子。洪武三年（1370），朱棣受封燕王。他曾经在安徽凤阳居住过一段时间，所以对民间的情况比较了解。洪武十三年（1380），二十岁的他到封国就职。在这里曾多次参与北方军事行动，成就了他在军队中的影响力。朱元璋晚年，太子和秦王、晋王都死了，朱棣成了诸王之首，最终夺取了侄儿建文帝的皇位。永乐十九年（1421），朱棣正

式迁都北京，以南京为陪都。当时明朝大多数的官方班子有两套，礼部尚书在北京有一个，在南京也有一个；兵部尚书北京有，在南京也有。

朱棣极力整肃内政，巩固边防，政绩卓著。在文化事业上，他为了加强儒家思想的地位，大力扩充国家藏书。永乐四年（1406），他察看宫里藏书情况，就问大学士解缙（jìn）：“文渊阁里经史子集全了吗？”解缙回答：“经书、史籍还差不多，别的书都不全。”永乐帝说：“读书人，稍微有点儿官职的人，家里只要有一点儿余钱，都会买书，何况是朝廷呢？”下令礼部尚书派人到各地收购图书，指示：“书值不可计价值，唯其所欲与之，庶奇书可得。”意思是说，买书啊，别跟人斤斤计较价钱，他要多少你给他多少，这样，才有可能把很珍贵的书收到皇宫里来。公元1403年，他命令解缙等人将“凡书契以来经史子集百家之书，至于天文、地志、阴阳、医卜、技艺之言，各辑为一书，毋厌浩繁”。他要把有文字以来所有的著作汇编为一部大部头的书，而且明确地说不要怕繁杂烦难。于是，他动用了三千多位文人儒士，采择和整理了古代典籍七八千种，于永乐六年（1408）编成《永乐大典》。这部类书的规模有22937卷，一共装成11095册，对保存中国的古典文献其功甚伟。作为世界上著名的百科全书，与法国狄德罗编纂的百科全书和英国的《大英百科全书》相比，都要早三百多年，堪称世界文化遗产的珍品。但是，《永乐大典》的命运非常悲惨。其正本早已杳无音信，仅存的上千卷副本，最终于公元1900年八国联军进占北京后被毁。如今，仅剩的四百册零本被八个国家和地区的三十多个机构收藏。二十四史里有一部叫《旧五代史》的书，这部书早就不知道哪里去了，后来就是从《永乐大典》里把它整理出来的。

朱棣称帝后，对儒家思想文化的传承还是作出了贡献的。明成祖朱棣动用三千多人，耗时五年所编纂成的《永乐大典》，是中国最著名的一部大型古代典籍。那么，朱棣还做了哪些事情？朱棣之后的明朝皇帝，又都是怎样的命运呢？

朱棣继位之初，对洪武、建文两朝的政策进行了某些调整，提出“为治之

道，须在宽猛适中”。也就是说，他既不赞成朱元璋的过于残酷严厉，也不赞成建文帝的过于仁厚宽容。所以，他利用科举制度，利用编纂大型图书来笼络知识分子，宣扬儒家的思想。在永乐朝时期，明朝的社会、经济、文化各个方面都得到了相当的发展。当然，朱棣对朱元璋的一些措施是继承的，比如他进一步强化君主专制。他对建文帝时的文臣儒士残酷屠杀，大肆株连。因为他自己是藩王，造反夺取了帝位，所以，他在位初年恢复了好多被建文帝削掉的藩王封号。然而，当觉得自己的皇位很稳固的时候，他也开始削藩。同时朱棣又继续执行朱元璋的徙富民政策，加强对豪强地主的控制。

永乐初年，朱棣开始设置内阁，选拔资历比较浅的官员入阁办事，而且非常重视监察机构的作用，这跟朱元璋又是一脉相承的。他不仅派人巡游天下，而且还鼓励官员相互打小报告，他重用宦官、监军，设置了东厂衙门，恢复了锦衣卫，强化了专制统治秩序。朱棣非常重视经营北方，把国都迁到北方后，逐渐在北方建立起一个新的政治、军事、文化中心。为了保证首都，也就是北京的粮食和各项物资的需要，朱棣又把各种河道，主要是运河的河道重新疏通，这对南北经济的发展起了非常重要的作用。朱棣对边疆的管理非常重视，包括对新疆和西藏的控制和管理，都花了大量心思，而且也取得了明显的成效。在对外交流方面，从永乐三年（1405）开始，他派郑和率船队七次出使西洋，到达了三十多个国家。永乐年间，派朝臣回访的也有三十多个国家，包括中亚的一些帝国跟永乐朝一直有往来。今天在南洋一代还有好多地名是以郑和的小字三保命名的，诸如三保井、三保山、三保垄都留下了郑和的遗迹。时至今日，郑和在南洋依然享有很高的声望。

永乐二十二年（1424），朱棣死于北征回师途中的榆木川（今内蒙古乌珠穆沁），葬于长陵，庙号太宗，到嘉靖时改为成祖。作为一个封建帝王，我们不能不说明成祖是有成就的。但是，他的名字也和一些非常残暴的行为联系在一起，诸如著名的诛十族。原来是诛九族，从他开始诛十族。

方孝孺是建文帝最亲近的大臣，而方孝孺也视建文帝为知遇之君，君臣非

常融洽。当明成祖打下南京的时候，有位叫姚广孝的谋士，跪下来求朱棣不要杀方孝孺。因为方孝孺的声望太高了，如果杀了方孝孺，“天下读书种子绝矣”。明成祖答应了他。南京陷落以后，方孝孺闭门不出，日夜为建文帝穿孝，在家里哀号、哭泣。明成祖继位当皇帝，要有大手笔来拟一个诏书，大家就推荐方孝孺，说这样开天辟地的大文章，只有方孝孺才担当得起。但方孝孺当众号啕大哭，明成祖被弄得心里有点儿说不过去，就亲自走下宝座，对方孝孺说：“请不要这样，我只不过是效法周公，我是来辅佐周成王的。”方孝孺反问一句：“你既然是周公，来辅佐成王，那成王呢？”明成祖回答：“建文帝已经自焚了。”方孝孺问：“你既然是来辅佐成王的，成王死了，那你为什么不立成王之子当皇帝呢？”明成祖又耐着性子回答：“国家还是要依靠年长成熟的人来做皇帝啊，再立一个小孩子不行啊。”方孝孺不依不饶，他说：“那你为什么不立建文帝的弟弟呢？你不是要长君吗？”明成祖这下忍不住了：“这是朕家的事，没法跟你纠缠。”然后让人把笔递给方孝孺，说：“此事非你不可。”方孝孺把笔扔了，厉声说道：“我死无所谓，这个诏书我不会给你起草的。”明成祖这个时候还耐着性子，说：“就算你自己死了，难道也不考虑你的九族吗？”方孝孺大声回答：“别说九族，就算灭我十族又能怎么样？”这一下，朱棣气急败坏，他恨这个方孝孺嘴太硬，就叫人把方孝孺的嘴角撕开，一直撕到耳根。而且抓捕他的宗族门生，每抓一个人都带到方孝孺的面前让他看，而方孝孺无动于衷，头也不抬。明成祖彻底失望了，便把方孝孺的门生也算成一族，一共十族，总共八百多人，全部处死。

另外，明成祖大量发展厂卫特务，他设立的东厂在历史上劣迹斑斑。永乐帝之后的明朝皇帝，大多数是被太监控制，没有什么值得称道的地方。但是，明朝的好多皇帝又确实是有自己独特的兴趣和一技之长的，比如，明英宗朱祁镇是一个非常优秀的天文学家；明神宗朱翊钧酷爱在宫廷里摆各种摊儿，让大家买卖东西；明熹宗朱由校酷爱做木匠，他天天不上朝，就在那儿做木匠活，做的家具精致无比，水平极高。但是，作为皇帝，这些人实在太糟糕了。明朝甚至有的皇帝几十年不上朝，也就是说，贵为内阁阁员，一二十年见不到皇帝一面的大有人在。到了明朝的末年，局面已经不可收拾了。

纵观历史，凡亡国之君，不是昏庸无能，就是荒淫无度。那么，明朝的最后一位皇帝崇祯是一个什么样的皇帝？他为什么会成为亡国之君呢？

明朝的亡国之君是明思宗朱由检，也就是我们都熟悉的崇祯皇帝。这位皇帝公元1611年出生，公元1644年在煤山上吊自杀，活了不过三十四岁。十六岁的崇祯继承帝位时，摆在他面前的，已是一个破烂不堪的烂摊子。当时的明朝因为灾荒频仍，内乱外患，处在风雨飘摇之中。崇祯从继位之初就竭尽全力，勤俭清廉，兢兢业业，他想挽救天下，振兴大明王朝。崇祯皇帝是很爱百姓的。他在煤山上吊死后，后人从他的衣袍里发现了遗诏，上面写着："朕凉德藐躬，上干天咎，致逆贼直逼京师，皆诸臣误朕。朕死，无面目见祖宗，自去冠冕，以发覆面。任贼分裂，勿伤百姓一人。"意思是说，我崇祯皇帝德行不够，所以遭上天的报应，致使闯贼直逼京师，这都是那些大臣误了我。我死后也无面目见祖宗于地下，所以死的时候扔掉冠冕，以发覆面。任由闯贼把尸体分裂成千段万段，但是不要伤害一个百姓。这样的遗诏在中国历史上独此一份。从大节上来说，崇祯确实不是一位昏君。

崇祯算得上是一位励精图治、有所作为的皇帝。只不过时运不济，他接手的摊子实在是内外交困，破烂不堪，衰亡的征兆实际上在他出生之前就已经出现了。他继位后，勤于理政，事必躬亲，而且，经常召见大臣讨论军国大事，十七年来没有一刻懈怠。从历史记载来看，他确实非常勤政，但是所用非人。也就是说，崇祯最致命的缺点就是没有识人的眼光，没有用人的气量，没有纳谏的气度。他刚愎自用，用人不专，疑神疑鬼，更调频繁，惩处随意，以至于臣下畏首畏尾，离心离德。

崇祯在继位之初就以雷厉风行的手段收拾了魏忠贤。当时魏忠贤的势力在宫廷内外盘根错节，号称九千岁。除掉魏忠贤后，民间欢呼不已。天下百姓对崇祯皇帝中兴明朝抱有极大的期望，老百姓觉得，苦难总算到头了，终于盼到一个有作为的好皇帝了。然而，由于以一己之力除掉了魏忠贤，这件事让崇祯

对自己的政治才能产生了过高的估计。他的自信很快变成了自负，自负又很快变成了刚愎自用。所以，一方面，他的确是中国历史上少见的勤政的皇帝；另一方面，他事事亲为，却没有收到好的效果。正如他自己所说，他本人虽不是亡国之君，但是，他每主持大事件都透出亡国的征兆。他的多疑和刚愎自用使他处死了袁崇焕，可谓自毁长城。同时他还杀掉了贺人龙。贺人龙是镇压李自成的一员悍将，在崇祯杀掉贺人龙以后，李自成手下欢呼雀跃，从此视取关中如拾草芥。

崇祯皇帝死后，还有一些南明的小朝廷，依然在抗击清兵，有的去请传教士，有的从澳门买进火炮，请军事顾问，但最后也都归于覆灭，统治中国二百七十六年的明朝彻底完结。但是，明朝是中国历史上经济、文化高度发达的时期，明朝的城市经济和士民文化超越了中国历史上以往任何一个朝代。四大小说，其中有三部就是在明朝成型的。书法、绘画、建筑、戏剧、歌舞在明朝得到完善。三大科技名著——徐光启的《农政全书》、李时珍的《本草纲目》、宋应星的《天工开物》都出现在明朝。但是传统观点认为，中国的科学技术水平也正是从明朝开始落后于欧洲的。这里的原因很多，其中最重要的原因之一是明朝实行的海禁政策。中国和外部世界的联系出现了极其不正常的状态，这是导致中国从明朝开始落后于西方的重要原因之一。

朱元璋画像

第27章

甘二史[1]，全在兹[2]，载治乱[3]，知兴衰。
读史者， 考实录[4]，通古今[5]，若亲目[6]。
口而诵[7]，心而惟[8]，朝于斯[9]，夕于斯[10]。

①廿二史：记载古代历史的二十二部正史。
②兹：此，这儿。
③载：记载。
④考：查考。实录：原指每个朝代为皇帝所编纂的编年大事记，此指真实的历史记录。
⑤通：融会贯通。
⑥若：如同。
⑦诵：吟诵。
⑧惟：思考。
⑨朝：早晨。于斯：如此。
⑩夕：傍晚。

历史就像一根线

《三字经》讲历史的部分，也就是全书的第二部分，到这里就结束了。有的《三字经》版本一直讲到民国建立，那些版本是由后来的学者增补的，其中很多是著名学者，比如章太炎先生，这里就不赘(zhuì)述了。《三字经》只用了二百多字，就讲述了中华民族几千年的历史。从人类起源，到朝代更替；从开国皇帝，到亡国之君；从领先世界，到落后挨打，历朝历代的兴衰，都展现在我们的面前。那么，我们现代人，应该用什么样的方法来学习历史？又应该以什么样的态度来看待历史呢？

《三字经》在历史内容结束时，有一段总结："廿二史，全在兹，载治乱，知兴衰。读史者，考实录，通古今，若亲目。"这段话的意思是，二十二史全部在这里了，里面载明了历史上的治、乱，从中可以了解各个朝代的兴衰。我们来读这些历史的人，应该去参考最真实的材料，这样才能博古通今，才能对古代的情况和今天的现状有一种通解，就像亲眼看到一样。

这里需要进一步解释的也只有"二十二史"和"考实录"里面的"实录"。中国的历史学著作在全世界毫无疑问是最发达的。到了宋朝，已经积累了十七部纪传体的史书。而到明朝，加录了宋、辽、金、元四代史书，成为二十一史。清朝乾隆年间，《明史》完成，就增为二十二史。所以，我有一个大致的判断，现在讲的这个《三字经》的本子在古代的最后一位增补人应该是乾隆年间或者此后不久的人。我们今天所说的二十四史，就是在二十二史的基础之上，加上了一部《旧唐书》，再加上一部从《永乐大典》里整理出来的《旧五代史》，总称为二十四史。而民国年间，还加入了两部正史，即《新元史》和《清史稿》，所以，又变成了二十六史。至于"实录"，是指每个朝代为皇帝编纂的编年大事记。而官修的历史，从理论上来讲，应该是根据这些实录再进行编纂整理而成。按理说，"实录"应该是第一手的资料，是最真实可靠的资料。所以，这里所谓的"考实录"，就是指要参考、借用实录来了解真实的历史。换句话说，二十二史里有许多内容并不能完全相信。读史的人，还要参考实录，参考真实的历史。当然，实录往往也靠不

住，因为后面的皇帝会去改前面皇帝的实录，他觉得有些不好的实录就给涂抹掉。有的时候，在位的皇帝觉得自己有好多事迹不愿意让后人知道，就总想把它改掉。当然，这种情况并不多。

《三字经》的第一部分是讲教，即教育的重要性、教育的理论、教育的方法、教育的规律。第二部分讲史的内容。在中国的文化传统当中，历史就像是一根线，可以把文化、哲学、宗教、社会、经济、文学等一颗颗珠子串起来。搞清楚了历史，基本上可以提纲挈领地把握中国传统文化的重要组成部分。所以，《三字经》在第二部分讲的是史。

《三字经》的第三部分，是学的部分。讲完了教，讲完了史，《三字经》又要强调勤奋学习的重要性。《三字经》举了许多不同的例子，告诉人们，应该怎样去学习，应该以什么样的精神去学习。《三字经》这三个部分的安排是有道理的。

《三字经》从第三部分开始，又是这样四句话："口而诵，心而惟，朝于斯，夕于斯。"意思很明白，读书要嘴里念，心里想，专心致志，早早晚晚都要这样。学习要讲求口到、心到，不要像小和尚念经有口无心，更不能像今天很多的所谓读书人那样，连口都不开。按照《三字经》的要求，读书是要大声地朗读出来，而且要持之以恒，朝夕用功，不能三天打鱼，两天晒网。这是很有道理的。中国传统文字韵律感很强，尤其是比较普遍的两两对偶的组词造句法，语感非常鲜明，朗读起来就能够很好地体会文字的节奏感和韵律美。

《弟子规》里也讲："读书法，有三到，心眼口，信皆要。"就是说，读书方法要有三到：心到，眼到，口到。读书是心、眼、口有效地配合，是三位一体的一个学习过程。朱熹曾经讲过："余尝谓读书有三到：谓心到，眼到，口到。"并且明确地指出，一定要心先到，心到了以后，难道眼睛和口还不到吗？这就是《三字经》讲的"心而惟"。如果照着去做，我相信读书是可以事半功倍的，是可以大有裨益的。朱熹讲："凡读书，须整顿几案，令洁净端正，将书册齐整顿放，正身体对书册，详缓看字，子细分明。读之，须要读得字字响亮，不可误一字，不可少一字，不可多一字，不可倒一字，不可牵强暗记，只是要多诵遍数，自然上口，久远不忘。”“读书须将心贴在书册上，逐句逐字，各有著落，方始好商量……”

朱熹又指出，现在的人，不大愿意下功夫，尤其不肯马上下功夫，今天有事就推明天，这样一推就推到明年。朱熹强调，读书必须马上就读，今日事今日毕。

第28章

昔仲尼[1]，师项橐[2]，古圣贤，尚勤学。
赵中令[3]，读鲁论[4]，彼既仕[5]，学且勤。
披蒲编[6]，削竹简[7]，彼无书，且知勉。

①仲尼：即孔子。
②项橐(tuó)：鲁国的神童。
③赵中令：北宋初年的宰相赵普。
④鲁论：西汉初年鲁国人所传的《论语》。
⑤仕：出仕做官。
⑥披：劈分。蒲编：用蒲草编成的本册。
⑦竹简：古代用以书写的长竹片。

那些勤学的榜样 I

《三字经》作为一部蒙学经典，在梳理完中国历史之后，开始进入最后一个部分。通过介绍一些生动具体的勤学故事，告诉人们作为一个求学者，应该具备什么样的学习态度，遵循什么样的学习方法。

“昔仲尼，师项橐，古圣贤，尚勤学。”字面意思非常清楚，当年孔老夫子拜项橐为师，而那个时候，孔子已经是一个学有大成的人物了，他尚且还要勤奋学习。言外之意，我们就更应当努力学习了。

相传有一天，孔子在几位弟子的陪同下驾着一辆马车周游列国，来到一个地方，见有一个小孩子用土块、石子围成一座“城”，自己坐在里面。孔子就问：“你这小朋友看见马车为什么不躲开呀？”那孩子眨了眨眼睛回答：“我听说您老先生上晓天文，下知地理，中通人情。可是在我看来，却并不怎么样呀。自古到今，只听说车子躲避城池，哪里有城池躲避车子的道理呢？”孔子愣了一下，这小朋友够机智的，就问：“你叫什么名字？”孩子回答道：“我叫项橐。”孔夫子便笑呵呵地让马车从他旁边走过。

孔子东游，却被年仅七岁的项橐拦住了去路，只得绕道而行。可是，接下来又发生了一件事，让这位博学的老者自愧不如、甘拜下风，甚至愿意拜项橐为师。

原来，孔子赶路时看见路边有一个农夫在那儿锄地，孔子就下来，问：“您在干什么呢？”农夫回答：“我在这儿锄地。”孔子又问：“看您那么忙，您知不知道您每天要抬起锄头多少次啊？”这时项橐赶过来了，说：“哎，我爸爸年年种地（原来这个人是他爸爸），当然知道锄头每天抬起来多少次了。您出门得乘马车，那您一定知道每天这个马蹄要提起来多少次了？”孔子觉得这个孩子真是太聪明了，实在少见，就跟项橐说：“孩子，我出一道题，你出一道题，互为应对。谁赢了谁当老师。”项橐回答：“您是老人家，不要跟我开玩笑。”孔子就说：“童

叟无欺。”孔子就问：“天地人为三才，可知天有多少星辰，地有多少五谷？”这题目照理说是无解的。但是，项橐说：“天高不可丈量，地广不能尺度(duó)，一天一夜星辰，一年一茬五谷。”孔子十分震惊，这个回答他挑不出一点儿毛病。

项橐接着问：“人有多少根眉毛？”这个还真没法回答，它也不像一夜星辰、一茬五谷那么好回答。孔子没有办法，只好按照约定，拜项橐为师，但项橐突然“扑通”一声跳到旁边水塘里。孔子说：“您怎么跳水呢？”项橐回答：“沐浴以后方可行大礼啊。怎么样，请夫子也下来沐浴吧？”孔夫子说：“我没有学过游泳，我到池塘里就会沉下去。”项橐说：“您这话不对，也没听说鸭子学过游泳啊？可是鸭子怎么浮在水面上不沉呢？”孔子说：“鸭有离水之毛，故而不沉。”项橐就说：“是这样吗？那么葫芦无离水之毛也浮而不沉啊！”这回孔夫子真被他绕进去了，说：“哎，葫芦是圆的，里面是空的，所以它不沉。”项橐又说：“大铜钟是圆的，里边也是空的，怎么它扔下去就沉了？”孔子满脸通红，一句话都说不出来。项橐在水塘里沐浴好了，爬上岸。孔子设案行礼，拜项橐为师，然后打道回曲阜，从此再也不东游。这就是“昔仲尼，师项橐”的传说故事。就在这个传说中，还延伸出来两个我们现在经常用的成语：“君子之约”和“童叟无欺”。这个让人轻松哈哈一笑的故事实际上告诉了我们一个很深刻的道理：即使学有所成的人，也要随时学习，能者为师，无分长幼。

《三字经》作为一部蒙学经典，深入浅出、层层递进，在讲了端正学习态度之后，又告诉我们，学习要持之以恒。那么，怎样才能做到持之以恒？《三字经》举了哪些例子呢？

“赵中令，读鲁论，彼既仕，学且勤。”赵中令都当官了，还在学《论语》，并且非常勤奋。《三字经》里这样的叙述是有非常深厚的传统思想背景的。在古代，出仕为官是成功的标志，而经商，哪怕是成为富可敌国的亿万富翁也跟成功没关系的。士、农、工、商，商在最后，第一等是士，而士成功的标志就是当官，所谓“学而优则仕”，成为国家的命官。

那么这里的赵中令何许人也？赵中令就是我们非常熟悉的北宋初年的赵

普，中令是他的官职。

赵普为人刚毅果断，多谋有略。后周时是赵匡胤的幕僚，参与策划了陈桥驿兵变，拥立赵匡胤称帝，因此很受赵匡胤信任。964年，任宰相。《宋史·赵普传》记载赵匡胤常常到信任的大臣家拜访，所以，赵普每次退朝回家，也不敢换上便衣。一个大雪纷飞的夜晚，赵普想：天寒地冻的，皇帝大概不会出宫了。可是，过了一阵子，就听见敲门声，赵普出去开了门，却见赵匡胤正站立在风雪中！赵普赶忙迎拜。赵匡胤微笑着说："我已约了晋王一起来拜访你了。"果然，不久，晋王赵光义也来了。君臣三人在客厅烧起炭火，一边吃烤肉、喝酒，一边商量如何统一中国。赵普说："太原是阻挡西北二面的防御要地，如果先把太原拿下，那么我们就要独力抵挡西北的契丹，不如先削平南方的割据势力，最后再对付契丹，到时它不过是弹丸之地，还能跑得了 吗？"赵匡胤很高兴，说："我也是这个意思，只是特意来试探试探，看你有何高见。"这就是北宋著名的"先南后北，先易后难"统一中国的策略。

赵普出身小吏，学问不多，但是做了宰相后，白天处理国家大事，晚上回家之后，总是急切地关门闭户，然后从书箱里取出书来读，往往读上一整夜。第二天上朝时，头一天的难题就有了完满解决的办法。大家都不知晓其中的奥妙和缘故。待到赵普去世，家人开启他的书箱才发现，里面只有一部《论语》！原来，赵普非常爱读《论语》，赵匡胤曾感到奇怪，说："《论语》是小孩子启蒙时的读物，你怎么现在还读它？"赵普说："我读的书确实不多，但是修身齐家治国平天下的道理全在这部《论语》里。"赵匡胤听了，连连点头。后来，赵光义即位，仍然想用赵普为宰相。可是，却有人说赵普的坏话，说他只会读《论语》。而赵普的回应是："我以半部《论语》辅佐太祖得天下，以半部《论语》帮助陛下治天下。"故此"半部《论语》治天下"就成了中国历史上的一个美谈。

赵普这种好学不倦的精神，成为后世学习的典范。所以《三字经》用了"彼既仕，学且勤"六个字来强调，即使事业有成的人也不能停止学习。

当然对于赵普这个人物，历史上的评价分歧很大，但是，《三字经》在这里主要讲的是他身居高位而加倍勤奋学习的故事。

其实,很多人都明白学习的重要性,也懂得学无止境、业精于勤的道理,但是,有些人却还是会找借口,说自己没有读书的条件而逃避学习。那么,对于这个问题,《三字经》又带给了我们怎样的启示呢?

《三字经》已经考虑到了读书学习的人可能会有各种各样的借口不读书。最常见的一个借口是什么呢?我想读书,也知道读书重要,但是我没有读书的条件。《三字经》接下来就来解答这个问题:“披蒲编,削竹简,彼无书,且知勉。”《三字经》告诉大家,在历史上有这样的人物,他们读书的条件更坏,坏到不能再坏的程度,以至于连书都没有。但是,他们依然非常勤勉发奋地读书。那么,大家还能有什么借口不读书呢?

这里讲了两个故事。一个是“披蒲编”,说的是西汉年间路温舒的故事,他的故事出自《汉书》,在历史上是有记载的。路温舒的父亲是里监门,这个官大致相当于我们今天的居委会主任,就是小到不能再小的一个官,所以家里是很贫穷的。路温舒从小就被父亲打发出去放羊。在东汉蔡伦发明造纸术以前,书是抄写在绢帛或者刻写在竹片上的,因此图书既少又价格昂贵,通常只有世家大族的孩子才有条件读书,家庭贫困的人是读不起书的。但是路温舒太渴望读书学习了,总是在想办法。一天放羊时,他发现池塘里长着一丛丛蒲草,叶子既宽又长,他灵机一动:嘿,它不是很像抄书用的竹简吗?路温舒兴奋地割了一大捆蒲草背回家,把蒲草切整齐后,用线绳联结起来,再把借来的书抄写到蒲草上面,这样就有书可读了!从此,他一边放羊,一边认真地阅读自制的蒲草书。路温舒通过学习,慢慢地变成了一个负责监狱、管理刑事的小官员。他曾多次请求皇帝听取劝谏和减轻刑罚,为百姓做了不少好事。当然,从历史上看,路温舒所任的官职都是比较小的,他之所以能被列入正史,恰恰是因为他“披蒲编”之事,因为他为自己创造读书条件的精神。

另一个故事“削竹简”的主人公是一个要比路温舒著名得多的人,他就是西汉时期著名的公孙弘。公孙弘(前200—前121),西汉菑(zī)川人,也就是今天山东寿光这个地方的人。他是一个非常复杂的人物,历史上对他的评价褒贬不一。公孙弘少年时,家境非常贫寒,他只好靠在海边替人家放猪来维持生活。他自己利用放猪的空隙去削竹子,做成简册,抄写书籍。年轻的时候,他曾经担任过家乡薛县的狱吏,就是当过监狱里的办事人员。因为没有学识,因为书没有读好,经常发生过失,故而被免职。从此,他立下了读书的志向,便在一个叫麓台的地方,埋头苦读书,一直到四十岁。建元元年(前140),汉武帝继位,下诏访求民间贤良之人,当时公孙弘已经六十岁了,这才以贤良的名义应召,被任命为博士。公孙弘善于辩论,通晓文书、法律,又能以儒家的学说对法律进行解释和阐述,所以汉武帝特别赏识他。公孙弘当了几年的丞相,曾经建议设立五经博士。他还提了许多好建议,做了好多事情,对文化也作出了一定贡献,也有著作,即《公孙弘》十篇。他出生于乡鄙之间,居然能够位极人臣,直到今天,还是有相当多的人对他推崇备至。在当时的环境之下,他之所以能够成功,毫无疑问,持续苦学的精神起了很大的作用。所以,我们常说“天道酬勤”,勤奋的人总会有收获。

第29章

头悬梁[1]，锥刺股[2]，彼不教[3]，自勤苦。

如囊萤[4]，如映雪，家虽贫，学不辍[5]。

如负薪[6]，如挂角[7]，身虽劳，犹苦卓[8]。

苏老泉[9]，二十七，始发愤，读书籍。

彼既老，犹悔迟，尔小生[10]，宜早思。

①头悬梁：将头发悬挂在屋梁上。

②锥刺股：用锥子来刺大腿。

③不教：不靠别人督促。

④囊(náng)萤：把萤火虫装在纱袋里。

⑤辍(chuò)：停止。

⑥负薪：担柴火。

⑦挂角：把书本挂在牛角上。

⑧苦卓：刻苦自立。

⑨苏老泉：宋代著名文学家苏洵。

⑩尔：你们。

若梁颢[1]，八十二，对大廷[2]，魁多士[3]。
彼既成，众称异[4]，尔小生，宜立志。
蔡文姬[5]，能辨琴[6]，谢道韫[7]，能咏吟。
彼女子，且聪敏，尔男子，当自警。
唐刘晏[8]，方七岁，举神童[9]，作正字[10]。
彼虽幼，身已仕，尔幼学，勉而致[11]，
有为者，亦若是。

①梁颢:五代末年人,北宋太宗雍熙年间八十二岁时才考中状元。一说梁颢实为北宋人,在二十三岁考取进士。

②对大廷:在朝堂上回答皇帝的提问。

③魁(kuí):第一名。

④称异:感到惊奇。

⑤蔡文姬:东汉文学家蔡邕之女。

⑥辨琴:辨别琴声。

⑦谢道韫(yùn):晋代女诗人。

⑧刘晏:唐代著名理财家。

⑨举:选拔。

⑩正字:主管文字校正的官员。

⑪勉:努力。致:达到。

那些勤学的榜样Ⅱ

《三字经》通过介绍古人苦读勤学的故事，来激励后学者的斗志，提高大家克服困难的勇气。这其中就提到一些我们常常挂在嘴边的成语，比如“悬梁刺股”、“囊萤映雪”等。“头悬梁，锥刺股”，经常被人们作为一种刻苦学习的精神而广为传颂。《三字经》中所提到的这些古人的励志故事，对于今天的现代人还能否适用？又会给我们带来什么样的启示呢？

我们都知道，学习离不开勤奋刻苦的精神。《三字经》也非常强调这一点，所以，《三字经》接下来又列举了两个我们非常熟悉的故事：“头悬梁，锥刺股，彼不教，自勤苦。”成语“悬梁刺股”正源于此。

“头悬梁”讲的是汉代孙敬的故事。这里的头是指头发的意思，不是说把自己的脑袋吊在梁上，而是把头发吊在梁上。孙敬为了刻苦学习，用绳子系住自己的头发，然后把绳子系在梁上，以防打瞌睡。一旦读书读累了，疲倦了，想睡觉的时候，头一低，头发被拉一下，一痛就可以被惊醒，继续学习。《汉书》记载：“孙敬字文宝，好学，晨夕不休。及至眠睡疲寝，以绳系头，悬屋梁。后为当世大儒。”大意是说孙敬这个人，太喜欢学习了，不浪费光阴，就采取了这个办法。他正是通过这样的苦学，后来成为当世的大儒，成为汉朝一位非常著名的学者。

“锥刺股”是关于战国时代著名的谋士、纵横家苏秦的故事。苏秦，战国时洛阳人。他和另外一个纵横家张仪齐名，是当时最著名的两个谋士。当时，七雄争霸，秦、齐、楚、赵、燕、韩、魏，全都野心勃勃，试图吞灭其他国家，一统江山。后来，秦国任用商鞅变法，一举成为最强盛的国家，此后不断进攻其他国家，连连得胜，夺取了很多地方。六国感到很害怕，想方设法去对付它。于是就提出了“合纵”抗秦的办法。因为六个国家都在秦国以东，地理位置纵贯南北，古人把南北叫作“纵”，所以，“合纵”的意思就是六个国家联合起来，共同抵抗秦国。跟“合纵”抗秦唱反调的是主张“连横”亲秦的人。因为秦国地处最西，六国全在它的东边，古人把从东到西叫作“横”，所以人们把这种主张称为“连横”。当时，因倡导“合纵”而著称的是苏秦，因倡导“连横”而著称的是张仪。巧的是，苏秦和张仪是同窗好友！

苏秦字季子，是东周洛阳人。周人的生活习惯是，或者在家耕作，或者外出经商。但苏秦自从学了鬼谷先生的本领后，便很想凭自己的三寸不烂之舌，求得个一官半职。为此他四处游历，寻找机会。他曾游说过周显王，可显王早就听说过苏秦是一个喜欢夸夸其谈的家伙，根本瞧不起他；他也曾游说过秦惠王，可当时正赶上秦国刚刚处死了商鞅，惠王对游说之士恨之入骨，只用了一两句话就把他打发走了。

可怜苏秦这时已把盘缠挥霍干净，穿着破衣烂衫，面目黧黑，垂头丧气地回到家里。进了家门，父母恶狠狠地骂了他一顿；他的妻子正在织布，见他回来了，连句嘘寒问暖的话都懒得说，继续在织布机上忙乎。苏秦饿坏了，哀求嫂嫂做点饭给自己吃，嫂嫂翻着白眼儿："没那闲工夫！"扭头就走。

苏秦受到极大刺激，躲进房间，不愿见人。经过几天的反思，他终于明白，没有真本事根本无法在世上立足。于是，他从自己的书堆里找出一本《阴符》，准备刻苦研读。

苏秦读书夜以继日。深夜，实在瞌睡得撑不住了，他便用一把锋利的锥子往自己大腿上刺，一痛，睡意顿时就消失了，于是，抖擞精神接着读下去。经过一年的苦读，他不仅积累了各个领域丰富的知识，还仔细研究了当时七国的地形、物产、人文风俗，甚至各国国君的喜好、憎恶，王室与群臣的微妙关系，等等。然后，他自信地推开房门，昂首挺胸，再次拜别家人，登上新的游历之途。

因为上次苏秦在秦国栽了跟斗，受尽了侮辱，所以这次复出，他准备采用"合纵"的办法，把六个国家联合起来，共同对付秦国。他最先来到燕国和赵国，凭着他对天下形势烂熟于心的了解，他或者恭维其国是美丽富饶的国家，或者极力赞美国君的卓越才华，或者用激将法激起他们不甘心久居秦国之后的雄心，或者为他们构想一旦被秦吞灭的种种惨景……总之，凭着出众的口才，苏秦说服了燕、赵两国国君，他们同意了苏秦"合纵"的主张，给了他漂亮的车子、上千两的黄金，以及大量的奇珍异宝，好让他去说服其他国家加盟"合纵"。苏秦又凭着自己雄辩滔滔的口才、渊博的知识和对各国国君心理的准确揣摩，成

功地游说韩、魏、齐、楚等国,使六国同意将力量并集在一起,结成同盟,同时委派苏秦担任这个同盟的领导人。

苏秦成了六国的宰相、合纵长,身挂六国相印,春风得意地回赵国去。他的车队走在路上,旌旗飘扬,锣鼓喧天,声势浩大。老百姓还以为是当今天子出行呢!就连以前不屑于见苏秦的周显王,现在听说他要经过洛阳,也赶快派人打扫道路,到郊外迎接他,送他礼物。车队经过苏秦的家门,他的嫂嫂、兄弟都弓背弯腰,跪在道路旁,低着头,眼睛也不敢往上看,身边摆放着瓜果蔬菜,恭恭敬敬地请苏秦吃饭。苏秦笑着问他的嫂嫂:"咦,为什么以前你对我那么傲慢,现在对我这样恭敬呢?"他的嫂嫂听了,急忙伏在地上请罪,说:"因为您现在地位高,钱多啊!""前倨后恭"这个成语就是这么来的。

秦国听闻六国合纵的事之后,大惊,在以后的十五年里,不敢派兵东出函谷关。苏秦以一人之力,实际上延缓了秦灭六国的进程,延缓了秦朝的发展速度。

"头悬梁、锥刺股"的故事告诉我们的是一种学习精神,我们今天当然没有必要,也不应该提倡用毁伤身体的方法来激发勤奋。但是,勤奋的精神永远是宝贵的。

《三字经》在讲完了这两个故事以后,又回过头来从历史当中寻找出两个典型的事例来告诉我们,不管家境有多贫寒,都不应该放弃学习,不应该停止追求知识的脚步。

中国有句古话,"自古寒门出英才"。为什么越是家境贫寒的人学习越刻苦?他们是怎样克服困难的?《三字经》中所提到的"囊萤映雪",讲述的又是怎样的故事?

"囊萤"的故事,说的是晋朝车胤。他字武子,南平(今属福建)人,出身于官宦之家,曾祖车浚,三国时做过吴国的会稽太守。有一年,吴县(今江苏苏州)一带发生了大灾荒,老百姓饿死无数,车浚上书吴主孙皓,请求开仓赈灾。可是,这孙皓是有名的暴君加昏君,竟然说车浚是为了收买人心,树立自己的威信,

将车浚斩首。这下，车家家道中落，日渐贫寒。贫寒到什么地步呢？经常连点灯的油都买不起。但是车胤既聪明又好学，在夏天的夜里就去捕捉萤火虫，把萤火虫装在透明的比较薄的口袋里。就凭借着一堆萤火虫在里面发出的光亮，用来照明读书。车胤以惊人的毅力发奋读书，孜孜不倦，后来终于成为很有学问的人。从此，中国历史上就有了"囊萤夜读"这个典故，人们用它来形容在艰困之环境中，勤奋读书，或形容贫士勤勉攻读。车胤对当时的礼仪制度发表了很多重要的意见。往往他一发表意见，就会得到大家的认可。朝廷有重大决策之时，也经常来征求这位寒士的意见。车胤后来一直做到了吏部尚书，这个官当然不能跟清朝的吏部尚书比，但是在当时也不是一个小官了。

"映雪"的故事讲的是孙康。孙康是晋代的京兆（今河南洛阳一带）人，官至御史大夫，在当时来讲是一个非常成功的人物。他幼年时酷爱学习，经常感到时间不够用，就夜以继日来攻读。他碰到跟车胤一样的情况，家里贫穷，买不起灯油，而一到天黑，就没有办法读书了。前面我们讲的车胤的故事是在夏天，因为只有夏天才可以捉萤火虫，而这个故事讲的是冬天，因为只有冬天才下雪。由此可见，《三字经》的安排是非常妥当的，独具匠心的。一个冬天的晚上，下起了鹅毛大雪，孙康冷得发抖，但他还是努力地背诵前一天读过的内容，忽然，他发觉今天与往常不一样，虽然已经是夜晚了，可是窗外好像还很明亮。于是，他从窗户向外瞧，呀，屋外大雪茫茫，到处都披上了银装，闪闪发亮的雪的反光把大自然的一切照得像有灯光照明一样。孙康灵机一动，这亮光说不定可以照明读书呢！他赶忙拿了书一看，果然，书上的字迹看得见！于是，他不顾严寒，专心地读起书来。

就是靠着这股韧劲，孙康后来终于成为有名的学者，并当上了御史大夫。

囊萤映雪，一夏一冬，《三字经》的作者以此告诉我们，即使是在恶劣的环境下，也不能停止追求知识的脚步。但是，在现代社会，很多人会抱怨自己的时间不够用，没有时间读书。那么，关于这个问题，《三字经》的作者，又会通过什么样的故事给我们以启迪呢？

《三字经》接下来又讲了两个故事："如负薪，如挂角，身虽劳，犹苦卓。""负薪"，也就是背着柴火，讲的是汉朝的朱买臣。朱买臣，字翁子，吴（今江苏苏州一带）人。他家里非常穷，靠砍柴来维持生计，但是酷爱读书，一天到晚手不释卷，常常一边挑柴一边吟诵，惹得路上的行人指指点点的，还嘲笑他。妻子崔氏觉得难为情，劝他不要这样，朱买臣不但不听，反而念诵得更大声了。于是，他的妻子恼羞成怒，提出离婚。朱买臣没有办法，只好放妻子离开。后来，朱买臣的妻子改嫁他人，朱买臣一个人穷苦度日。有一次朱买臣的妻子与新夫上坟，见朱买臣忍饥挨饿地蜷缩在路旁，手里却仍然拿着书，动了恻隐之心，就将带来的食物全送给了朱买臣。始终坚持不懈读书学习的朱买臣，日后终于成了一个博学的人。几年后，他跟随官员上京城办公，得到同乡严助的相助，见到了当时的皇帝汉武帝。朱买臣侃侃而谈，说《春秋》，言《楚辞》，武帝非常欣赏，于是让朱买臣当了中大夫。后来，东越（今福建一带）经常闹事，不听汉朝廷的管束。朱买臣向皇帝进言："以前东越王住在险要地带，一人守险，七人不得上。但现在东越王搬到别处去了。我们如发兵从海上进军，直指泉州，可以一举消灭他们。"武帝于是派他回故乡做会稽太守，跟他说："富贵不归故乡，如衣绣夜行。"他回到故乡加紧建造楼船（兵船战舰）、筹备军粮和水战兵器，经过一年多的准备，与将军韩说一起率领数千官兵，浮海南征，一举击破东越王的叛乱。后因功升为主爵都尉、丞相长史。

根据史书记载，朱买臣带队回乡赴任，看见前妻与其夫在整修道路迎接太守，就下车相认。而后他命令后车将他们接到太守的住处，让他们住到后花园，供应好衣美食。过了一个月，他的妻子在太守府内上吊身亡。这就是"负薪"的故事。

"挂角"，讲的是李密的故事。李密是隋朝末年农民大起义的领袖。他出身贵族，曾祖及祖父是北朝显贵，父亲为隋柱国、蒲山郡公。李密少年时候，在隋炀帝的宫廷里当侍卫。他生性灵活，在值班的时候，左顾右盼，被隋炀帝发现了，认为他不大老实，就免了他的差使。李密并不懊丧，回家以后，发愤读书，决心做个有学问的人。有一回，李密骑了一头牛，出门看朋友。在路上，他把《汉书》挂在牛角上，抓紧时间读书。正好遇到宰相杨素，杨素跟李密亲切交谈了一阵，觉得这个少年人很有抱负，非同一般，把他推荐给儿子杨玄感。后来，杨玄感要寻找一个谋士，就把李密请来。杨玄感问李密："如果要推翻隋炀帝，应该采取一个什么策略？"李密讲："打败隋炀帝的官军有三种办法：第一，趁皇帝现在在辽东，我们带兵北上，截断他的退路。他前面是高句丽，后面又没有退路，不出十天，军粮接济不上，然后我们不用打，就能取胜。这是上策。第二，向西夺取长安，抄了隋炀帝的老窝，官军如果想退兵的话，我们就拿关中地区作为根据地，凭险坚守，再看情况。这是中策。第三，就近攻洛阳，不过，这是下策。因为洛阳不一定攻得下来，城池坚固，而且洛阳还有相当一部分的隋朝军队。"李密的主意是对的，但杨玄感急于求成，结果采取了下策，进攻洛阳。虽然杨玄感在攻打洛阳的时候很多农民都来投靠他，队伍一下子扩大到十万人，也连续打了几个胜仗，但是，隋炀帝马上派自己的大将率领大军来攻打杨玄感。杨玄感抵挡不住，只能退到长安去，一路被隋朝的大将追杀，最后被杀。李密从混乱中逃了出来，偷偷逃回长安，但是隋军搜捕得非常紧，李密最后还是被抓住了。在被隋朝官兵押送隋炀帝行营的途中，李密就和十几个犯人商量，把他们身边所有的金银财宝都拿出来，贿赂这些押送他们的官兵，供他们吃喝玩乐。而押送他们的官兵得了一笔横财后，只顾吃喝玩乐，防备松懈，李密趁他们喝醉酒的时候逃了出去。经过一番周折，最后，李密投奔了瓦岗军，成为瓦岗军里一个重要的人物，为推翻隋朝立下大功。李密正是通过一点一滴的学习，积累了知识，完善了才能，待历史给予他某种机遇的时候，最后做出了一番轰轰烈烈的大事业。

接下来，《三字经》将告诉我们人的生命历程和学习历程之间的关系。苏老泉为什么到二十七岁才开始读书呢？梁颢八十二岁才中状元是真的吗？七八岁就才华横溢的祖莹和李泌又是怎样的神童？蔡文姬文采飞扬，但命运多舛、一生三嫁，她的最终结局是怎样的呢？与蔡文姬齐名的谢道韫又是怎样的人？《三字经》为什么要特别提到这些人？从他们身上我们又能够学习到什么呢？

大家都明白，人最好在良师的指导下，从小开始循序渐进地读书、学习，但很多人因各种原因会错过最佳的读书和受教育的年龄。那么，年岁大的人还应不应该学习？年岁大的人学习了还能不能够取得成就？这里，我们看看《三字经》的理念。

苏老泉就是北宋著名的文学家苏洵，与他的两个儿子苏轼、苏辙合称“三苏”。

“二十七，始发愤”，我们完全可以通过林语堂的一段评说来看出个中端倪。“苏洵秉赋颖异，气质谨严，思想独立，性格古怪，自然不是与人易于相处的人。直至今日，人人都知道他到二十七岁时，才发愤读书。大人常举这件事来鼓励年轻人，告以只要勤勉奋发，终会成功的。当然，聪明的孩子也许会推演出相反的结论，那就是孩童之时不一定非要专心向学。事实上，苏洵在童年并非没有读书作文学习的机会，而似乎是，苏洵个性强烈，不服管教，必又痛恨那个时代的正式教育方式。我们都知道好多才气焕发的孩子确是如此。若说他在童年时根本没读书写字做文章，恐非事实。他年轻之时，必然给程家有足够好的印象，不然程家不会愿意把女儿嫁给他的。另外，同样令人惊异的是，他晚到二十七岁才发愤读书，而能文名大噪，文名不为才气纵横的儿子的文名所掩，这究属极不寻常之事。大约他得了长子之后，自己才态度严肃起来，追悔韶光虚掷，痛自鞭策。他看到自己的哥哥，自己的内兄，还有两个姐丈，都已科考成功，行将为官做吏，因而觉得含羞带愧，脸上无光。此等情事，即便平庸之才，都会受到刺激，对一个天赋智力如此之高的人，当时的情形一定使他无法忍受，今日由他的文集中所表现的才智看，我们对此是不难了解的。在苏洵给他妻子（苏东坡的母亲）的祭文里，他表示妻子曾激励他努力向学，因为那位程家小姐是曾经受过充分的良好教育的。祖父对他儿子并没有说什么，也没有做什么，在他眼里，他这个儿子，无论从哪方面看，只是一个倔强古怪的孩子，虽有天才却是游手好闲不肯正用。有朋友问他，为什么他儿子不用心读书而他也不肯管教，他很平静地回答说：‘这个我不发愁。’他的话暗示出来他那才气焕发而不肯务正的儿子总有一天会自知犯错，会痛改前非，他是坚信而不移的。”

苏洵起步虽晚，但因付出比别人更多的努力，进步飞快。他进京赶考，很快就受到了当时文坛前辈的赞赏，成了有学问的大家。唐宋是中国的两大盛世，两个文化发展高峰期，后人总结出的唐宋八大家中，苏家一门就占了三个，这是了不起的成就。

西汉刘向编的《说苑》记载了一个非常著名的故事。春秋战国时期的晋平公问师旷："我已经年近七十岁了，现在想要读书，是不是太晚了？"师旷回答说："你为什么不秉烛而学呢？"这似乎是答非所问。晋平公就说："先生，哪里有做臣子的戏弄君主的呢？你这不是跟我开玩笑吗？"师旷回答说："我哪里敢戏弄君主呢？我听古人说过，少年时喜欢学习，好像是太阳刚刚升起时的阳光；壮年的时候喜欢学习，好像是正午的阳光；而老年的时候喜欢学习，好像是蜡烛的烛光。烛光虽然不像刚刚升起的太阳和正午的太阳那么明亮，但是，手持蜡烛走路和摸黑走路哪个更好一点呢？"晋平公顿时就明白了。

看来，在中国的历史传统中，不仅对少年神童投去极为赞赏的目光，对壮年求学、老年求学的人也给予了相当的尊敬。所以，学习不分早晚，就算年龄很大才开始学习，也为时不晚，只要付诸行动。

据史籍记载，梁颢（963—1004），字太素，北宋郓州须城（今山东东平）人，出身于官宦之家，但是小的时候父亲就去世了，他的叔叔把他抚养成人。梁颢很懂事，从小就喜欢学习，曾经拜北宋文学家王禹偁为师。梁颢求知欲很高，不停地向老师请教，可是刚开始老师根本不理睬他。梁颢很纳闷："老师，您为什么不回答我的问题呢？"老师很不高兴地说："那么浅薄的问题也来问，你有没有用心读过啊？"梁颢的脸红了。此后，梁颢发愤读书，认真领会书里的内容，几个月后，再提出问题请教时，老师严肃的脸上露出了笑容，认为他进步很快，孺子可教。从此，老师尽心教，梁颢用心学，终于成为博学之士。据说，梁颢初次考进士没中，就留居在京城。当时的京城是开封，他曾向宋太宗赵光义建议，选才不要单凭诗歌，要格外注重治国、治民的实际才能。但是没有被采纳，因为当时他还没有考中进士，人微言轻啊。雍熙二年（985），他再度赴考，考中进士，"魁

多士”，即在众多名士中一举夺魁。一说当时他是二十三岁，不是八十二岁。他后来参与政事，屡有谏言，虽然也被贬过，但是他的仕途基本上是不错的。他曾经和一些人同修《宋太祖实录》和宋太祖的《起居注》，能够担当这种工作的人在当时一般都被认为是学问非常好的人，所以他应该是当时声名卓著的一个学问家。当辽朝的军队南侵的时候，梁颢还曾经向宋真宗提出建议：“明赏罚，斩懦将，擢用武勇谋略之士。”也就是说，要赏罚严明，不惜斩杀那些怯懦畏战的将领，重用那些有勇有谋的贤才。所以，他很受宋真宗的欣赏，在当时声望很高。从历史记载来看，梁颢经常和士人交往，应该是当时知识分子中的核心人物。

虽然《三字经》认为，学习不分年龄，但年幼而聪明好学的，更加被人们称赞。那么，《三字经》中所提到的“莹”和“泌”，又是怎样的两个神童呢？

“莹”就是祖莹，字元珍，北魏范阳遒县（今河北涞水）人，生于官宦之家，曾祖父、祖父、父亲皆有官名。祖莹八岁的时候能够背诵《诗》、《书》，十二岁的时候已经是“中书”（官名）的学生。祖莹很爱学习，从早到晚，书不离手。他的父母怕他如此苦读会伤身体，禁止他读书。所以，他经常在晚上趁父母睡着之后，用衣服被子遮住窗户，点起蜡烛偷偷地读书。因此，大家都觉得这个孩子不一般，叫他“圣小儿”。他还特别喜欢写文章。有官员就感叹说：“这个孩子的才华很多大人都达不到，最终一定会大有作为。”当时有一位中书博士叫张天龙，在讲解《尚书》的时候，学生都聚集来听。但是祖莹因为在家里熬夜读书弄得很疲倦，突然想起要去听课，到了才发现情急之下拿错了书。但是，当这个博士问到他的时候，他当众背诵了好几篇《尚书》中的文章，一字都没有遗漏。正是凭借着自己的勤学，他成了一名有名的学士。

“泌”就是唐朝的一代名臣——李泌。李泌幼年的时候就非常聪明，能写文章，还能写赋，当时就有“神童”之称。“能赋棋”的故事就发生在他七岁的时候。

这个故事说起来和唐玄宗有关。有一次,唐玄宗要遍揽天下的贤士,下令广设座位,召集了儒、道、佛三教的高人讲论学问,以较高下。李泌有一个表哥,当时只有九岁,穿上大人的衣服,混在人群当中。开讲以后,这个九岁的孩子十分敏锐,辩论精微,满座皆惊。唐玄宗很高兴,就把他召过来问:“你太聪明了,才九岁,你的家人当中是不是还有像你这样博通经义的人啊?”这个表哥回答:“我还有个表弟叫李泌,才七岁,已经遍观经史,而且才思敏捷,比我强多了。”唐玄宗一听居然还有这样一个小神童,就命令宫里的宦官把李泌带到宫中来。到了宫中,唐玄宗正好跟燕国公张说在下棋。玄宗一看李泌,唇红齿白,很可爱,当时就非常喜欢,就命令李泌:“你不是看到我和燕国公在下棋吗?你就吟诗一首,而且要咏出四个关键的字:方、圆、动、静。”张说带头作了一首示范诗:“方若棋局,圆若棋子。动若棋生,静若棋死。”李泌听了,不慌不忙,也吟了一首:“方若行义,圆若用智。动若骋材,静若得意。”意思是,人在行侠仗义时像方的东西一样堂堂正正,见机行事时像圆的东西一样圆滑、变通;施展才华时要行动敏捷,取得成功时要持重。李泌少时就如此不同凡响。后来,“安史之乱”爆发,在唐朝国运攸关之时,正是这位李泌为唐肃宗出谋划策,制定方略,立下不朽功勋。那时候,郭子仪也已经到了灵武。朝廷要指挥全国的战事,军务十分繁忙。四面八方送来的文书,从早到晚没有间歇的时刻。唐肃宗命令把收到的文书,一律先送给李泌拆看,有特别紧要的,才送给肃宗。宫门的钥匙,由太子李俶(chù)和李泌两人掌管。李泌忙得连饭也顾不上吃,觉也没能好好睡。就这样,文靠李泌,武靠郭子仪,唐军终于消灭了叛军。肃宗为他在南岳烟霞峰下建了一座房子,取名为“端居室”,后人称之为“邺侯书院”,是中国书院史上最古老的一所书院和中国最早的私人藏书馆。韩愈在《送诸葛觉往随州读书》诗中有“邺侯家多书,架插三万轴”之句,可见其在南岳藏书之多。李泌是个绝顶聪明之人,虽然当时朝政矛盾尖锐复杂,一不小心就会招来杀身之祸,可是他凭借着聪明才智屡屡避免了灾祸,并且成功辅佐了四代皇帝,为唐朝在安史之乱后的稳定和发展作出了杰出贡献,成为中唐史上非常突出的人物,几乎和郭子仪相终始,真可谓“方若行义,圆若用智”。德宗时,官至宰相,封邺侯。

《三字经》在讲完了两个神童之后，又列举了蔡文姬和谢道韫这两个才女的故事。在古代中国，女子无才便是德。可是，代表中国传统思想的《三字经》为什么会收录两个女子的故事呢？蔡文姬博学多才，却命运坎坷，她一生所经历的离乱忧伤，对于她的文学艺术创作，又起到了什么作用呢？

《三字经》之所以能流传那么久，除了它符合我们传统文化的基本要求和精义以外，一定还有传统文化当中特殊的成分。也就是说它符合我们的传统，但是在某种意义上又高出我们的传统，只有这样的著作才会流传百世。《三字经》用宝贵的篇幅赞扬两位女子，主要就是为了激励男孩子，连女孩子都这么刻苦，你们这些男人怎么能不发愤呢？

蔡文姬，大约于公元177年出生，是汉末著名的才女和文学家。蔡文姬的父亲是东汉著名学者、文学家、书法家、音乐家蔡邕，蔡邕是曹操的挚友。史书说蔡文姬博学而有才辩，妙于音律。文姬十岁时，蔡邕吃惊地发现女儿在音乐方面极具天赋。那是个中秋之夜，蔡家祭月，蔡邕在室外弹琴，室内文姬听到父亲的弦断之音，马上说："父亲，第二根弦断了。"蔡邕非常吃惊，但以为是凑巧猜对的，想再试试，就又故意弄断了第四根弦，这回，文姬马上分辨了出来，说："第四根弦断了。"还有一次，蔡文姬听到父亲弹琴，问："父亲，您的琴音为什么突然有了肃杀之音？"蔡邕吃惊地说："因为看到了猫鼠相斗的情景，所以不知不觉就弹出了肃杀之音。"

蔡邕震惊于女儿的天分，开始教女儿学琴，两年之后，文姬琴艺学成，蔡邕将自己的焦尾琴送给了女儿。说起来，蔡邕的焦尾琴也大有来历：当初蔡邕偶然听到隔壁添木加火时，有木头轰然爆裂的声音，知道这是块好木材，就赶快闯进去从火中抢出这木材，裁制成琴。琴成后，声音十分悦耳，因琴尾还留有烧焦的痕迹，所以命名为"焦尾琴"。

蔡文姬很小就显示出过目不忘的惊人记忆力，凭着强记的天赋，可以一字不落地背出父亲藏书中的四百多篇文章。蔡邕于是倾其所能，教其诗赋文章，文姬很快学有所成，成了历史上著名的才女。

蔡文姬十六岁的时候嫁入了河东卫氏大家族，她的丈夫叫卫仲道。卫仲道是一个大才子，夫妻两个非常恩爱。但好景不长，结婚不到一年，蔡文姬还没来得及生下一儿半女，丈夫就死了。后来，父亲又死于狱中。经历了丧夫、丧父之痛后，苦难并未结束，她又在二十三岁那一年被南匈奴掠去，被南匈奴左贤王纳为王妃。建安十三年(208)，曹操得知蔡文姬流落在南匈奴后，立即派使者将蔡文姬赎了回来。回到汉朝以后，蔡文姬就参照胡人的声调并结合自己悲惨的经历创作了哀怨惆怅、令人为之肠断的《胡笳十八拍》。当然，也有学者认为，这个《胡笳十八拍》是伪作，但人们到现在还是愿意相信这是蔡文姬的作品。

而后曹操又做主，把蔡文姬嫁给了屯田都尉董祀。起初婚姻生活并不幸福：蔡文姬饱经离乱忧伤，经常神思恍惚；而董祀正值鼎盛年华，一表人才，并且博通经史，擅长音律，自视甚高，对蔡文姬自然不满意，觉得她配不上自己。但是，由于是丞相曹操指定的婚姻，董祀也不敢反抗，只好接纳了蔡文姬。这期间，蔡文姬因感伤而作了《悲愤诗》，这是中国诗歌史上第一首自传体的五言长篇叙事诗。后来，董祀犯了死罪，蔡文姬蓬首跣(xiǎn)足，按照当时的风俗去求情，愿意代丈夫而死。曹操看在和蔡邕的交情上，又想到了蔡文姬的悲惨身世，赦免了董祀。从此以后，董祀感念妻子的恩德，对蔡文姬刮目相看，觉得这个女性不一般。夫妻双双也都看透了人间的世俗，所以溯洛水而上，居住在风景秀丽、林木茂盛的山区。若干年以后，曹操打猎经过这个山区，还去探望过这对夫妻。

我们大家对于谢道韫，远不如对蔡文姬那么熟悉。但是谢道韫与蔡文姬齐名。那么，她又有什么超人的才华？为什么能与蔡文姬比肩？

在中国古代，“王谢之家”被用来形容最权贵的门第，这样的门第既要有大官，而且这个大官还必须有大功于这个时代。“旧时王谢堂前燕，飞入寻常百姓家。”谢道韫就是“王谢之家”里谢家的女子。

东晋以后，历代都非常称赞她咏雪的才华。事情是这样的：她小的时候，有一天，窗外纷纷扬扬下起了雪。叔父谢安就让家里的侄子们描写一下这漫天的雪花。谢安的侄儿谢朗说：“撒盐空中差可拟。”意思是大致可以比作空中撒下了盐。侄女谢道韫听了，轻轻摇摇头，笑着说：“未若柳絮因风起。”意思是不如比作柳絮因风而飘起。这里，谢道韫表现出了深刻独到的联想能力。沉甸甸的盐粒与轻飘飘的雪花除了颜色相似外，再无共同之处。而“柳絮因风起”，则描绘出了雪花轻柔飞旋之状，传达出雪花空灵迷离的神韵，且不着痕迹地将寒冷化为温煦，无论颜色、形态，还是雪的氤氲（yīn yūn）满目的神采，都非常形象生动。谢安点头叫好：“好一个柳絮因风起！”谢道韫因此被誉为“咏絮才”。

谢安是谢道韫的三叔，东晋的宰相，谢玄是谢道韫的同胞兄弟，谢灵运是谢玄的孙子，所以，谢道韫是谢灵运的姑奶奶。中国传统讲究门当户对，所以她嫁给了当时鼎鼎大名的王羲之的儿子王凝之。谢道韫的父母很早去世了，所以，谢道韫的婚姻是由她的叔父包办的。但是，门当户对并不能保证婚姻的幸福。王凝之信道教，整天在家烧香拜神，把家里搞得烟雾缭绕。心高气傲、才华出众的谢道韫自然会有些苦恼。

魏晋南北朝流行清谈，当时的一些卿贵之家见面，先要就一个话题大家清谈一番，比比学养，比比聪明度，比比反应度。有一次，谢道韫的小叔子王献之在跟别人清谈的时候理屈词穷。谢道韫在里屋听到王献之处于下风以后，就派丫头出去传话，问能不能让她出来替小叔子参加清谈？大家知道这是谢家的闺女，于是搬出座椅请她出来，并在前面挂上青布幔。谢道韫坐在青布幔后，接过王献之已经落败的话题开始清谈，把对方谈得落花流水。

谢道韫的人生结局很悲惨。孙恩造反的时候，有一次兵临会稽城下。王凝之既不发兵，也不逃，也不躲，就在那里烧香，希望能够有天神降下神兵来帮忙。结果城被攻陷了，王凝之和几个子女全部被害。谢道韫这位女性却在乱战之中手刃数人，可见谢道韫是文武双全。最后，她与年仅几岁的外孙一起被俘。这个时候，谢道韫大声地抗争：“事在王门，何关他族？”意思就是，不要滥杀无辜，进攻这里不就是因为王家吗？孙恩很早就听说过谢道韫的才名，于是把谢道韫和她的外孙一起释放了。但是，晚年的谢道韫生活非常地凄惨。

《三字经》在列举了两位才女的故事之后,又讲了唐朝刘晏的故事。刘晏是历史上的一个著名人物。他少年聪慧,八岁就做了官,官职为太子正字。那么,太子正字是一个什么官职?刘晏又有什么特殊的才能呢?《三字经》在列举了许多勤学故事之后,最后又特别强调了努力学习的重要意义。对于这部分内容,应该怎么解读呢?

刘晏(718—780),字士安,曹州南华(今山东东明)人,是唐代中叶著名的理财家,也是我国古代六大理财家之一。他自唐玄宗天宝末年开始,经肃宗、代宗至德宗,历任财政要职,主管国家财政达几十年之久。当时唐朝处于安史之乱后,整个国家军阀混战,政治动荡,经济凋敝,人口锐减,财政极为困难。唐王朝面临着严重的经济危机和政治危机。在这种形势下,精明能干的刘晏以财政改革为突破口,采取了诸多措施使国家转危为安。因此,历史上对他的评价很高,认为他是唐朝中期国家振兴的大功臣。

刘晏天资聪颖,七岁时因为有神童之名被大家举荐。刘晏七岁举神童,就是说他七岁的时候考中了"童子举",相当于少年大学生。唐代科举很盛,甚至开出了专门针对儿童的"童子举"。按照制度,凡是十岁以下的儿童,能通一经及《孝经》、《论语》等,就算中举。成绩合格的,给予出身,就是给予一个做官的资格。成绩好的,甚至直接可以做官。虽然十来岁的孩子做官很吓人,但也体现了不拘一格的精神。唐代人就是比较开放,比较有创意。

八岁的时候,唐玄宗封泰山,他献上一篇《颂》,所以就有了官职,叫太子正字。刘晏十岁那年,唐玄宗问他:"正字,你能正出来几个字啊?"正字主要是校对,找出错字。刘晏回答说:"天下的字都是正的,只有朋字不正。"朋友的"朋",都是往左,有点儿歪的。这个话说得唐玄宗非常惊讶!了解唐朝历史的人都知道,这句话是一语双关,兼指朋党。当时唐朝朋党之风盛行,朋党都是各执一边,都是为了个人或小集团利益不顾正义,怎么会公正呢?所以刘晏如此回答,暗含劝谏唐玄宗惩治朋党之意。

刘晏并不是"小时了了大未必佳",长大之后的他在肃宗朝当过刺史、太

守、户部侍郎，在“安史之乱”中，对唐王朝作出了重大的贡献。刘晏在任期间办成三件大事，这在中国历史上很重要，对于唐朝后期尤其重要。第一，改革漕运。当时，安史之乱刚刚结束，整个经济财政都很糟糕。特别是长安和关中地区：京师米价斗至一千钱（玄宗朝斗米不到二十钱），甚至官府的食堂也没有第二天的粮食了，禁军的粮食都靠老百姓“挼穗以供之”，就是将还没成熟的稻穗都弄下来吃。民以食为天，粮食问题亟待解决！刘晏认为解决粮食问题，关键是要解决漕运问题——把南方的粮食运到关中。经过现场考察，仔细研究，他解决了最关乎民生的漕运难题。第二，改革盐政。因为盐是老百姓都要消费的，盐税是国家重要的税收来源。盐政如果出问题，国家的经济就会出问题。刘晏的盐业新政，深刻地改变了古代财政的组成结构。这个改变，不仅对唐代有巨大意义，甚至也深刻影响到了后面所有朝代。第三，改革财政体系，建立全国性的经济情报网。他建立了一个体系，这样全国的经济状况随时可以被掌握。刘晏任人唯贤，精明强干，忠于职守，廉洁奉公。作为神童的刘晏，在成长起来以后培养了一大批在中国历史上很重要的理财专家，所以他能够指挥庞大的财政系统。在他遇害之后，人们发现，掌握财政、保证整个唐朝正常运行的基本都是他培养和提拔的人。

刘晏读书非常勤奋，并将勤奋一直延续到他的工作当中，延续到他的为官当中。历史上评价他：“为人勤力，事无闲剧，必一日中决之。”指他为人勤快，肯发奋，所有政事不过夜，不管这个事情难度多大，不管这个事情是缓的还是急的，他当天一定设法给解决掉。他处事非常有长远眼光，所谓“成大计者，不可惜小费，凡事必为永久之虑”。意思是说，一个人要做事，不要去算小账，一定要考虑长久。刘晏为了挽救唐朝的倾危，改善人民生活，几十年如一日孜孜不倦。他在上朝的途中，心里还在盘算各种账目，下朝以后经常批改公文到深夜。他生活俭朴，饮食非常简单，不要侍者，这在高官当中是罕见的。可是，这样的贤才却被昏庸的唐德宗听信谗言随便定了个罪名赐死了。刘晏冤死之后，抄家的人清点其家产时，吃惊地发现这位久掌财经大权、号令各方经济、一生为国家理财亿万的重臣，只有杂书两车、米麦数斛的财产！

金　张瑀《文姬归汉图》

第30章

犬守夜[1]，鸡司晨[2]，苟不学[3]，曷为人[4]。
蚕吐丝，蜂酿蜜，人不学，不如物。
幼而学，壮而行[5]，上致君[6]，下泽民[7]。

①守夜：在晚上守卫门户。
②司晨：早上鸣叫报晓。
③苟：假如。
④曷（hé）：怎么。
⑤壮：成年。
⑥致君：辅佐君王。
⑦泽民：造福百姓。

扬名声[1]，显父母[2]，光于前[3]，裕于后[4]。
人遗子[5]，金满籝[6]，我教子，惟一经[7]。
勤有功[8]，戏无益[9]，戒之哉[10]，宜勉力。

①扬：显扬。

②显：荣耀。

③前：指祖宗。

④裕：惠泽。后：指子孙。

⑤遗(wèi)：赠与，送给。

⑥籝(yíng)：竹箱，竹筐。

⑦经：经典著作。

⑧功：成果，收获。

⑨戏：游戏，玩耍。

⑩戒：警惕。哉：语气助词，表示感叹。

人不学，不如物

《三字经》在讲完一系列勤奋好学的故事以后，以动物作比喻，认为这些动物都尽自己的本分来体现价值，作为智慧生物的人更应该努力学习，以此来强调学习对人的重要性。

"人不学，不如物"，意思就是一个人如果不学习的话，还不如这些动物呢。这里边还有一层深意：这些动物的本领在古代人看来，是一种本能。古人认为，狗生下来会看夜，公鸡生下来会打鸣，蚕吐丝，蜜蜂酿蜜，都是本能。而人不学习的话，除了消耗恐怕就谈不上什么贡献。所以，人不学习还真不如那些动物。

"幼而学，壮而行，上致君，下泽民。扬名声，显父母，光于前，裕于后。"这是一段传统的说教，在传统文化当中，这些行为被看作是天经地义。意思是幼年的时候你应该学习，壮年的时候你应该起而实践，这样才能"上致君"，即为皇帝服务，"下泽民"，即也可以使老百姓得到福泽。对个人而言，可以"扬名声"，使天下人都知道你；也可以"显父母"，父母也因为你得到荣光。因为在中国古代，只要一个人当官了，其父、祖、曾祖也会被封官职。哪怕祖父、曾祖父都已经过世了，但是同样会因为子孙后代的成功获得荣光。

这一段话传统气息非常浓厚。今天看来，在这段话里把"上致君"改成"上致国"就可以，今天没有皇帝和君主，但是每一个人总有他认同和归属的国家、民族，你如果幼年好好学习，长大后还是可以为国家、民族作出一些贡献的，也同样能惠及他人和后代的。

《三字经》可分三个部分：第一部分讲了教育的必要性和应该学习的内容；第二部分讲了中国几千年的文明史；第三部分以众多勤学的例子，强调了努力学习的重要意义。《三字经》在最后的结束语中强调，给孩子留下多少金银财宝，都不如教子"一经"。那么，这个"经"指的是什么呢？这个典故，又出自什么地方呢？

《三字经》最后用一个故事作为结尾："人遗子，金满籝，我教子，惟一经。"别人送给孩子的是满满一箱黄金，我留给孩子的只不过是一部经书。这部经书不一定仅指某一本儒家经典，而是泛指中国传统知识的结晶。这里的典故出自汉代的韦贤。

韦贤（前148—前67），字长孺，鲁国邹（在今山东境内）人，是孟子的同乡。韦贤生性淳朴，对于名利看得很淡，一心一意专注于读书，因此学识非常渊博，兼通《礼记》、《尚书》等经，并以教授《诗经》著名。当时的人都称他为"邹鲁大儒"，是一个非常著名的学者。他当过博士，当过给事中，而且进宫为皇帝讲解过《诗经》。

韦贤由于学识渊博，很早就得到大家的交口赞誉。韦贤在中国文化史上有一个突出的贡献，就是对《诗经》的研究。研究《诗经》的学派当中有一派叫韦氏学，就是指韦贤对《诗经》的解释。他对《诗经》的理解形成了自己独到的风格，汉昭帝也因此拜他为师。到了公元前71年，韦贤已经七十多岁了，汉宣帝拜其为丞相。公元前69年，以老病为由，请求退休。汉宣帝觉得这位大儒年事已高，就准他辞职，并赏给他百斤黄金。从韦贤起，汉代始有丞相退休制度。几年以后，韦贤去世，谥号节侯，他的地位是很高的。韦贤有四个儿子，长子方山早逝，曾当过县令；次子弘，官职做到东海太守；三子舜留在州县为父亲守坟；最小的儿子玄成和他一样，勤奋读书，也以"明经"历官至丞相。因为韦贤教子有方，儿子都有成就，所以当时邹鲁一带有俗谚说："遗子黄金满籝，不如一经。"意思是说，遗留给后代子孙满箱的金子，不如教导他们研读经书。因为如果能好好教养子孙，让他们懂事明理，学得一技之长，便有自立的能力。要不然，子孙不读书、不知长进，即使有再多的黄金，也会有耗光用完的一天。到时候，只有穷困潦倒一途了。

在中国的文化传统当中，知识就是力量，这句话是得到一致公认的。这句话不仅仅是西方的谚语，实际上也存在于中国传统文化的精神当中。

"遗子黄金满籝，不如教子一经"的观点在今天特别有教育意义。我们现在都在忙碌奔波，面对各种竞争，很多人都讲，给孩子留下一些财产，让他们将来

能够生活得更好,这无可厚非。但是,与其给孩子留下有形的财产,不如给孩子最好的教育。至少别忘记在给孩子留下财富的同时，也要使他们受到良好教育,成为拥有知识和智慧的人。

《三字经》讲到这里,在最后又加了四句。这四句放在最后实际上是一种语重心长的教导,或者说是谆谆嘱咐:“勤有功,戏无益,戒之哉,宜勉力。”“勤有功”,是指只要勤奋,总归会有所成。“戒之哉,宜勉力”,是希望人们在学习时要持有戒惧之心,充分认识学习的重要性和必要性,时刻以传统中的那些勤奋刻苦学习、善于学习的人物作为自己的榜样,勉励自己成人。

古语讲:“书山有路勤为径,学海无涯苦作舟。”其实,人生就是一座山,人生就是一片海,我们必须经历拼搏才会取得成功。在《三字经》中,提到过很多勤学的故事,而《三字经》所要告诉大家的,特别是它的最后一部分,只不过是这样一句话:“莫等闲、白了少年头,空悲切!”让我们永远铭记这句话。

图书在版编目(CIP)数据

钱文忠讲《三字经》(青少版) / 钱文忠主讲. —杭州：浙江文艺出版社,2014.3(2018.4 重印)
(大家讲国学系列)
ISBN 978-7-5339-3840-6

Ⅰ. ①钱… Ⅱ. ①钱… Ⅲ. ①古汉语—启蒙读物 Ⅳ. ①H194.1

中国版本图书馆CIP 数据核字(2013)第 266686 号

策　　划　柳明晔
责任编辑　柳明晔
装帧设计　门乃婷工作室 Tel:010-64822426
责任校对　陈　玲
责任印制　朱毅平

钱文忠讲《三字经》(青少版)
钱文忠 主讲

出版　浙江文艺出版社
网址　www.zjwycbs.cn
经销　浙江省新华书店集团有限公司
印刷　浙江万盛达实业有限公司
制版　浙江新华图文制作有限公司
开本　710 毫米×1000 毫米　1/16
字数　183 千字
印张　16.75
插页　2
版次　2014 年 3 月第 1 版　2018 年 4 月第 2 次印刷
书号　ISBN 978-7-5339-3840-6
定价　39.00 元